고종훈
기출문제로
7 일 만에
합격하기

고종훈 기출문제로 7일 만에 합격하기_중급

1판 1쇄 발행 2014년 7월 11일
1판 2쇄 발행 2014년 9월 16일

지은이 고종훈
펴낸이 김영곤 **펴낸곳** (주)북이십일 21세기북스
부사장 임병주
이사 이유남
교육사업본부장 신정숙 **팀장** 김수경
책임개발 탁수진
기획개발 김지혜, 최인수
표지디자인 곽유리, 김수아
내지디자인·편집 다우
영업본부장 안형태 **영업** 장명우, 유선화 **마케팅** 변유경
출판등록 2000년 5월 6일 제10-1965호
주소 (우 413-120) 경기도 파주시 회동길 201(문발동)
대표전화 031-955-2400(영업·마케팅), 031-955-2127(기획편집)
팩스 031-955-2177
홈페이지 www.book21.com **트위터** @21cbook

ⓒ고종훈 2014

ISBN 978-89-509-5626-4 13900
값 20,000원

고종훈 기출문제로 7일 만에 합격하기

저자 고종훈

한국사능력검정시험

중급

21세기북스

한국사 전문가 고종훈이 제시하는
7일 합격 플랜!

중·고교 한국사 교과서 수준에서 공부하자!

한국사능력검정시험은 본질적으로 자격시험이다. 중급의 경우 70점 이상이면 3급의 자격이 주어진다. 공기업이나 교원임용시험의 자격 요건은 대부분 3급이다. 중급의 경우 중·고교 한국사 과정을 넘어서는 문제가 전혀 출제되지 않는다. 시중에 나와 있는 엄청난 두께의 수험서로 공부하는 것은 시간 낭비이자 에너지 낭비로, 불합격의 원인이 될 수도 있다. 그러나 중급 시험을 만만하게 보고 대충 기출문제만 풀고서 합격하겠다고 덤비다가 불합격하는 경우도 많다. 중급과 고급은 문제의 수준이 차이가 있는 것이지 공부해야 할 분량은 기본적으로 같다. 그것은 중·고교 한국사 교과서 정도의 지식은 알고 있어야 한다는 점이다.

나오는 문제가 계속 나온다. 단 유형만 약간 바뀔 뿐!

한국사능력검정시험은 문제 은행 방식으로 출제되기 때문에 비슷한 주제가 계속 반복된다. 매회 50문제, 1년에 200문제의 기출문제가 쏟아지는데 이 중 신유형의 문제는 아주 드물다. 기존 기출문제를 탐구 자료나 형식만 살짝 바꾸어 반복 출제하는 경우가 대부분이다. 따라서 한국사에 어느 정도 기본 지식이 있는 사람이라면 기출문제만 열심히 풀어도 고득점이 가능하다.

114개 핵심 주제, 이곳에서 90%가 출제된다

고종훈 한국사 연구실에서는 한국사능력검정시험 역대 기출문제를 꼼꼼히 분석하여 2번 이상 반복 출제된 테마를 추려보았다. 그 결과 114개 테마로 압축되었고, 이를 바탕으로 2013년 이후 치러진 한국사능력검정시험 중급에 대입하였더니 매회마다 90% 이상이 적중하였다.

이를 토대로 114개의 핵심 테마별로 대표 기출문제와 이를 응용한 변형 문제 2문제를 하나의 세트로 묶었다. 이 주제들만 잘 정리한다면 앞으로 치러지는 한국사능력검정시험 중급에서 충분히 80점 이상의 점수를 얻을 수 있을 것으로 확신한다.

하루 세 시간, 7일 동안 집중 스터디로 끝내라!

한국사능력검정시험은 굳이 만점을 목표로 공부할 필요가 없다. 빠른 시간에 효과적으로 3급을 따고 싶다면 만점이 아니라 85점을 목표로 공부하라. 버릴 건 버리고, 시험에 반복되는 주제 위주로 암기와 이해를 병행하라. 하루 세 시간, 7일 간의 집중 스터디로 85점에 도전하라. 여러분의 도전에 〈고종훈 기출문제로 7일 만에 합격하기〉가 함께 응원할 것이다.

차례

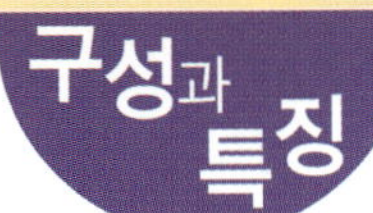

구성과 특징

경향 분석

최근의 흐름을 알아야 효율적인 공부가 가능합니다. 경향 분석을 읽으면 그 흐름이 보입니다.

테마

시험 출제 빈도가 높은 테마만을 선정하였습니다. 테마만 훑어봐도 시대의 흐름이 보입니다.

기출문제

테마를 대표하는 기출문제만을 엄선해 제시하였습니다.

고사부의 깐깐정리

테마를 대표 기출문제로 훑어보았다면 더 풍부한 핵심 정리로 마무리해야 합니다.

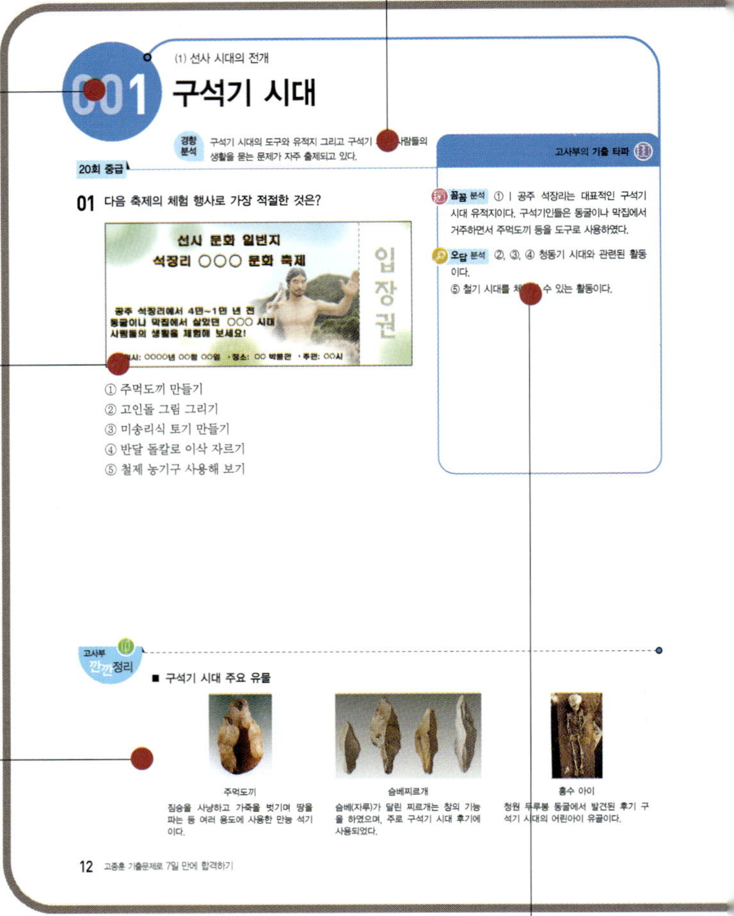

(1) 선사 시대의 전개

001 구석기 시대

경향 분석 구석기 시대의 도구와 유적지 그리고 구석기 사람들의 생활을 묻는 문제가 자주 출제되고 있다.

20회 중급

01 다음 축제의 체험 행사로 가장 적절한 것은?

① 주먹도끼 만들기
② 고인돌 그림 그리기
③ 미송리식 토기 만들기
④ 반달 돌칼로 이삭 자르기
⑤ 철제 농기구 사용해 보기

고사부의 기출 타파

꼼꼼 분석 ① | 공주 석장리는 대표적인 구석기 시대 유적지이다. 구석기인들은 동굴이나 막집에서 거주하면서 주먹도끼 등을 도구로 사용하였다.

오답 분석 ②, ③, ④ 청동기 시대와 관련된 활동이다.
⑤ 철기 시대를 체 수 있는 활동이다.

고사부 깐깐정리

■ 구석기 시대 주요 유물

주먹도끼
짐승을 사냥하고 가죽을 벗기며 땅을 파는 등 여러 용도에 사용한 만능 석기이다.

슴베찌르개
슴베(자루)가 달린 찌르개는 창의 기능을 하였으며, 주로 구석기 시대 후기에 사용되었다.

흥수 아이
청원 두루봉 동굴에서 발견된 후기 구석기 시대의 어린아이 유골이다.

12 고종훈 기출문제로 7일 만에 합격하기

고사부의 기출 타파

대표 기출문제를 고사부 특유의 날카로운 시각으로 해석하였습니다.

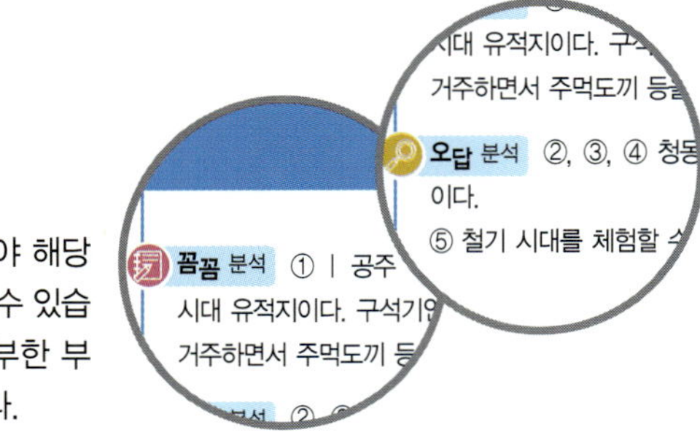

꼼꼼 분석

기출을 꼼꼼하게 분석해야 해당 테마를 완전하게 이해할 수 있습니다. 선지별 해설에 풍부한 부연 설명까지 덧붙였습니다.

오답 분석

오답 또한 놓치지 않았습니다. 오답이 왜 오답인지만 알아도 주제의 이해도가 더 높아집니다.

다음 유물을 처음 제작한 사람들의 생활 모습으로 옳지 <u>않은</u> 것은?

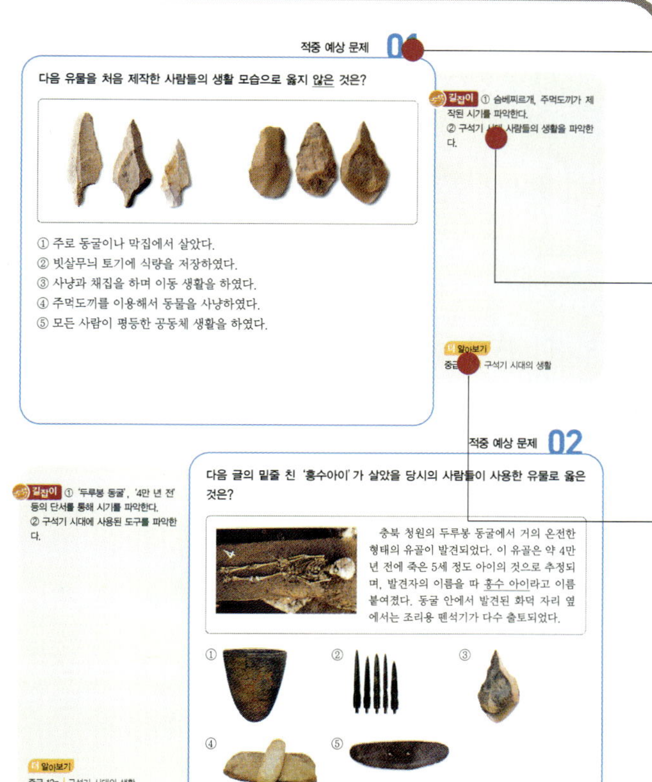

① 주로 동굴이나 막집에서 살았다.
② 빗살무늬 토기에 식량을 저장하였다.
③ 사냥과 채집을 하며 이동 생활을 하였다.
④ 주먹도끼를 이용해서 동물을 사냥하였다.
⑤ 모든 사람이 평등한 공동체 생활을 하였다.

길잡이 ① 슴베찌르개, 주먹도끼가 제작된 시기를 파악한다.
② 구석기 시대 사람들의 생활을 파악한다.

더 알아보기
중급 구석기 시대의 생활

적중 예상 문제

다년간의 기출문제 분석을 통해 출제 예상 문제를 뽑았습니다. 적중률 높은 문제들을 만나보세요.

길잡이

어려운 문제를 만났을 때의 답답함을 뻥 뚫어 줍니다. 단계별 생각의 흐름을 제시하여 다른 문제를 푸는 데에도 도움을 줍니다.

길잡이 ① '두루봉 동굴', '4만 년 전' 등의 단서를 통해 시기를 파악한다.
② 구석기 시대에 사용된 도구를 파악한다.

다음 글의 밑줄 친 '홍수아이'가 살았을 당시의 사람들이 사용한 유물로 옳은 것은?

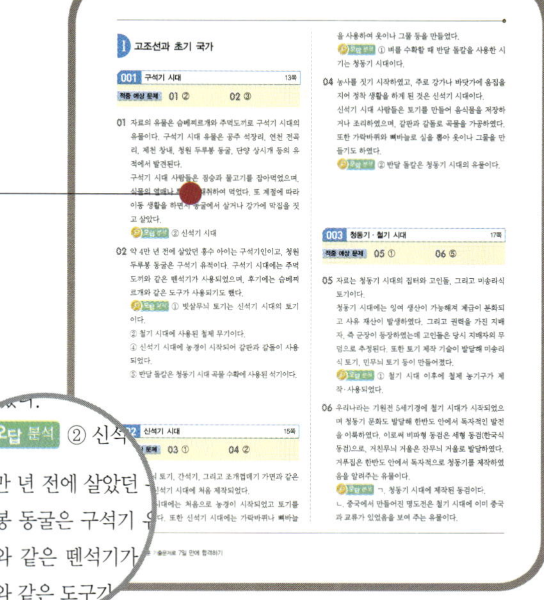

더 알아보기
중급 12p 구석기 시대의 생활

더 알아보기

조금 더 자세한 내용을 알고 싶다면 고종훈 한국사능력검정시험 고급편을 참고하세요.

정답과 해설

고사부의 명쾌한 해설을 만나보세요. 풍부한 보충 설명까지 곁들여 있어 핵심 지식을 다시 한 번 만날 수 있습니다.

오답 분석

오답도 정답 못지않게 중요합니다. 왜 오답인지를 고사부 특유의 해설로 날카롭게 분석해 드립니다.

I 고조선과 초기 국가

001 구석기 시대

경향 분석 구석기 시대의 도구와 유적지 그리고 구석기 시대 사람들의 생활을 묻는 문제가 자주 출제되고 있다.

20회 중급

01 다음 축제의 체험 행사로 가장 적절한 것은?

① 주먹도끼 만들기
② 고인돌 그림 그리기
③ 미송리식 토기 만들기
④ 반달 돌칼로 이삭 자르기
⑤ 철제 농기구 사용해 보기

고사부의 기출 타파

꼼꼼 분석 ① | 공주 석장리는 대표적인 구석기 시대 유적지이다. 구석기인들은 동굴이나 막집에서 거주하면서 주먹도끼 등을 도구로 사용하였다.

오답 분석 ②, ③, ④ 청동기 시대와 관련된 활동이다.
⑤ 철기 시대를 체험할 수 있는 활동이다.

고사부 깐깐 정리

■ 구석기 시대 주요 유물

주먹도끼

짐승을 사냥하고 가죽을 벗기며 땅을 파는 등 여러 용도에 사용한 만능 석기이다.

슴베찌르개

슴베(자루)가 달린 찌르개는 창의 기능을 하였으며, 주로 구석기 시대 후기에 사용되었다.

흥수 아이

청원 두루봉 동굴에서 발견된 후기 구석기 시대의 어린아이 유골이다.

다음 유물을 처음 제작한 사람들의 생활 모습으로 옳지 <u>않은</u> 것은?

① 주로 동굴이나 막집에서 살았다.
② 빗살무늬 토기에 식량을 저장하였다.
③ 사냥과 채집을 하며 이동 생활을 하였다.
④ 주먹도끼를 이용해서 동물을 사냥하였다.
⑤ 모든 사람이 평등한 공동체 생활을 하였다.

길잡이 ① 슴베찌르개, 주먹도끼가 제작된 시기를 파악한다.
② 구석기 시대 사람들의 생활을 파악한다.

더 알아보기
중급 12p | 구석기 시대의 생활

길잡이 ① '두루봉 동굴', '4만 년 전' 등의 단서를 통해 시기를 파악한다.
② 구석기 시대에 사용된 도구를 파악한다.

더 알아보기
중급 12p | 구석기 시대의 생활

다음 글의 밑줄 친 '흥수아이'가 살았을 당시의 사람들이 사용한 유물로 옳은 것은?

충북 청원의 두루봉 동굴에서 거의 온전한 형태의 유골이 발견되었다. 이 유골은 약 4만 년 전에 죽은 5세 정도 아이의 것으로 추정되며, 발견자의 이름을 따 홍수 아이라고 이름 붙여졌다. 동굴 안에서 발견된 화덕 자리 옆에서는 조리용 뗀석기가 다수 출토되었다.

①

②

③

④

⑤

002 신석기 시대

경향 분석 토기와 농사를 묻는 문제가 많이 출제되고 있으며 구석기, 신석기, 청동기 시대의 도구와 생활을 비교할 수 있어야 한다.

고사부의 기출 타파

02 다음 가상 체험 학교의 프로그램으로 적절하지 <u>않은</u> 것은?

① 가락바퀴로 실 뽑기
② 조개 장신구 만들기
③ 빗살무늬 토기 만들기
④ 갈판과 갈돌로 곡식 갈기
⑤ 거푸집을 사용해 청동 거울 만들기

꼼꼼 분석 ⑤ | '농사를 짓기 시작하였고, 대체로 바닷가나 강가의 움집에 살았습니다.'라는 구절을 통해 신석기 시대에 대한 내용임을 알 수 있다. 신석기 시대에는 간석기를 제작하였으며, 빗살무늬 토기를 만들어 사용하였다. 또한 가락바퀴와 뼈바늘을 이용해 옷과 그물을 만들어 사용하는 등 초보적인 수공업 생산도 가능하였다.

오답 분석 ⑤ 거푸집을 사용해 청동 거울을 만든 것은 청동기 시대의 사실이다.

고사부 꼭꼭 정리

■ **구석기 시대와 신석기 시대**

구분	구석기 시대	신석기 시대
도구	뗀석기, 뼈도구	• 간석기(돌보습, 돌괭이, 돌삽, 돌낫) • 이른 민무늬 토기, 빗살무늬 토기
경제 활동	사냥, 채집, 물고기잡이	• 원시 농경(조, 피) • 원시 수공업(가락바퀴, 뼈바늘)
사회 활동	이동 사회, 무리 사회	평등 사회, 족외혼(씨족 → 부족 사회)
신앙		애니미즘, 샤머니즘, 토테미즘, 조상 숭배
주거 생활	동굴, 막집(강가)	움집(원형, 반지하, 중앙 화덕)

다음 유물이 처음 제작된 시대의 사회 모습으로 옳지 <u>않은</u> 것은?

① 반달 돌칼을 이용하여 벼를 수확하였다.
② 주로 해안이나 강가에서 움집을 짓고 살았다.
③ 토기를 사용하여 음식물을 조리하거나 저장하였다.
④ 가락바퀴로 실을 뽑고 뼈바늘로 옷을 지어 입었다.
⑤ 물고기잡이는 여전히 식량 조달의 중요한 수단이었다.

길잡이 ① 빗살무늬 토기, 간석기, 조개껍데기 가면이 처음 제작된 시기를 파악한다.
② 신석기 시대의 생활상을 파악한다.

더 알아보기
중급 13p │ 신석기 시대의 생활

다음 설명에 해당하는 시기의 유물로 적절하지 <u>않은</u> 것은?

- 이동 생활을 벗어나 한 곳에 머물러 살기 시작하였다.
- 돌괭이로 땅을 일구고 조, 피 등을 재배하기 시작하였다.
- 실로 짠 옷감이나 동물 가죽으로 간단한 형태의 옷을 만들어 입었다.

길잡이 ① 정착 생활과 농경이 시작되고, 원시적인 수공업이 이루어진 시기를 파악한다.
② 신석기 시대에 사용된 도구를 파악한다.

더 알아보기
중급 13p │ 신석기 시대의 생활

003 청동기 · 철기 시대

경향 분석 청동기 시대의 생활과 유적지, 철기 시대의 특징에 관해 묻는 문제가 자주 출제된다.

21회 중급

고사부의 기출 타파

03 다음 가상 다큐멘터리에서 볼 수 있는 모습으로 옳지 <u>않은</u> 것은?

① 철제 무기를 가지고 훈련하는 병사
② 고인돌을 만들어 장사지내는 사람들
③ 반달 돌칼을 이용하여 벼를 수확하는 남자
④ 청동검과 거울 등으로 권위를 나타내는 지배자
⑤ 민무늬 토기를 이용하여 음식을 조리하는 여인

꼼꼼 분석 ① | 송국리 유적은 대표적인 청동기 시대의 유적지이며, '사유 재산과 계급의 발생'은 청동기 시대에 나타난 양상이다.
청동기 시대에는 민무늬 토기를 사용했으며, 반달 돌칼을 이용해 벼를 수확하였다. 또한 지배자의 권위를 나타내는 청동검, 청동 거울 등이 제작되었으며 지배자의 무덤으로 고인돌을 만들었다.

오답 분석 ① 철제 무기는 철기 시대 이후의 모습에 해당한다.

고사부 깐깐정리

■ 청동기 시대와 철기 시대

구분	청동기 시대	철기 시대 전기
도구	• 비파형 동검, 거친무늬 거울 • 반달 돌칼, 바퀴날 도끼, 홈자귀	• 철제 무기와 철제 농기구 • 세형 동검, 잔무늬 거울
토기	• 미송리식 토기 • 민무늬 토기, 붉은 간토기	• 민무늬 토기 • 검은 간토기, 덧띠토기
무덤	고인돌, 돌널무덤	널무덤, 독무덤
경제	농경 발달(벼농사 시작)	중국과 교류(명도전, 붓)
주거	직사각형 움집, 지상 가옥, 벽면 화로, 각종 공동 시설	
사회	• 생산력 증대로 잉여 생산물 발생 • 빈부 격차와 계급 분화, 남녀 분업 촉진 • 권력과 경제력을 가진 지배자 출현, 족장(군장)	

다음과 같은 유적과 유물을 남긴 사람들의 생활 모습으로 옳지 <u>않은</u> 것은?

① 철로 만든 농기구를 사용하였다.
② 권력을 가진 지배자가 출현하였다.
③ 군장이 정치와 종교를 주관하였다.
④ 계급이 분화되고 사유 재산이 생겼다.
⑤ 구릉 지대에 거주하면서 농경 생활을 하였다.

길잡이 ① 사각형 모양의 움집터, 고인돌, 미송리식 토기가 만들어진 시대를 파악한다.
② 청동기 시대의 특징을 파악한다.

더 알아보기
중급 15p | 청동기 시대의 생활과 사회

밑줄 친 ㉠을 뒷받침할 수 있는 유물로 옳은 것을 |보기|에서 고른 것은?

우리나라에서는 기원전 5세기에 접어들면서 철기를 쓰기 시작하였다. 그 이후 철기의 사용과 함께 청동기 문화도 더욱 발달하여 ㉠한반도 안에서 독자적 발전을 이룩하였다.

보기

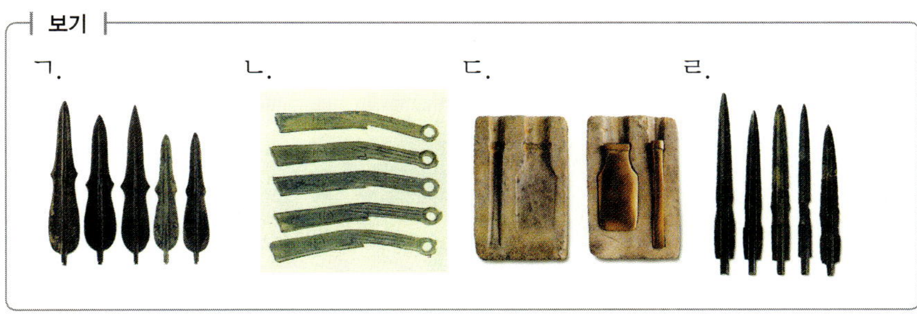

① ㄱ, ㄴ ② ㄱ, ㄷ ③ ㄴ, ㄷ ④ ㄴ, ㄹ ⑤ ㄷ, ㄹ

길잡이 ① 철기 시대의 특징을 떠올린다.
② 철기 시대에도 발달했던 청동기 문화의 양상을 파악한다.

더 알아보기
중급 17p | 철기 시대의 생활과 사회

004 고조선

경향 분석 고조선의 영토와 당시의 유물, 사회상 등을 묻는 문제들의 출제 비율이 높은 편이다.

16회 중급

04 교사의 질문에 대한 답변으로 옳은 것을 |보기|에서 고른 것은?

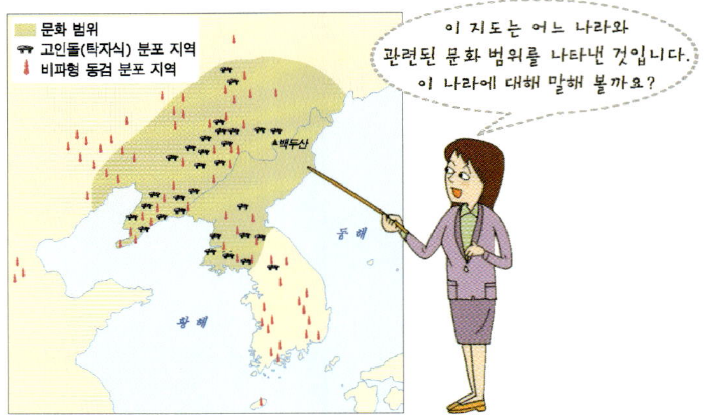

| 보기 |

ㄱ. 건국 이야기가 삼국유사에 기록되어 있어요.
ㄴ. 왕 밑에 마가, 우가, 저가, 구가 등이 있었어요.
ㄷ. 위만 집권 이후 철기 문화가 본격적으로 수용되었어요.
ㄹ. 남의 물건을 훔친 사람에게 12배를 배상하게 하였어요.

① ㄱ, ㄴ   ② ㄱ, ㄷ   ③ ㄴ, ㄷ
④ ㄴ, ㄹ   ⑤ ㄷ, ㄹ

고사부의 기출 타파

꼼꼼 분석 ② | 교사가 설명하고 있는 '이 나라'는 고조선이다. 탁자식 고인돌과 비파형 동검의 출토 범위를 통해 청동기 문화를 기반으로 형성된 고조선의 강역을 추론해 볼 수 있다.

일연의 《삼국유사》에 고조선 건국 신화가 기록되어 있으며, 위만이 집권한 후 본격적으로 철기가 수용되었다.

오답 분석 ㄴ, ㄹ. 부여

고사부 깐깐 정리

■ 고조선의 발전 과정

성립	• 청동기 문화에 바탕을 둔 최초의 족장(군장) 국가 • 강역 : 요령 지방과 한반도 북부 지방
발전	• 기원전 3세기경 부왕, 준왕 때 왕위 세습, 관직 설치(상, 대부, 장군) • 요서를 경계로 연과 대립할 만큼 강성
위만 조선	• 위만의 정변(기원전 194), 준왕 축출 • 철기 문화의 본격적 수용, 중계 무역으로 발전 • 한 무제의 침입으로 멸망(기원전 108)

다음 법률을 시행했던 국가에 대한 설명으로 옳은 것을 |보기|에서 고른 것은?

- 사람을 죽인 자는 즉시 죽인다.
- 남에게 상처를 입힌 자는 곡식으로 갚는다.
- 도둑질을 한 자는 노비로 삼는다. 용서받고자 하는 자는 한 사람마다 50만 전을 내야 한다.

| 보기 |

ㄱ. 연나라와 요서 지역을 경계로 대립하였다.
ㄴ. 왕 밑에는 상, 대부, 장군 같은 관직을 두었다.
ㄷ. 왕과 신하들이 국동 대혈에 모여 제사를 지냈다.
ㄹ. 남의 물건을 훔쳤을 때는 12배로 갚는 법이 있었다.

① ㄱ, ㄴ　　② ㄱ, ㄷ　　③ ㄴ, ㄷ　　④ ㄴ, ㄹ　　⑤ ㄷ, ㄹ

길잡이 ① 제시된 법률이 8조금법임을 파악한다.
② 고조선의 성장 과정을 파악한다.

더 알아보기
중급 18p | 고조선의 성장과 발전

(가), (나) 사이에 있었던 사실로 옳은 것을 |보기|에서 고른 것은?

길잡이 ① 조선으로 망명한 위만이 준왕을 죽이고 왕이 되었음을 파악한다.
② 위만의 손자 우거왕 때 고조선이 멸망하였음을 파악한다.
③ 위만 조선 시기의 고조선의 발전상을 파악한다.

(가) 위만이 조선으로 망명하였다. 준왕은 그를 믿고 박사에 임명하였으며 백 리의 땅을 봉해 주어 서쪽 변경을 지키게 하였다.
(나) 니계상 참이 사람을 시켜 우거왕을 죽이고 항복해 왔지만, 왕검성은 함락되지 않았다. 죽은 우거왕의 대신 성기가 한나라에 저항하다 주살당하니, 이로써 마침내 조선을 평정하고 4군을 세웠다.

| 보기 |

ㄱ. 불교의 도입으로 백성들의 신앙이 통합되었다.
ㄴ. 60여 조의 법으로 백성들을 엄격하게 다스렸다.
ㄷ. 본격적인 철기의 수용으로 생산력이 향상되었다.
ㄹ. 한과 진국 사이에서 중계 무역으로 많은 이익을 얻었다.

① ㄱ, ㄴ　　② ㄱ, ㄷ　　③ ㄴ, ㄷ　　④ ㄴ, ㄹ　　⑤ ㄷ, ㄹ

더 알아보기
중급 18p | 고조선의 성장과 발전

005 초기 국가

경향 분석 초기 국가의 정치 체제와 사회·경제, 풍속을 서로 비교해 묻는 문제는 빠지지 않고 출제된다.

고사부의 기출 타파

05 다음 대화에 해당하는 나라에 대한 설명으로 옳은 것은?

① 순장의 풍습이 있었다.
② 동맹이라는 제천 행사가 있었다.
③ 신지, 읍차 등의 지배자가 있었다.
④ 단궁과 반어피가 특산물로 유명하였다.
⑤ 천군이 다스리는 소도라는 지역이 있었다.

꼼꼼 분석 ① | 흉년이 들면 '저가, 구가' 등의 대가들이 왕에게 책임을 묻는 풍습은 부여의 풍습이다. 부여는 왕이 죽으면 껴묻거리와 함께 많은 사람을 순장하는 풍습이 있었다.

오답 분석 ② 동맹은 고구려의 제천 행사이다.
③ 신지, 읍차는 삼한의 지배자이다.
④ 단궁, 과하마, 반어피는 동예의 특산물이다.
⑤ 소도는 삼한에 있던 신성 지역이다.

고사부 깐깐정리

■ 초기 국가

철기 문화의 확산 → 정복 활동 / 생산력 증대 → 연맹 왕국의 성립

내용	부여	고구려	옥저	동예	삼한
위치	송화(쑹화)강 유역	졸본(환인) 지방	함경도 지방	강원도 북부 동해안	고조선 남쪽 지역
정치	사출도(마가, 우가, 구가, 저가)	5부 연맹체 (상가, 고추가)	군장 국가 / 거수, 삼로	군장 국가 / 후, 읍군, 삼로	제정 분리 사회 (신지·읍차+천군)
경제	농경, 목축	약탈 경제(부경)	어물, 소금 풍부 (고구려에 공납)	• 방직 기술 발달 • 특산물(단궁, 반어피)	• 벼농사(저수지) • 철 생산(변한)
제천 행사	영고(12월)	동맹(10월)		무천(10월)	계절제(5월, 10월)
풍속	• 순장 • 1책 12법	• 서옥제 • 국동 대혈	• 민며느리제 • 골장제	족외혼과 책화 (씨족 사회의 유습)	• 소도 • 두레

지도의 (가), (나) 국가에 대한 설명으로 옳지 <u>않은</u> 것은?

① (가) – 혼인 풍속으로 민며느리제가 있었다.

② (가) – 가족 공동 무덤인 큰 목곽에 뼈를 추려 안치하였다.

③ (나) – 10월에 무천이라는 제천 행사를 열었다.

④ (나) – 상가, 고추가 등 대가들이 각기 관리를 거느렸다.

⑤ (나) – 다른 부족의 생활권을 침범하면 노비, 소, 말로 갚게 하였다.

길잡이 ① 동해안 지역에 위치한 초기 국가를 파악한다.
② 옥저와 동예의 풍속을 파악한다.

더 알아보기
중급 22p | 옥저와 동예

다음 자료에 해당하는 나라에 대한 설명으로 옳은 것은?

> 국읍마다 한 사람을 세워서 천신에 대한 제사를 주관하게 하고 천군이라 불렀다. 또한 나라마다 별읍이 있는데, 소도라고 불렀다. 큰 나무를 세우고, 방울과 북을 매달아 귀신을 섬겼다. ― 「삼국지」 위서 동이전 ―

① 철이 많이 생산되어 낙랑, 왜에 수출하였다.

② 마가, 우가, 저가, 구가 등이 사출도를 다스렸다.

③ 해마다 영고라는 행사를 열어 하늘에 제사지냈다.

④ 10월에 왕과 신하들이 국동 대혈에 모여 함께 제사를 지냈다.

⑤ 혼인할 때 여자 집에서 서옥을 짓고 사위를 맞는 풍습이 있었다.

길잡이 ① '천군', '소도'가 존재한 초기 국가를 파악한다.
② 삼한의 정치 체제와 경제, 풍속을 파악한다.

더 알아보기
중급 23p | 삼한

II 한국 고대사

(1) 고대의 정치

고구려의 발전

경향 분석 고구려의 발전에 크게 기여한 소수림왕, 광개토왕, 장수왕의 업적을 묻는 문제들이 자주 출제되고 있다.

18회 중급

고사부의 **기출 타파**

01 (가)에 들어갈 기사 제목으로 가장 적절한 것은?

제△△호 ○○○○년 ○○월 ○○일

고 구 려 신 문

장수왕, [(가)]

…… 이를 통해 안으로는 국내성에 기반을 가진 귀족 세력들을 약화시켜 왕권을 강화할 수 있었고, 밖으로는 남진 정책을 추진함으로써 백제나 신라에 큰 위협을 주었다.

① 불교를 공인하다.
② 평양으로 천도하다.
③ 진대법을 실시하다.
④ 천리장성을 축조하다.
⑤ 살수에서 큰 승리를 거두다.

꼼꼼 분석 ② | 장수왕은 평양 천도를 통해 대내적으로는 구 귀족 세력을 약화시키고, 대외적으로는 남진 정책을 추진해 백제와 신라를 위협하였다.

오답 분석 ① 소수림왕
③ 고국천왕
④ 보장왕 때 연개소문
⑤ 영양왕 때 을지문덕

고사부 **깐깐정리**

■ 고구려의 발전

국왕	업적
소수림왕 (371~384)	율령 반포, 태학 설립, 불교 수용 → 중앙 집권 체제의 확립
광개토왕 (391~413)	• 영토 확장 : 백제 공격, 요동과 만주 정복 • 신라에 침입한 왜군 격퇴(400) • '영락' 연호 사용
장수왕 (413~491)	• 평양 천도(427) → 남진 정책 • 한강 유역 확보(중원 고구려비)

밑줄 친 '왕'의 업적으로 옳은 것은?

> 겨울 10월에 왕이 질산 남쪽에서 사냥을 하다가 …… 흉년이 들어 부모를 섬길 수 없다며 우는 사람을 보고 다음과 같은 명령을 내렸다. "아아! 내가 백성의 부모가 되어 백성들을 이 지경에 이르게 했으니, 이는 나의 죄다. …… 매년 봄 3월부터 가을 7월까지 관의 곡식을 내어 …… 빌려 주었다가 겨울 10월에 갚게 하는 것을 일정한 법으로 삼도록 하라."
> – 「삼국사기」 –

① 옥저와 동예를 정복하였다.

② 방위명을 가진 5부를 두었다.

③ 태학을 설치해 유교 경전을 교육하였다.

④ 계루부 출신의 왕위 세습을 확립하였다.

⑤ 율령을 반포하여 국가 조직을 정비하였다.

길잡이 ① 진대법을 실시한 국왕을 파악한다.
② 고국천왕의 업적을 파악한다.

더 알아보기
중급 29p | 고구려의 성립과 발전

다음 밑줄 친 '왕'의 활동으로 옳지 <u>않은</u> 것은?

> (영락) 9년(399) 기해(己亥)에 백제가 서약을 어기고 왜와 화통하므로, 왕은 평양으로 순수해 내려갔다. 신라가 사신을 보내 왕에게 "왜인이 그 국경에 가득 차 성을 부수었으니, 노객은 백성된 자로서 왕에게 귀의하여 분부를 청한다."라고 말하였다. …… 10년(400) 경자(庚子)에 보병과 기병 5만을 보내 신라를 구원하게 하였다.

길잡이 ① '영락' 연호를 사용하고, 신라를 구원한 고구려의 왕을 파악한다.
② 광개토 대왕의 정복 활동을 파악한다.

① '영락'이라는 연호를 사용하였다.

② 동북쪽의 부여와 동쪽의 말갈을 굴복시켰다.

③ 백제를 공격하여 아신왕의 항복을 받아내었다.

④ 남진 정책을 추진하여 중원 고구려비를 세웠다.

⑤ 후연을 공격하여 만주 대부분의 땅을 차지하였다.

더 알아보기
중급 29p | 고구려의 성립과 발전

백제의 발전

경향 분석	백제의 전성기를 이끈 근초고왕, 백제의 중흥을 위해 노력한 무령왕과 성왕의 업적을 묻는 문제가 자주 출제된다.

18회 중급

고사부의 기출 타파

02 지도와 같은 형세를 이룬 시기의 백제에 대한 설명으로 옳은 것은?

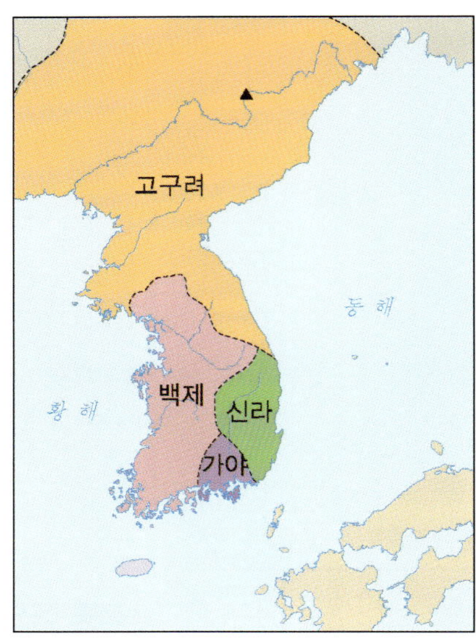

① 수도를 사비로 옮겼다.
② 신라의 대야성을 빼앗았다.
③ 고흥이 서기를 편찬하였다.
④ 국호가 남부여로 바뀌었다.
⑤ 관산성에서 신라에 패배하였다.

 **꼼꼼 분석** ③ | 자료는 백제의 전성기인 4세기 중반의 지도이다. 백제의 전성기를 이끈 근초고왕은 활발한 정복 활동으로 영토를 넓히는 한편, 고흥에게 역사서 《서기》를 편찬하게 하였다.

오답 분석 ①, ④, ⑤ 성왕
② 의자왕

고사부 깐깐정리

■ **백제의 발전**

국왕	업적
근초고왕 (346~375)	• 부자 왕위 상속제 확립 • 마한 정복, 고구려 공격(371) • 요서, 산동, 규슈 진출
무령왕 (501~523)	• 중국 남조의 양과 교류 • 지방 통제 강화(22담로 설치)
성왕 (523~554)	• 사비 천도, '남부여'로 국호 변경, 남조와 교류 • 신라와 연합하여 고구려 공격 → 관산성 전투에서 사망

다음 왕릉에 묻힌 왕에 대한 설명으로 옳은 것을 |보기|에서 고른 것은?

왕릉 내부

왕릉 출토 관식

| 보기 |

ㄱ. 마한을 정복하여 영토를 확장하였다.
ㄴ. 양과 국교를 맺고 문화 교류에 힘썼다.
ㄷ. 불교를 공인하여 사상적 통합을 꾀하였다.
ㄹ. 지방에 22담로를 두고 왕족을 파견하였다.

① ㄱ, ㄴ ② ㄱ, ㄷ ③ ㄴ, ㄷ ④ ㄴ, ㄹ ⑤ ㄷ, ㄹ

길잡이 ① 백제의 벽돌무덤을 파악한다.
② 백제 중흥을 위한 무령왕의 활동을 파악한다.

더 알아보기
중급 30p | 백제의 성립과 발전

다음 연보에 해당하는 왕의 업적으로 옳은 것을 |보기|에서 고른 것은?

523년	무령왕의 뒤를 이어 즉위
……	
551년	신라와 연합하여 한강 유역 탈환
552년	노리사치계를 일본에 보내 불경·불상 전파
554년	신라와의 전쟁에서 사망

| 보기 |

ㄱ. 국호를 남부여로 바꾸고 중흥을 꾀하였다.
ㄴ. 해외의 요서, 산둥, 규슈 지역으로 진출하였다.
ㄷ. 사비로 천도하고 중앙 관청을 22부로 확대하였다.
ㄹ. 고구려의 남하 정책에 밀려 웅진으로 도읍을 옮겼다.

① ㄱ, ㄴ ② ㄱ, ㄷ ③ ㄴ, ㄷ ④ ㄴ, ㄹ ⑤ ㄷ, ㄹ

길잡이 ① 신라와의 전쟁에서 사망한 왕을 파악한다.
② 성왕의 활동을 파악한다.

더 알아보기
중급 30p | 백제의 성립과 발전

008 신라의 발전

경향 분석 신라의 발전에 기여한 내물마립간, 지증왕, 법흥왕, 진흥왕의 업적을 묻는 문제가 자주 출제되고 있다.

21회 중급

고사부의 기출 타파

03 다음과 같은 대화가 있었던 시기에 신라 사회의 모습으로 옳은 것은?

① 중앙 집권 체제가 완비되었다.
② 이사금 등의 왕호가 사용되었다.
③ 화랑도가 국가적 조직으로 개편되었다.
④ 전통적 신분제인 골품제가 해체되었다.
⑤ 한강 유역을 차지하여 삼국의 주도권을 장악하였다.

꼼꼼 분석 ② | 자료는 석탈해와 유리가 왕위 계승을 두고 나눈 대화이다.

유리의 이 자국이 많아 왕위에 오르게 되었고, 이때부터 왕호를 이사금(尼師今)이라 하였다. 이사금은 연장자를 뜻하며, 박·석·김 3부족이 교대로 왕위를 계승하였던 당시 상황을 보여 준다.

오답 분석 ① 법흥왕
③, ⑤ 진흥왕
④ 신라 하대

고사부 깐깐 정리

■ 신라의 발전

국왕	업적
내물마립간 (356~402)	• 김씨 왕위 세습제 확립 • 마립간 칭호 사용, 낙동강 유역 진출
지증왕 (500~514)	• '신라' 국호, '왕' 칭호 사용 • 우산국 복속, 우경 장려, 순장 금지
법흥왕 (514~540)	• 불교 공인, 율령 반포, 병부 설치, 골품제 정비 • 금관가야 정복
진흥왕 (540~576)	• 화랑도 개편, 불교 교단 정비 • 영토 확장 : 한강 하류 차지, 함경도 진출, 대가야 정복 • 단양 적성비와 4개의 순수비 건립, 《국사》 편찬

다음 비석을 세운 왕에 대한 설명으로 옳은 것을 |보기|에서 고른 것은?

단양 적성비

북한산 순수비

| 보기 |

ㄱ. 율령 반포　　　　　　　　ㄴ. 불교 공인
ㄷ. 화랑도 정비　　　　　　　ㄹ. 대가야 정복
ㅁ. 《국사》 편찬　　　　　　　ㅂ. 금관가야 정복

① ㄱ, ㄴ, ㅂ　　　　② ㄱ, ㄷ, ㄹ　　　　③ ㄴ, ㄷ, ㅁ
④ ㄴ, ㄹ, ㅁ　　　　⑤ ㄷ, ㄹ, ㅁ

길잡이 ① 단양 지방과 한강 지역을 차지한 왕을 파악한다.
② 진흥왕의 업적을 파악한다.

더 알아보기
중급 30p | 신라의 성립과 발전

다음 자료의 밑줄 친 '왕'의 활동으로 옳지 않은 것은?

- 왕이 주군(州郡)의 지방관에게 명령하여 농사를 권장하도록 하였다. 이때부터 소를 이용하여 밭을 갈기 시작하였다.
- 신하들이 아뢰기를, "이제 한 뜻으로 삼가 '신라 국왕'이라는 칭호를 올립니다."라고 하니, 왕이 이를 따랐다.　　　　　　　　　　－「삼국사기」－

① 순장을 금지하였다.
② 나라의 이름을 '신라'로 정하였다.
③ 김씨의 왕위 계승권을 확립하였다.
④ 이사부를 보내 우산국을 정벌하였다.
⑤ 왕호를 '마립간'에서 '왕'으로 바꾸었다.

길잡이 ① 우경 권장, '신라 국왕' 칭호와 관련된 왕을 파악한다.
② 지증왕의 업적을 파악한다.

더 알아보기
중급 30p | 신라의 성립과 발전

009 가야의 발전

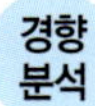

경향 분석 금관가야와 대가야의 발전 과정과 유물을 비교하는 문제가 자주 출제된다.

04 가야 연맹의 (가), (나) 지역을 중심으로 발전한 나라에 대한 설명으로 옳은 것을 I보기I에서 고른 것은?

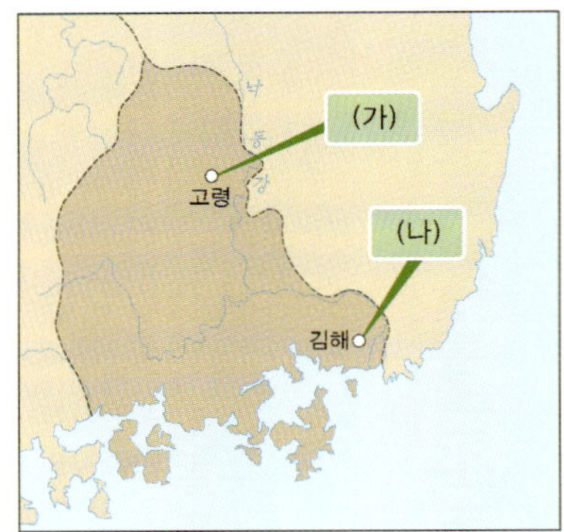

┤ 보기 ├
ㄱ. (가) – 전기 가야 연맹을 이끌었다.
ㄴ. (가) – 법흥왕 때 신라에 복속되었다.
ㄷ. (나) – 낙랑, 왜에 철을 수출하며 부를 쌓았다.
ㄹ. (나) – 고구려의 침략으로 연맹의 주도권을 상실하였다.

① ㄱ, ㄴ　　　② ㄱ, ㄷ　　　③ ㄴ, ㄷ
④ ㄴ, ㄹ　　　⑤ ㄷ, ㄹ

고사부의 기출 타파

꼼꼼 분석 ⑤ | (가)는 후기 가야 연맹의 맹주였던 고령의 대가야, (나)는 전기 가야 연맹의 맹주인 김해의 금관가야이다.

금관가야는 풍부하게 생산되는 철을 대외 교역에 이용해 경제적 이득을 얻었다. 5세기 초 고구려의 침략으로 쇠퇴하기 시작하였으며, 이후 법흥왕 때 신라에 병합되었다.

오답 분석 ㄱ. 대가야는 후기 가야 연맹을 이끌었다.
ㄴ. 대가야는 진흥왕 때 복속되었다.

고사부 깐깐 정리

■ 가야의 발전

전기 가야 연맹	• 3세기 경 김해의 금관가야 중심 • 철 생산 풍부, 낙랑 · 왜를 연결하는 중계 무역으로 성장 • 고구려의 공격(400년)으로 쇠퇴, 낙동강 서안으로 축소
후기 가야 연맹	• 5세기 경 고령의 대가야 중심 • 신라와 혼인 동맹(522) → 국제적 고립 탈피 시도 • 금관가야(532)와 대가야(562)가 신라에 병합
가야 문화	금동관, 철제 무기와 판갑옷, 토기 발달

다음 자료에 해당하는 국가에 대한 설명으로 옳은 것을 |보기|에서 고른 것은?

> 북쪽 구지에서 이상한 소리가 들렸다. …… 마을 사람들이 다시 모여서 상자를 열어 보니 알 여섯이 모두 어린애가 되어 있었다. …… 그 달 보름에 왕위에 올랐는데, 세상에 처음 나타났다고 하여 이름을 수로라 하였다.

| 보기 |

ㄱ. 신라 진흥왕에 의해 멸망하였다.
ㄴ. 6세기 초 신라와 결혼 동맹을 맺었다.
ㄷ. 전기 가야 연맹의 맹주 역할을 하였다.
ㄹ. 철이 풍부해 덩이쇠를 만들어 화폐처럼 사용하였다.

① ㄱ, ㄴ　　② ㄱ, ㄷ　　③ ㄴ, ㄷ　　④ ㄴ, ㄹ　　⑤ ㄷ, ㄹ

길잡이 ① 수로왕과 관련된 국가를 파악한다.
② 금관가야의 발전상을 파악한다.

더 알아보기
중급 34p | 연맹 왕국의 가야

길잡이 ① 가야 연맹의 발전상을 파악한다.

다음 문화유산을 남긴 나라에 대한 설명으로 옳지 <u>않은</u> 것은?

고령 출토 금동관

김해 출토 판갑옷

함안 출토 수레 토기

① 철이 많이 생산되어 낙랑, 왜에 수출하였다.
② 연맹 왕국에서 중앙 집권 국가로 발전하였다.
③ 낙랑과 왜를 연결하는 중계 무역이 발달하였다.
④ 일찍부터 벼농사를 짓는 등 농경 문화가 발달하였다.
⑤ 일본에 진출해 일본 고대 문화 발전에 기여하기도 하였다.

더 알아보기
중급 34p | 연맹 왕국 가야

010 삼국의 항쟁

경향 분석 4~6세기 삼국의 항쟁 과정과 주요 사건을 알아보는 문제가 출제되고 있다.

17회 중급

05 다음 장면에 해당하는 시기를 연표에서 옳게 고른 것은?

427	475	538	553	612	660
(가)	(나)	(다)	(라)	(마)	
고구려 평양 천도	백제 웅진 천도	백제 사비 천도	신라 한강 하류 차지	살수 대첩	백제 멸망

① (가)   ② (나)   ③ (다)   ④ (라)   ⑤ (마)

꼼꼼 분석 ① | 신라의 눌지왕은 433년 백제와 나·제 동맹을 맺어 고구려 장수왕의 남진에 대항하였다.

고사부 **깐깐 정리**

■ 삼국의 항쟁

시기	주도 국가	주요 사건
4세기	백제	• 평양성 공격(371, 고국원왕 전사) • 활발한 해외 진출(요서, 산둥, 규슈)
5세기	고구려	• 신라에 침입한 왜군 격퇴(400, 호우명 그릇) • 나·제 동맹 체결(433) → 혼인 동맹(493) • 한성 함락(475, 개로왕 전사) → 백제의 웅진 천도
6세기	신라	• 신라의 한강 유역 진출(북한산비) • 관산성 전투(554, 성왕 전사) • 신라의 금관가야, 대가야 병합

삼국의 형세가 (가)에서 (나)로 변화하는 시기에 있었던 사실로 옳지 <u>않은</u> 것은?

(가)

(나)

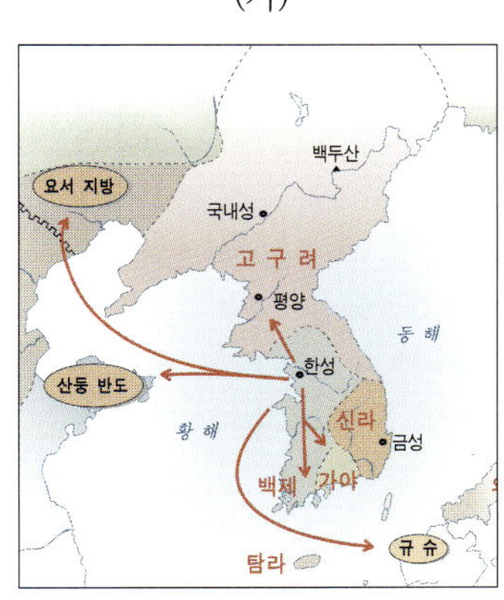

① 백제는 한성에서 웅진으로 도읍을 옮겼다.

② 고구려는 신라에 침입한 왜군을 격퇴하였다.

③ 고구려는 불교를 수용하여 왕권을 강화하였다.

④ 신라는 백제와 동맹을 맺어 고구려에 대항하였다.

⑤ 백제가 국호를 남부여로 고쳐 국가 중흥을 꾀하였다.

길잡이 ① 백제와 고구려의 전성기를 파악한다.
② 고구려가 동아시아의 강국으로 발전하는 과정을 파악한다.

더 알아보기
중급 30p | 백제의 성립과 발전

지도와 같은 형세를 이루던 시기의 역사적 사실로 옳은 것을 |보기|에서 고른 것은?

길잡이 ① 신라 진흥왕의 정복 활동을 파악한다.

| 보기 |

ㄱ. 가야가 신라에 의해 통합되었다.

ㄴ. 고구려는 중원 고구려비를 건립하였다.

ㄷ. 백제가 동진으로부터 불교를 수용하였다.

ㄹ. 신라는 백제와 연합하여 한강 유역에 진출하였다.

① ㄱ, ㄴ   ② ㄱ, ㄹ   ③ ㄴ, ㄷ   ④ ㄴ, ㄹ   ⑤ ㄷ, ㄹ

더 알아보기
중급 32p | 신라의 성립과 발전

011 삼국 통일 전쟁

경향 분석 고구려와 수·당 전쟁, 신라의 통일 과정을 알아보는 문제가 출제되고 있다.

22회 중급

고사부의 기출 타파 

06 다음 자료의 사건이 발생한 시기를 연표에서 옳게 고른 것은?

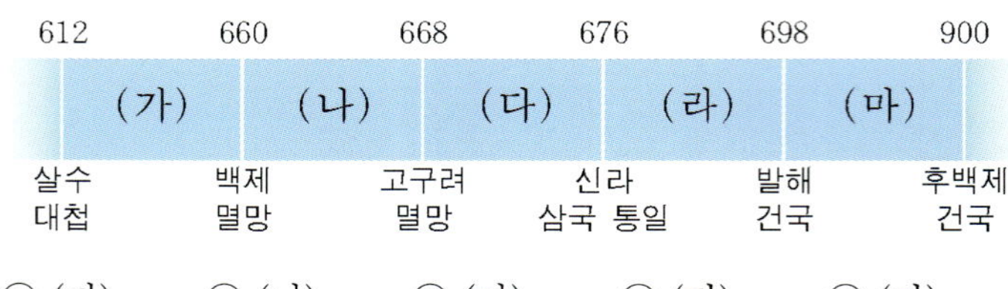

612	660	668	676	698	900
(가)	(나)	(다)	(라)	(마)	
살수 대첩	백제 멸망	고구려 멸망	신라 삼국 통일	발해 건국	후백제 건국

① (가) ② (나) ③ (다) ④ (라) ⑤ (마)

꼼꼼 분석 ③ | 신라와 당의 연합 공격으로 평양성이 함락되면서 고구려는 멸망하였다(668). 이후 검모잠은 한성에서 안승을 왕으로 추대하여 고구려 부흥 운동을 이끌었다.

고사부 깐깐정리

■ 삼국 통일 전쟁

고구려와 수·당의 전쟁	• 수의 침입 : 고구려의 요서 선제 공격(598) → 살수대첩(612, 을지문덕) • 당의 침입 : 연개소문의 대당 강경 외교(천리장성) → 안시성 싸움(645)
백제 멸망	• 나·당 연합 결성(648) → 황산벌 전투와 사비성 함락(660) • 부흥 운동 : 주류성(복신과 도침), 임존성(흑치상지), 왜의 지원(663, 백강 전투)
고구려 멸망	• 연개소문 사후 지배층 분열 → 나·당 연합군의 협공으로 평양성 함락(668) • 부흥 운동 : 한성(검모잠과 안승), 오골성(고연무), 신라의 지원(보덕국)
나·당 전쟁	• 당의 야욕(웅진 도독부, 계림 도독부, 안동 도호부 설치) • 매소성 싸움(675), 기벌포 싸움(676) → 당 세력 축출, 삼국 통일 완성

다음 시와 관련된 전쟁에 대한 설명으로 옳은 것은?

> 신묘한 계책은 천문을 꿰뚫어 볼 만하고
> 오묘한 전술은 땅의 이치를 모조리 알도다
> 전쟁에 이겨서 공이 이미 높아졌으니
> 만족을 알거든 그만 돌아가시구려
>   – 「삼국사기」 –

① 신라군이 기벌포에서 당군에 승리하였다.
② 고구려군이 안시성에서 당의 대군을 물리쳤다.
③ 고구려군이 수의 침략군을 살수에서 격퇴하였다.
④ 백제군이 왜와 함께 백강에서 당군을 공격하였다.
⑤ 신라군이 황산벌에서 계백의 백제군을 공격하였다.

길잡이 ① 〈여수장우중문시〉가 쓰여진 배경과 시기를 파악한다.
② 7세기 한반도에서 일어난 전쟁을 파악한다.

더 알아보기
중급 35p | 고구려와 수·당의 전쟁

연표의 (가) 시기 상황으로 적절한 것을 |보기|에서 고른 것은?

| 보기 |

ㄱ. 신라는 금마저(익산)에 보덕국을 세웠다.
ㄴ. 흑치상지가 임존성에서 군사를 일으켰다.
ㄷ. 신라는 당의 20만 대군을 매소성에서 물리쳤다.
ㄹ. 복신과 도침이 주류성에서 나·당 연합군을 공격하였다.

① ㄱ, ㄴ　　② ㄱ, ㄷ　　③ ㄴ, ㄷ　　④ ㄴ, ㄹ　　⑤ ㄷ, ㄹ

길잡이 ① 백제 멸망 이후 한반도에서 전개된 상황을 파악한다.
② 백제 부흥 운동과 고구려 부흥 운동을 구분한다.

더 알아보기
중급 36p | 백제와 고구려의 멸망

012 통일 신라의 발전

경향 분석 전제 왕권을 강화하기 위한 노력과 통치 체제의 정비 과정을 묻는 문제가 자주 출제된다.

고사부의 기출 타파 

07 (가), (나) 왕에 대한 설명으로 옳은 것은?

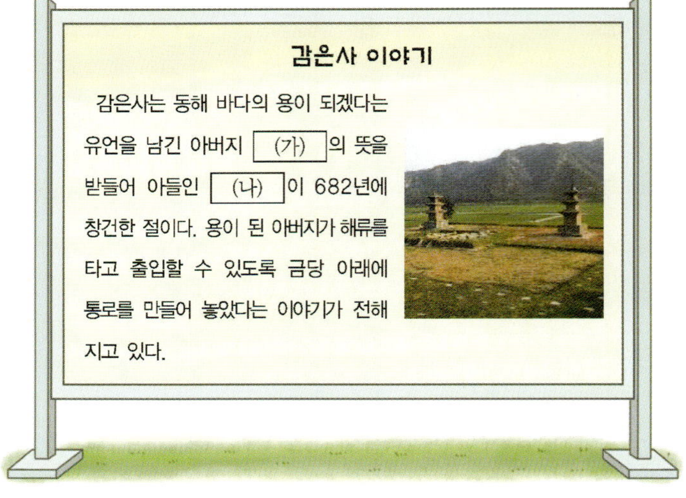

① (가) – 최초의 진골 출신 왕이다.
② (가) – 관료전을 지급하고 녹읍을 폐지하였다.
③ (나) – 경당을 설립하여 인재를 양성하였다.
④ (나) – 김흠돌의 난을 진압하고 왕권을 강화하였다.
⑤ (가), (나) – 가야 지역을 차지하여 영토를 확장하였다.

꼼꼼 분석 ④ | 감은사는 아버지 (가) 문무왕을 위해 (나) 신문왕이 세운 사찰이다. 문무왕은 나·당 전쟁에서 승리함으로써 삼국 통일을 달성하였으며, 신문왕은 김흠돌의 난을 진압하고 전제 왕권 확립을 위한 정책들을 취하였다.

오답 분석 ① 최초의 진골 출신 왕은 무열왕이다.
② 신문왕에 대한 설명이다.
③ 경당은 고구려가 평양 천도 이후 설립한 사립 교육 기관이다.
⑤ 법흥왕과 진흥왕의 업적이다.

고사부 깐깐 정리

■ **신라 중대 전제 왕권의 확립**

무열왕 (654~661)	• 진골 출신, 이후 무열왕의 후손이 왕위 세습 • 대당 외교에 성공, 백제 정벌
문무왕 (661~681)	고구려 정벌, 나·당 전쟁 승리 → 삼국 통일 완성
신문왕 (681~692)	• 김흠돌 모역 사건 → 귀족 세력 숙청 • 관료전 지급(녹읍 폐지), 국학 설치, 만파식적 • 지방 제도 정비(9주 5소경), 군사 제도 정비(9서당 10정)
경덕왕 (742~765)	• 국학을 태학감으로 개칭, 불국사와 석굴암 조성 • 녹읍 부활(750)
6두품 세력	국왕의 정치적 조언자, 행정 실무 담당

(가) 시기에 해당하는 역사적 사실로 옳지 <u>않은</u> 것은?

기원전 57		654	780	935(년)
			(가)	
신라 건국		무열왕 즉위	선덕왕 즉위	신라 멸망

① 집사부 시중의 권한이 강화되었다.
② 당을 몰아내고 삼국 통일을 이룩하였다.
③ 지방 행정 구역으로 9주 5소경을 두었다.
④ 독서삼품과를 실시하여 관리를 채용하였다.
⑤ 6두품 세력이 국왕을 도와 전제 왕권을 강화하였다.

길잡이 ① 무열왕~혜공왕 시기의 정치적 상황을 이해한다.
② 신라 중대에 있었던 전제 왕권 강화를 위한 노력을 파악한다.

더 알아보기
중급 40p | 통일 신라의 발전

밑줄 친 '왕'의 재위 기간에 볼 수 있는 모습으로 적절하지 <u>않은</u> 것은?

> <u>왕</u>이 배를 타고 그 산에 들어가니 용이 검은 옥대(玉帶)를 가져다 바쳤다. …… 용이 대답하기를, "대왕께서 이 대나무를 가지고 피리를 만들어 불면 천하가 화평할 것입니다. 이제 대왕의 아버님께서는 바닷속의 큰 용이 되셨고, 유신은 다시 천신이 되셨는데, 두 성인이 같은 마음으로 이처럼 값으로 따질 수 없는 보배를 저를 시켜 보냈습니다."라고 하였다.

① 5소경에 부임하는 관리
② 첨성대를 건립하는 석공
③ 국학 설립을 알리는 신하
④ 녹읍 폐지에 실망하는 귀족
⑤ 김흠돌의 난을 진압하는 군대

길잡이 ① 만파식적 고사와 관련된 왕을 파악한다.
② 신문왕이 실시한 정책을 파악한다.

더 알아보기
중급 40p | 통일 신라의 발전

013 신라 하대의 정치

경향 분석 신라 하대의 혼란한 사회상, 즉 왕위 쟁탈전, 농민 반란, 후삼국의 항쟁을 묻는 문제의 출제 비율이 높다.

15회 중급

08 지도에 표시된 인물들이 일으킨 사건의 공통점으로 옳은 것은?

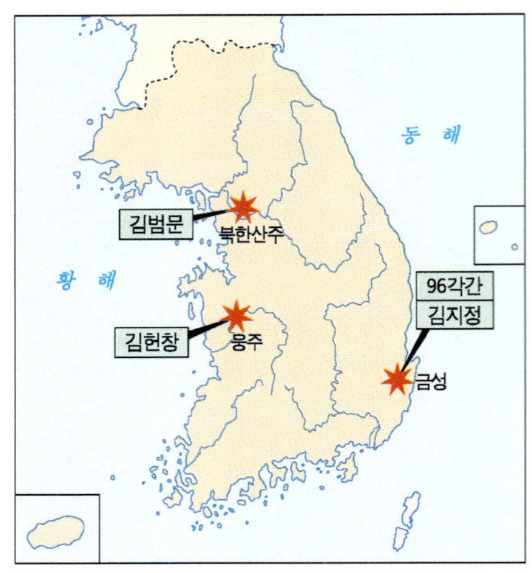

① 왕위 쟁탈전
② 호족들의 반란
③ 농민들이 일으킨 봉기
④ 백제 유민의 부흥 운동
⑤ 천민들의 신분 해방 운동

고사부의 기출 타파

꼼꼼 분석 ① | 96각간과 김지정, 김헌창과 김범문은 모두 진골 귀족으로서 왕권에 도전한 인물들이다. 김헌창은 부친인 김주원이 왕위 계승에서 탈락하자 그에 불만을 품고 웅주에서 난을 일으켰고, 김범문은 아버지인 김헌창과 마찬가지로 북한산주에서 역모를 꾸몄다.

오답 분석 ③ 원종과 애노의 난이 신라 하대의 대표적인 농민 봉기이다.
④ 복신과 도침, 흑치상지 등이 백제 부흥 운동을 주도하였다.

고사부 깐깐정리

■ 신라 하대의 정치 변동

구분	내용
왕위 쟁탈전의 격화	• 왕권 약화, 귀족 연합 정치 • 김헌창의 난(822) 이후 지방 통제력 약화
농민 몰락	• 자연재해, 강압적 수취 • 노비나 초적으로 몰락, 농민 반란(원종·애노의 난)
새로운 세력의 성장	• 호족 : 성주, 장군을 칭하면서 행정권과 군사권 장악 • 6두품과 선종 승려 : 골품제 비판, 새로운 정치 이념 제시
새로운 사상의 대두	• 선종의 유행(개인의 깨달음 강조) • 풍수지리설 보급(경주 중심의 지리 관념 비판)

다음 시기의 역사적 사실로 옳은 것만을 |보기|에서 모두 고른 것은?

혜공왕(15) — 선덕왕(5) — 원성왕(13) …… 진성여왕(10) —

효공왕(15) — 신덕왕(5) — 경명왕(7) — 경애왕(3) — 경순왕(8)

( ) 안의 숫자는 재위 기간

| 보기 |

ㄱ. 교육 기관으로 국학을 설립하였다.
ㄴ. 귀족들의 반발로 녹읍을 부활하였다.
ㄷ. 장보고가 완도에 청해진을 설치하였다.
ㄹ. 선종 불교가 지방을 근거로 성장하였다.

① ㄱ, ㄴ 　② ㄱ, ㄷ 　③ ㄴ, ㄷ 　④ ㄴ, ㄹ 　⑤ ㄷ, ㄹ

길잡이 ① 선덕왕~경순왕 시기의 정치적 상황을 파악한다.
② 신라 중대와 신라 하대의 역사적 사실을 구분한다.

더 알아보기
중급 41p | 신라 말기의 정치 변동

길잡이 ① 선종 불교와 승탑이 유행한 시기를 파악한다.
② 신라 하대의 정치적 상황을 파악한다.

밑줄 친 '이 시기'에 대한 설명으로 옳지 <u>않은</u> 것은?

이 시기에는 실천 수행을 통하여 깨달음을 얻는다는 선종이 널리 확산되었다. 이와 함께 승려의 사리를 봉안하는 승탑이 세워지기 시작하였다. 기본형이 팔각 원당형인 승탑은 그 모양이 세련되고 균형감이 뛰어나 당시의 조형 미술을 대표하고 있다.

쌍봉사 철감선사 승탑

① 호족이라 불리는 지방 세력이 성장하였다.
② 몰락한 농민들이 유랑하거나 초적이 되었다.
③ 지방에 대한 중앙 정부의 통제력이 약화되었다.
④ 진골 귀족들은 사병을 거느리고 권력 다툼을 벌였다.
⑤ 화백 회의의 기능이 축소되고 집사부 시중의 역할이 강화되었다.

더 알아보기
중급 41p | 신라 말기의 정치 변동

발해의 발전

경향 분석 발해의 발전 과정에서 중요한 역할을 한 국왕과 발해의 문화를 묻는 문제는 반드시 출제된다고 보고 대비해야 한다.

17회 중급

고사부의 기출 타파

꼼꼼 분석 ① | 자료는 신라와 발해의 남북국사를 체계화한 《발해고》이고, (가)는 발해이다.
발해는 당의 문물제도를 받아들여 3성 6부의 중앙 관제를 마련하고, 국가의 중요한 일은 귀족들이 정당성에 모여서 회의를 열어 결정하였다. 지방 행정 구역은 5경 15부 62주로 조직되었다.

오답 분석 ② 고려, ③ 고구려, ④ 신라, ⑤ 백제

09 (가)에 대한 설명으로 옳은 것은?

…… 부여씨가 망하고 고씨가 망한 다음 김씨가 남방을 차지하였고, 대씨가 북방을 차지하여 ⎡ (가) ⎤(이)라 하였으니, 이것을 남북국이라 한다. …… 저 대씨가 어떤 사람인가? 바로 고구려 사람이다. 그들이 차지하고 있던 땅은 어떤 땅인가? 바로 고구려 땅이다. ……

① 지방을 5경 15부 62주로 조직하였다.
② 도병마사에서 국방 문제를 논의하였다.
③ 민생 안정을 위해 진대법을 실시하였다.
④ 화랑도를 통해 청소년을 국가적 인재로 길렀다.
⑤ 정사암 회의에서 나라의 중요한 일을 결정하였다.

고사부 깐깐정리

■ 발해의 건국과 발전

고왕(대조영) (698~719)	고구려 유민과 말갈족을 규합하여 동모산 기슭에서 건국
무왕(대무예) (719~737)	• 일본과 친선 관계 • 당의 산둥 공격(732), 북만주 일대 장악, '인안' 연호
문왕(대흠무) (737~793)	• 당과 친선 관계, 신라와 상설 교통로(신라도) 개설 • 중경 → 상경 천도, '대흥' 연호
선왕(대인수) (818~830)	• 요동 진출, 지방 제도 완비(5경 15부 62주) • '해동성국'

밑줄 친 '왕'에 대한 설명으로 옳은 것은?

> • 왕의 이름은 '무예'로, 고왕 대조영의 아들이다. '인안'이라는 연호를 쓰고 영토를 개척하였다.
> • 왕은 일본에 보낸 국서에서, "우리는 고구려의 옛 땅을 수복하고, 부여의 전통을 이어받았다."고 하였다.

① 수도를 중경 현덕부에서 상경 용천부로 옮겼다.
② 장문휴로 하여금 산둥 지방을 공격하게 하였다.
③ 5경 15부 62주로 지방 행정 제도를 정비하였다.
④ 신라와 상설 교통로를 개설하여 대립을 해소하려 하였다.
⑤ 고구려의 유민과 말갈인들을 중심으로 발해를 건국하였다.

길잡이 ① '무예', '대조영의 아들', '인안' 등의 단서를 통해 왕을 파악한다.
② 발해 왕들의 업적을 파악한다.

더 알아보기
중급 43p | 발해의 건국과 발전

다음과 같은 중앙 관제를 갖춘 국가에 대한 설명으로 옳지 <u>않은</u> 것은?

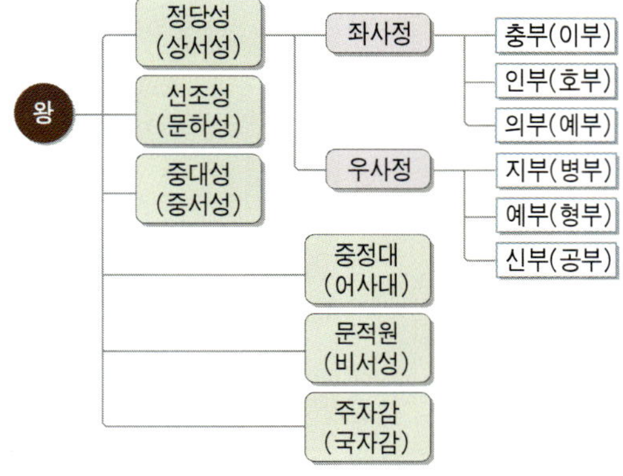

① 전성기에 해동성국이라 불렸다.
② 군사 제도로 9서당과 10정을 두었다.
③ 인안, 대흥 등의 독자적 연호를 사용하였다.
④ 국가의 중요한 일은 정당성에서 결정하였다.
⑤ 초기에 당과 대립하였으나 점차 활발한 교류를 하였다.

길잡이 ① 자료가 발해의 중앙 관제임을 파악한다.
② 발해의 통치 체제가 가지고 있는 특징을 파악한다.

더 알아보기
중급 44p | 남북국의 통치 체제

015 고대의 경제 정책

경향 분석 수취 제도의 변화와 통일 신라의 토지 제도가 중요하며 민정 문서에 관한 문제가 자주 출제된다.

고사부의 기출 타파

10 다음 문서를 작성한 목적으로 적절한 것은?

본 고을 사해점촌은 둘레가 5,725보이다. 호수는 모두 11호이다. 사람 수는 모두 147명이다. …… 지난 3년 사이에 다른 마을에서 이사 온 사람은 모두 2명인데, …… 말은 모두 25마리이다. …… 논은 모두 102결이다. …… 뽕나무는 모두 1,004그루이다.

① 유학 교육 진흥
② 화백 회의 기능 축소
③ 능력에 따른 관리 선발
④ 조세 징수와 노동력 동원
⑤ 당과의 활발한 문물 교류

꼼꼼 분석 ④ | 자료의 문서는 신라의 민정 문서이다. 신라는 조세, 공물, 부역 등을 합리적으로 수취하기 위해 촌락의 토지 면적, 인구와 호수, 소와 말의 수, 특산물 등을 파악하였다.

고사부 깐깐정리

■ 고대의 경제 정책

민정 문서	• 조세 징수와 노동력 동원을 위한 자료 → 3년마다 작성 • 호구(9등호), 인구(연령별로 6등급), 토지 면적, 수목(잣, 호두), 가축(소, 말) 등
토지 제도	• 삼국 : 녹읍(귀족 관료), 식읍(왕족, 공신) 지급 • 신문왕(통일 신라) : 식읍 제한, 녹읍 폐지(관료전 지급) • 성덕왕(통일 신라) : 백성에게 정전 지급

(가)에 들어갈 내용으로 옳은 것을 |보기|에서 고른 것은?

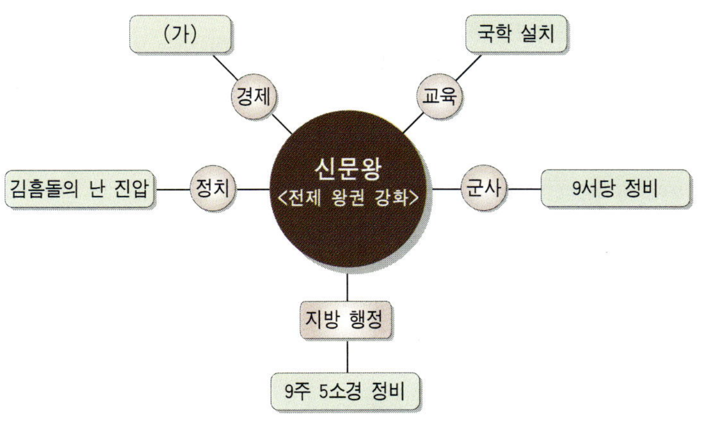

| 보기 |

ㄱ. 정전 지급　　　　　　ㄴ. 녹읍 폐지
ㄷ. 동시전 설치　　　　　　ㄹ. 관료전 지급

① ㄱ, ㄴ　　② ㄱ, ㄷ　　③ ㄴ, ㄷ　　④ ㄴ, ㄹ　　⑤ ㄷ, ㄹ

길잡이 ① 신문왕이 실시한 경제 정책을 파악한다.

더 알아보기
중급 47p | 통일 신라의 경제

다음과 같은 정책을 시행한 목적으로 가장 적절한 것을 |보기|에서 고른 것은?

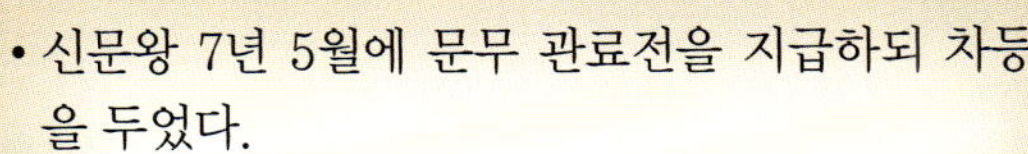

| 보기 |

ㄱ. 국가의 재정 수입을 늘리려 하였다.
ㄴ. 귀족들의 사치 풍조를 금지하려 하였다.
ㄷ. 귀족들의 경제 기반을 약화시키려 하였다.
ㄹ. 농민에 대한 귀족의 지배력을 강화시키려 하였다.

① ㄱ, ㄴ　　② ㄱ, ㄷ　　③ ㄴ, ㄷ　　④ ㄴ, ㄹ　　⑤ ㄷ, ㄹ

길잡이 ① 통일 신라 시대에 여러 토지 제도 실시의 목적을 파악한다.
② 토지 제도의 성격과 왕권과의 관계를 생각해 본다.

더 알아보기
중급 47p | 통일 신라의 경제

016 고대의 경제 활동

경향 분석 남북국 시대의 경제생활을 묻는 문제가 삼국 시대의 경제생활에 관한 문제보다 더 자주 출제되고 있다.

18회 중급

11 지도와 같은 형세를 이룬 시대에 대한 설명으로 옳은 것은?

① 상평통보가 활발하게 유통되었다.
② 경시서가 시전을 관리 감독하였다.
③ 만상이 중국과의 무역을 주도하였다.
④ 벽란도가 국제 무역항으로 번성하였다.
⑤ 울산항에 아라비아 상인이 왕래하였다.

고사부의 기출 타파

꼼꼼 분석 ⑤ | 제시된 지도는 남북국 시대의 형세를 보여 준다. 발해는 5경을 두었으며, 신라는 수도인 금성 외에 5소경을 두었다. 신라에서는 울산항이 국제 무역항으로 번성해 아라비아 상인이 왕래하기도 하였다.

오답 분석 ①, ③ 조선 후기
② 고려 ~ 조선 초(세조)
④ 고려

고사부 깐깐 정리

■ **고대의 무역 활동**

삼국 시대	• 고구려 : 남북조 및 북방 민족과 교류 • 백제 : 남조 및 왜와 교류 • 신라 : 6세기 이후 중국과 직접 교류
통일 신라	• 당과의 교역 활발(신라방, 신라원), 울산항(국제 무역항) • 장보고의 활동 : 청해진(완도) 설치, 법화원(사찰)
발해	• 당과의 교류 : 발해관(덩조우) • 일본과 교역 활발(일본도), 신라와 교류(신라도) • 모피 · 인삼 · 불상 · 자기 등 수출, 비단과 책 등 수입

다음 (가), (나) 국가의 경제 활동으로 옳지 <u>않은</u> 것은?

> 고구려가 멸망하여 ▢ (가) ▢ 이(가) 되고, 백제가 멸망하여 ▢ (나) ▢ 에 병합되었으니, 이것은 세 나라가 합하여 두 나라로 된 시대이다. 그 다음에 ▢ (가) ▢ 이(가) 멸망하자 압록강 서쪽의 토지는 드디어 거란, 몽골 등의 다른 민족에게 넘어가 우리 단군 조선의 옛 영토의 반은 9백여 년 동안 잃어버렸다.
> – 「독사신론」 –

① (가) – 모피, 인삼, 불상, 자기 등을 수출하였다.
② (가) – 귀족의 수요품인 비단, 책 등을 수입하였다.
③ (나) – 동경에서 시작되는 무역로를 통해 일본과 교역하였다.
④ (나) – 동시 이외에 서시와 남시를 추가로 설치하였다.
⑤ (가), (나) – 신라도를 통해 사람과 물자가 왕래하였다.

길잡이 ① 고구려를 계승한 (가)와 백제를 병합한 (나)를 파악한다.
② 발해와 통일 신라의 경제 상황을 파악한다.

더 알아보기
중급 49p | 발해의 경제 활동

다음과 관련된 국가의 경제에 대한 설명으로 옳지 <u>않은</u> 것은?

> • 진정 법사*는 출가하기 전 군역에 나가 있었다. 집이 가난하여 장가도 가지 못하고 동원되었는데, 남는 시간에 날품팔이를 하여 홀어머니를 봉양하였다. 집에 있는 재산이라고는 한쪽 다리가 부러진 솥뿐이었다. 하루는 어떤 스님이 문 앞에 와서 절을 짓는 데 필요한 철을 구하자, 그 어머니는 이 솥을 시주하였다.
> – 「삼국유사」 –
> • 재상가에는 녹(祿)이 끊이지 않았다. 노비가 3천 명이고 비슷한 수의 호위 군사(갑병)와 소, 말, 돼지가 있었다. 바다 가운데 섬에서 길러 필요할 때에 활로 쏘아서 잡아먹었다. 곡식을 꾸어서 갚지 못하면 노비로 삼았다.
> – 「신당서」 –
>
> *진정 법사는 의상 대사(625~702)의 10대 제자 중 한 사람이다.

① 담비 가죽 등의 모피류를 수출하였다.
② 수공업품을 생산할 관청을 정비하였다.
③ 울산항이 국제 무역항으로서 크게 번성하였다.
④ 당에서 비단과 옷, 책, 공예품 등을 수입하였다.
⑤ 완도에 청해진을 설치하여 해상 무역을 장악하였다.

길잡이 ① 통일 신라의 경제 활동을 파악한다.

더 알아보기
중급 47p | 통일 신라의 경제

017 삼국 시대의 사회

경향 분석 삼국의 풍속 및 법률을 묻는 문제와 신라의 골품제, 화랑도를 묻는 문제가 자주 출제된다.

16회 중급

고사부의 기출 타파 

12 다음 규정이 시행되었던 나라에서 볼 수 있는 모습으로 적절한 것은?

> 진골의 집은 길이와 너비가 24척을 넘을 수 없고, ……
> 6두품의 집은 길이와 너비가 21척을 넘을 수 없고, ……
> 4두품부터 백성에 이르기까지의 집은 길이와 너비가 15척을 넘을 수 없다. — 「삼국사기」 —

① 서옥에 들어가 사는 신랑
② 진대법 실시를 명하는 왕
③ 정사암에서 회의하는 좌평
④ 원광의 세속 5계를 배우는 화랑
⑤ 동서대비원에서 치료받는 백성

꼼꼼 분석 ④ | 자료는 골과 두품에 따라 가옥의 규모를 제한한 내용이다.

신라는 중앙 집권 국가로 발전하는 과정에서 각 지방의 부족장들을 그 세력의 크기에 따라 등급을 두어 골품제로 정비하였다. 왕족은 성골과 진골에 속하고, 일반 귀족들은 6두품 이하의 각 두품에 속하였다. 골품제는 개인의 사회 활동과 정치 활동의 범위를 엄격히 제한하였다. 또한 가옥의 규모와 장식물은 물론, 복색이나 수레 등 신라인의 일상생활까지 규제하였다.

오답 분석 ① 고구려, ② 고구려, ③ 백제, ⑤ 고려

고사부 깐깐 정리

■ 삼국 시대의 사회

고구려	법률	패전자와 반역자는 사형, 절도죄는 12배로 배상
	풍습	형사취수제, 서옥제, 진대법
백제	법률	패전자·반역자·살인자는 사형, 뇌물을 받거나 횡령한 자는 3배를 배상, 절도죄는 2배로 배상
신라	화백 회의	국가 중대사를 귀족들이 만장일치로 결정, 국왕과 귀족의 권력 조절 기능
	화랑도	원시 사회의 청소년 집단에서 기원, 계급 갈등 조절(귀족+평민), 세속 5계
	골품제	• 성립 : 족장 세력을 통합·편제하여 성립된 폐쇄적인 신분 제도 • 특징 : 개인의 사회 활동(가옥, 복색, 수레)과 정치 활동(관직의 승진 상한선) 제한 • 6두품 : 대족장 출신(득난), 학문과 종교 분야에서 활약, 도당 유학생(숙위 학생)

밑줄 친 '이 나라'에 대한 설명으로 옳지 <u>않은</u> 것은?

> <u>이 나라</u>의 건국 과정은 시조 온조의 설화 속에 잘 나타나 있다. 고구려 시조인 주몽의 아들 유리가 부여에서 졸본으로 주몽을 찾아오자, 비류와 온조 형제는 그를 피해 남쪽으로 무리를 이끌고 내려와 각각 미추홀[인천]과 위례성[서울]에 자리를 잡았는데, 뒤에 비류의 세력이 온조의 세력에 흡수되었다고 한다.

① 도둑질한 자는 훔친 것의 12배를 물게 하였다.
② 왕족인 부여씨와 8성의 귀족이 지배층을 이루었다.
③ 지배층은 투호와 바둑 및 장기를 오락으로 즐겼다.
④ 반역한 자나 전쟁터에서 퇴각한 군사는 목을 베었다.
⑤ 관리가 국가 재물을 횡령하면 3배를 배상하게 하고, 종신토록 금고형에 처하였다.

길잡이 ① 온조가 건국한 국가를 파악한다.
② 백제의 사회와 풍속을 파악한다.

더 알아보기
중급 50p | 사회 계층과 신분 제도

다음의 행동 규범과 관련 있는 단체에 대한 설명으로 옳지 <u>않은</u> 것은?

> • 충성으로써 임금을 섬긴다.
> • 효도로써 어버이를 섬긴다.
> • 믿음으로써 벗을 사귄다.
> • 싸움에 임해서는 물러나지 않는다.
> • 함부로 살생하지 않는다.

① 진흥왕 때 국가적인 조직으로 개편되었다.
② 원시 사회의 청소년 집단에서 기원하였다.
③ 국선도, 원화도, 풍류도, 풍월도라고도 불렸다.
④ 국왕을 추대하거나 왕권을 견제하기도 하였다.
⑤ 계층 간의 대립과 갈등을 조절하는 구실도 하였다.

길잡이 ① 자료가 원광의 세속 5계임을 파악한다.
② 화랑도의 역할과 기능을 파악한다.

더 알아보기
중급 51p | 신라의 골품제와 화랑도

018 남북국 시대의 사회

경향 분석 신라 하대에 새로운 세력으로 등장한 호족과 새로운 사회를 추구한 6두품의 활동을 묻는 문제가 자주 출제된다.

22회 중급

고사부의 기출 타파

13 다음 가상 일기에 나타난 시기의 사회 모습으로 옳지 <u>않은</u> 것은?

> ○○○년 ○○월 ○○일
>
> 여왕이 즉위한 지 몇 년이 지났다. 지난 해의 심한 흉년으로 당장 먹을 것도 없는데 오늘도 관리들이 찾아와 세금을 독촉하고 갔다. 옆 고을에서는 원종과 애노가 난을 일으켰다는데 나도 난에 동참하고 싶은 심정이다. 우리 같은 백성들은 앞으로 어떻게 살아야 할지 참으로 막막하다.

① 선종 불교가 확산되었다.
② 풍수지리설이 유행하였다.
③ 지방에서 호족이 성장하였다.
④ 귀족들의 대토지 소유가 확대되었다.
⑤ 박, 석, 김씨가 교대로 왕위에 올랐다.

꼼꼼 분석 ⑤ | 자료에서 '원종과 애노가 난을 일으켰다'는 구절을 통해 신라 하대 진성여왕 때의 사실을 토대로 한 가상 일기임을 추론할 수 있다. 신라 하대에는 중앙 집권력이 약화된 틈을 타 새로운 지방 세력인 호족이 성장하고, 새로운 사상인 선종과 풍수지리설이 유행하였다.

오답 분석 ⑤ 내물왕 즉위 이전의 모습이다.

고사부 깐깐정리

■ 남북국 시대의 사회

통일 신라	중대	• 민족 통합 노력 : 9서당 편성(고구려·백제계 유민 포함) • 왕권의 전제화(신문왕) : 국왕의 군사 지휘권 강화, 진골 귀족 숙청 • 6두품의 활약(국왕의 정치적 조언자 역할)
	하대	• 귀족들의 농장 확대, 자연재해, 강압적 수취 → 농민 몰락, 농민 봉기 확산 • 호족의 성장
발해		• 지배층 : 왕족인 대씨, 고구려계 귀족 중심 • 피지배층 : 말갈인이 대다수

연보의 인물이 속한 신분 계층에 대한 설명으로 옳은 것을 |보기|에서 고른 것은?

857년	6두품 가문에서 태어남.
868년	당에 유학함.
874년	빈공과에 급제함.
886년	《계원필경》을 정강왕에게 바침.
894년	진성여왕에게 시무책 10여 조를 올림.

┤ 보기 ├

ㄱ. 골품제에 대해 비판적인 입장이었다.
ㄴ. 대아찬에서 이벌찬까지의 관등에 오를 수 있었다.
ㄷ. 호족과 결탁하여 고려 건국의 주도 세력이 되었다.
ㄹ. 화백 회의에 참가하여 국가의 중대사를 결정하였다.

① ㄱ, ㄴ　　② ㄱ, ㄷ　　③ ㄴ, ㄷ　　④ ㄴ, ㄹ　　⑤ ㄷ, ㄹ

길잡이 ① 연보의 주인공이 최치원임을 파악한다.
② 최치원이 속한 6두품의 활동을 파악한다.

더 알아보기
중급 52p | 통일 신라의 사회

밑줄 친 '그'에 대한 설명으로 옳은 것은?

> 진성여왕 8년(894)에 명주(강릉)에 들어가, 거느린 무리 3,500명을 14개 부대로 편성하고 …… 병졸과 더불어 괴로움과 즐거움, 어려움과 편함을 함께 하였고, 관직을 주고 빼앗음에 있어서도 공정하게 하여 사사로움이 없게 하였다. 이로써 뭇 사람들의 마음이 그를 두려워하고 존경하며 사랑하여 장군으로 추대하였다. …… 의심이 많고 화를 잘 내니, 여러 보좌관과 장수, 환리로부터 평민에 이르기까지 죄 없이 죽음을 당하는 일이 자주 있었고, 평강·철원 일대의 사람들이 그 피해와 독을 견디지 못하였다.
> ― 「삼국사기」 ―

① 완산주에서 후백제를 세웠다.
② 신라에 대해 우호 정책을 펼쳤다.
③ 진성여왕에게 시무책 10여조를 올렸다.
④ 권력 강화를 위해 미륵 신앙을 이용하였다.
⑤ 신무왕이 왕위에 오르도록 영향력을 행사하였다.

길잡이 ① 자료의 인물이 궁예임을 파악한다.
② 후삼국 시대에 활약한 인물들의 활동을 파악한다.

더 알아보기
중급 42p | 후삼국의 성립

019 불교의 수용과 발전

경향 분석 삼국과 통일 신라 시대에 활동한 승려들의 활동, 선종 보급의 영향을 묻는 문제들이 자주 출제되고 있다.

17회 중급

14 다음 인물 카드의 주인공에 대한 설명으로 옳은 것을 |보기|에서 고른 것은?

신라 진골 출신 승려로, 당에 유학한 후 귀국하여 여러 절을 세우고 많은 제자를 양성하였다. 특히 부석사 창건과 관련하여 설화가 전해오는데, 당에서 만난 '선묘'라는 여인이 죽은 뒤 용이 되어 신라까지 와서 부석사 건립에 도움을 주었다고 한다.

〈앞면〉　　　〈뒷면〉

|보기|

ㄱ. 관음 신앙을 신라 사회에 확산시켰다.
ㄴ. 금강삼매경론, 대승기신론소 등을 저술하였다.
ㄷ. 모든 존재의 조화를 강조하며 신라 화엄종을 개창하였다.
ㄹ. 선종을 중심으로 교종을 포용하여 선교 일치를 이루고자 하였다.

① ㄱ, ㄴ　② ㄱ, ㄷ　③ ㄴ, ㄷ　④ ㄴ, ㄹ　⑤ ㄷ, ㄹ

고사부의 기출 타파

꼼꼼 분석 ② | 자료의 인물은 부석사를 창건한 의상이다.

의상은 당에서 화엄종의 교리를 배우고 귀국하여 신라 화엄종을 열었다. 의상은 화엄 사상을 바탕으로 교단을 형성하여 많은 제자를 양성하고, 부석사를 비롯한 여러 사원을 건립하여 불교문화의 폭을 확대하였다.

오답 분석 ㄴ. 원효, ㄹ. 지눌

고사부 깐깐 정리

■ 불교의 수용과 발전

삼국 시대	• 역할 : 국가 정신 확립에 기여, 왕권 강화의 이념적 토대, 선진 문화 수용 • 신라 불교 : 업설, 미륵 신앙
통일 신라 중대	• 원효 : 일심 사상(화쟁 사상), 아미타 신앙(불교 대중화에 기여) • 의상 : 화엄 사상 정립(화엄일승법계도), 관음 신앙, 부석사 창건
통일 신라 하대	• 선종 불교의 유행 : 사색과 참선, 실천 수행 강조 • 9산 선문 형성 : 호족의 이념적 지주, 지방 문화의 역량 증대

밑줄 친 '그'에 대한 설명으로 옳은 것은?

> 그는 파계하여 설총을 낳은 후로는 속인의 옷으로 바꾸어 입고, 스스로 소성거사라 하였다. …… '화엄경'의 구절 중에 "모든 것에 걸림이 없어야 한 길에서 나고 죽음을 벗어나노라."라는 노래를 지어 〈무애가〉라 부르고 세상에 퍼뜨렸다. 일찍이 이것을 가지고 많은 촌락에서 노래하고 춤추며 교화하고 읊으면서 돌아다녔으므로, 가난하고 무지몽매한 무리들까지도 모두 부처를 알게 되었고, '나무아미타불'이라는 합장의 미덕을 알았으니, 그의 교화는 매우 컸다.
>
> – 《삼국유사》 –

① 불국사를 창건하였다.
② 화엄 사상을 정립하였다.
③ 해동 천태종을 창시하였다.
④ 불교 대중화에 공헌하였다.
⑤ 왕오천축국전을 저술하였다.

길잡이 ① '파계', '설총', '소성거사', '무애가' 등의 단서를 통해 원효임을 파악한다.
② 원효의 사상과 활동을 파악한다.

더 알아보기
중급 55p | 불교 사상의 발달

다음 불교 사상에 대한 설명으로 옳지 <u>않은</u> 것은?

> 신라 말에는 사회가 변화하면서 불교계에도 변화가 일어났다. '참선과 실천 수행을 통해 깨달음을 얻으면 누구나 부처가 될 수 있다'는 사상이 널리 퍼진 것이다. 불교 미술에도 변화가 일어났는데, 기존의 조형 미술이 대체로 쇠퇴하고 새로운 양식의 조형 미술이 등장하였다.

① 지방 호족의 이념적 지주가 되었다.
② 승탑과 탑비가 유행하는 계기가 되었다.
③ 경전의 이해를 통하여 깨달음을 추구하였다.
④ 개인의 정신 수양을 통한 해탈을 강조하였다.
⑤ 각지에 호족 세력과 연결된 선종 9산이 성립되었다.

길잡이 ① 신라 말에 유행한 불교 사상을 파악한다.
② 선종이 신라 사회에 미친 영향을 파악한다.

더 알아보기
중급 56p | 선종 불교의 발달

020 사상과 학문의 발달

15회 중급

경향 분석 삼국 시대 유학의 보급, 도교와 풍수지리설의 도입에 따른 영향을 묻는 문제가 자주 출제된다.

고사부의 기출 타파

15 (가)에 들어갈 교육 기관으로 옳은 것은?

① 경당　　② 국학　　③ 서당
④ 향교　　⑤ 주자감

꼼꼼 분석 ② | 고구려의 태학, 고려의 국자감, 조선의 성균관은 모두 중앙의 최고 교육 기관이다. 따라서 (가)에는 통일 신라 시대의 국립대학인 국학이 들어가야 한다.

오답 분석 ① 경당은 고구려의 지방 교육 기관이다.
③ 서당은 고려 때부터 존재해 온 사설 교육 기관이다.
④ 향교는 조선 시대의 지방 교육 기관이다.
⑤ 주자감은 발해의 교육 기관이다.

고사부 깐깐정리

■ 도교와 풍수지리설

도교	• 고구려 : 사신도 벽화 • 백제 : 산수무늬 벽돌, 금동대향로
풍수지리설	• 신라 말기 수용(도선) • 지방 호족의 입지 강화, 신라 정부의 권위 약화

■ 교육 기관과 역사서

구분	고구려	백제	신라	통일 신라	발해
교육 기관	태학, 경당	5경 박사, 의박사	화랑도	국학	주자감
역사서	유기, 신집 5권	서기	국사		

■ 유학자의 활약

설총	이두 정리, 화왕계 저술(유교적 합리주의)
최치원	빈공과 합격, 토황소격문, 개혁안 10여조 건의

다음 문화유산에 공통으로 반영된 사상과 관련된 설명으로 옳지 <u>않은</u> 것은?

① 불로장생과 현세 구복을 추구하였다.
② 산천 숭배나 신선 사상과 결합되었다.
③ 고려 시대 궁중에서 성행한 초제와 관련이 있다.
④ 삼국 통일 후 강화된 왕권을 이념적으로 뒷받침하였다.
⑤ 삼국 시대에 전래되어 귀족 사회를 중심으로 환영받았다.

길잡이 ① 도교 사상의 특징과 영향을 파악한다.

더 알아보기
중급 57p | 도교와 풍수지리설

밑줄 친 '이것'에 대한 설명으로 옳지 <u>않은</u> 것은?

길잡이 ① 풍수지리설의 특징, 수용, 영향을 파악한다.

이것은 산세와 수세를 살펴 도읍, 주택, 묘지 등을 선정하는 인문지리적 학설로서, 국토의 효율적인 이용과 관련되어 있다. 도선은 당으로부터 이것을 받아 들여 국토의 자연환경을 인문지리학적인 지식으로 재해석하여, 신라 사회에 맞는 체계적인 이것을 만들었다.

① 지방의 중요성을 자각하는 계기를 마련하였다.
② 신라 정부의 권위를 약화시키는 역할을 하였다.
③ 백제는 5경 박사를 지방에 파견하여 교육하였다.
④ 고려 시대 서경 천도 운동의 이론적 바탕이 되었다.
⑤ 조선 시대 향촌 사족 간의 산송(山訟)을 초래하였다.

더 알아보기
중급 57p | 도교와 풍수지리설

021 고분과 벽화

경향 분석 삼국 시대 국가별, 시대별 고분 양식의 특징을 묻는 문제는 매 시험마다 출제되고 있다.

17회 중급

16 다음 자료를 보고 학생들이 발표한 내용으로 옳지 <u>않은</u> 것은?

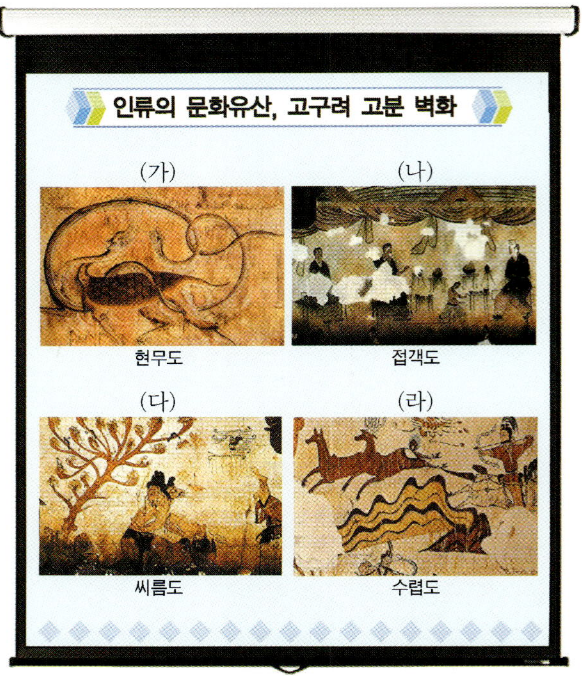

① 갑 : (가)는 불교 사상과 밀접한 관련이 있어요.
② 을 : (나)는 신분제 사회였음을 짐작하게 해줘요.
③ 병 : (다)는 서역 계통으로 추측되는 인물이 보여요.
④ 정 : (라)는 무예를 숭상한 분위기가 반영되어 있어요.
⑤ 무 : (가) ~ (라)는 굴식 돌방무덤에 그려져 있어요.

꼼꼼 분석 ① | 고구려 굴식 돌방무덤의 벽과 천장에는 벽화가 많이 남아 있다. 초기에는 주로 무덤 주인의 생활을 표현하였고, 후기로 갈수록 사신도 같은 상징적 그림을 많이 그렸다.
(가) 청룡, 백호, 주작, 현무를 그린 사신도는 도교의 영향을 받았다.
(나) 주인은 크게 그리고 시중드는 하인은 작게 그려 신분을 구별하였다.
(다) 씨름도에는 눈이 크고 코가 높은 서역계 인물로 보이는 사람이 그려져 있다.
(라) 기마 무사가 사냥을 하고 있는 장면을 사실적으로 그렸다.

오답 분석 ① 사신도 중 하나인 현무도는 도교 사상과 관련이 있다.

고사부 깐깐 정리

■ 고분

고구려	돌무지무덤(장군총) → 굴식 돌방무덤 (벽화)
백제	• 한성 : 계단식 돌무지무덤(석촌동 고분) • 웅진 : 굴식 돌방무덤, 벽돌무덤(무령왕릉, 남조 영향) • 사비 : 굴식 돌방무덤(능산리 고분)
신라	돌무지덧널무덤(천마총) → 굴식 돌방무덤(둘레돌, 12지 신상)
발해	• 정혜공주 묘(굴식 돌방무덤, 모줄임구조) • 정효공주 묘(벽돌무덤, 묘지와 벽화)

(가)~(다)에 대한 설명으로 옳은 것은?

(가)   (나)   (다)

① (가) – 무덤의 벽에는 사신도가 그려져 있다.
② (가) – 무덤의 둘레돌에 12지 신상이 조각되어 있다.
③ (나) – 신라 초기에 주로 만들어진 무덤 양식이다.
④ (다) – 발굴 당시 껴묻거리가 출토되지 않았다.
⑤ (다) – 중국 남조와의 교류를 보여 주는 무덤이다.

길잡이 ① 무덤의 양식을 생각해 본다.
② 확실히 아는 것이나 대표적인 것부터 시대를 구분해 본다.
③ 고구려, 백제의 대표적 무덤 양식을 떠올려 본다.

더 알아보기
중급 60p | 고분과 고분 벽화

다음과 같은 구조의 무덤에서 출토된 문화유산으로 옳은 것을 |보기|에서 고른 것은?

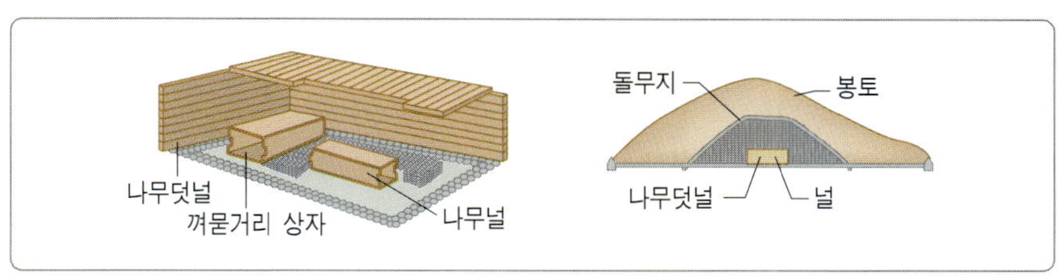

길잡이 ① 설명을 읽고 어떤 무덤 양식에 해당하는지 생각해 본다.
② 해당 무덤 양식이 유행했던 나라를 떠올린다.
③ 해당 무덤 양식에서 출토된 유물을 따져본다.

| 보기 |

① ㄱ, ㄴ   ② ㄱ, ㄷ   ③ ㄴ, ㄷ   ④ ㄴ, ㄹ   ⑤ ㄷ, ㄹ

더 알아보기
중급 60p | 고분과 고분 벽화

022 불탑

경향 분석 삼국 시대와 통일 신라 시대의 탑의 특징을 묻는 문제가 자주 출제된다.

17 밑줄 그은 '이 탑'으로 옳은 것은?

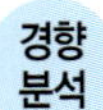

① 　② 　③ 

④ 　⑤ 

고사부의 기출 타파

꼼꼼 분석 ② │ 자료에서 설명하고 있는 탑은 불국사의 다보탑이다. 다보탑과 석가탑은 《법화경》에서 석가여래의 설법을 다보여래(과거의 부처)가 옳다고 하는 것을 탑으로 형상한 것이다.

오답 분석 ① 분황사 모전 석탑
③ 월정사 8각 9층 석탑
④ 정림사지 5층 석탑
⑤ 화엄사 4사자 3층 석탑

고사부 깐깐 정리

■ 탑

구분	탑명	특징
백제	익산 미륵사지 석탑	목조탑 양식
	부여 정림사지 5층탑	안정되면서도 경쾌한 모습
신라	분황사 모전 석탑	석재를 벽돌 모양으로 만들어 쌓은 탑
	황룡사 9층 목탑	삼국 통일 염원, 몽골 침입 때 소실
통일 신라	감은사지 3층 석탑	통일 직후, 장중하고 웅대함, 삼국 통일의 기상
	석가탑(불국사 3층탑)	통일 신라 3층탑의 전형
	다보탑	높은 예술성과 건축술
	양양 진전사지 3층 석탑	하대, 기단과 탑신에 불상을 주조

(가)~(다)에 대한 설명으로 옳지 <u>않은</u> 것은?

(가)   (나)   (다)

① (가) – 목탑의 모습을 많이 지니고 있다.
② (나) – 돌을 벽돌 모양으로 다듬어 쌓았다.
③ (다) – 탑에서 무구정광대다라니경이 발견되었다.
④ (가), (나) – 삼국 시대에 세워진 석탑이다.
⑤ (나), (다) – 이중 기단 위에 쌓은 전형적인 3층탑이다.

길잡이 ① 삼국 시대와 통일 신라 시대에 만들어진 석탑의 특징을 파악한다.

더 알아보기
중급 62p | 불탑과 불상

길잡이 ① 신라 말기에 제작된 불탑의 특징을 파악한다.

(가), (나)에 대한 설명으로 옳지 <u>않은</u> 것은?

(가)   (나)

① (가) – 팔각 원당형을 기본형으로 삼았다.
② (가) – 기단과 탑신에 불상을 조각하였다.
③ (나) – 승려의 사리를 봉안하였다.
④ (나) – 선종이 널리 퍼지면서 유행하였다.
⑤ (가), (나) – 신라 말기에 제작되었다.

더 알아보기
중급 62p | 불탑과 불상

023 고대의 문화와 예술

경향 분석 삼국과 통일 신라의 건축, 공예품의 특징을 묻는 문제와 도읍지의 유적들을 묻는 문제들이 여러 번 출제되었다.

고사부의 기출 타파 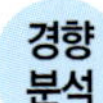

18 밑줄 그은 '문화유산'으로 가장 적절한 것은?

> ◇ 초청 강연 ◇
>
> 1. 주제 : 백제 건국 세력과 고구려의 관계
> 2. 내용
>   (1) 문화유산을 통해 본 백제의 건국 세력
>   (2) 삼국사기를 통해 본 백제의 건국 세력

①   ②    ③ 

④    ⑤ 

꼼꼼 분석 ⑤ | 백제는 고구려 계통의 유이민 세력과 한강 토착 세력의 결합으로 형성되었다. 이를 뒷받침하는 문화유산은 석촌동 고분이다. 석촌동 고분은 계단식 돌무지무덤으로, 고구려의 돌무지무덤 양식의 영향을 받았다.

고사부 깐깐 정리

■ 고대의 건축과 공예

국가	건축	불상	조각과 공예
고구려		연가 7년명 금동 여래 입상	호우명 그릇
백제	미륵사(익산)	서산 마애 삼존불상	금동대향로
신라	황룡사	경주 배리 석불 입상	
통일 신라	불국사, 석굴암	석굴암 본존불상	법주사 쌍사자 석등, 성덕대왕 신종
발해	상경성	이불 병좌상	석등, 돌사자상

(가), (나)에 해당하는 불상을 바르게 짝지은 것은?

(가) 석굴암 주실의 중앙에 있는 이 불상은 균형 잡힌 모습과 사실적인 조각으로 통일 신라 조각의 최고 경지를 보여 준다.

(나) 경상남도 의령에서 출토된 이 불상은 광배 뒷면에 연가 7년에 고구려 승려들이 만들었다는 내용이 새겨져 있다.

| 보기 |

ㄱ.  ㄴ.  ㄷ. ㄹ.

① (가) – ㄱ, (나) – ㄴ
② (가) – ㄱ, (나) – ㄹ
③ (가) – ㄴ, (나) – ㄷ
④ (가) – ㄴ, (나) – ㄹ
⑤ (가) – ㄷ, (나) – ㄹ

길잡이 ① 삼국 시대와 남북국 시대에 제작된 불상의 특징을 파악한다.

더 알아보기
중급 62p | 불탑과 불상

길잡이 ① 신라 중대의 조형 예술을 파악한다.

다음 유물과 가장 가까운 시기에 제작된 문화유산을 |보기|에서 고른 것은?

성덕 대왕 신종

경덕왕은 황동 12만 근을 내놓아 그의 아버지 성덕왕을 위하여 큰 종 하나를 만들려 하다가 이루지 못하고 죽었다. 그 아들 혜공왕이 대력(大曆) 경술(庚戌) 12월에 유사(有司)에게 명하니, 공인들을 모아서 마침내 완성시켜 봉덕사에 안치했다.

| 보기 |

ㄱ.  ㄴ.  ㄷ.  ㄹ. 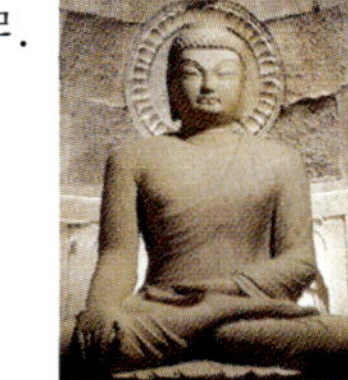

① ㄱ, ㄴ ② ㄱ, ㄷ ③ ㄴ, ㄷ ④ ㄴ, ㄹ ⑤ ㄷ, ㄹ

더 알아보기
중급 62p | 불탑과 불상

024 발해의 문화

경향 분석 발해의 문화적 특징을 묻는 문제는 고구려와의 연관성을 꼭 따져 본다.

21회 중급

19 밑줄 그은 내용의 근거 자료로 적절한 것을 |보기|에서 고른 것은?

> 발해는 일본에 보낸 국서에 고려 또는 고려 국왕이라는 명칭을 사용하였다. 발해 문화는 고구려 문화를 계승하였으며, 당의 문화도 수용하여 독자적인 문화를 이룩하였다.

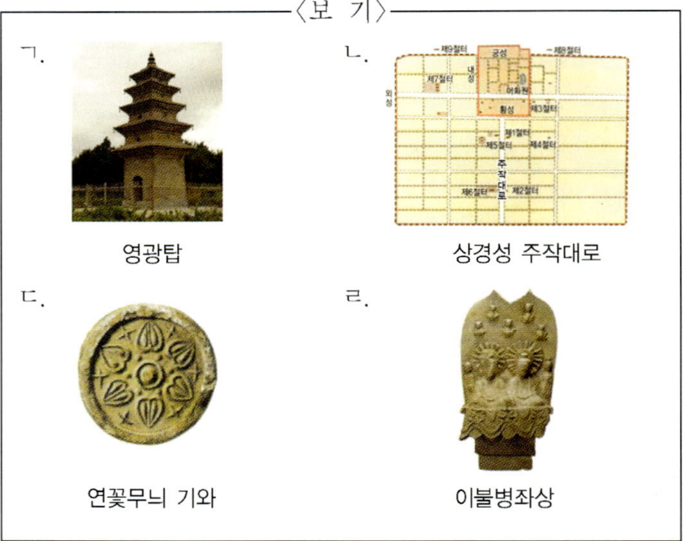

〈보 기〉

ㄱ. 영광탑

ㄴ. 상경성 주작대로

ㄷ. 연꽃무늬 기와

ㄹ. 이불병좌상

① ㄱ, ㄴ ② ㄱ, ㄷ ③ ㄴ, ㄷ
④ ㄴ, ㄹ ⑤ ㄷ, ㄹ

고사부의 기출 타파

꼼꼼 분석 ⑤ | 발해는 고구려 문화를 계승하여 발전시켰는데 벽돌과 기와, 온돌 장치, 무덤 양식, 이불병좌상 등에서 확인할 수 있다.

오답 분석 ㄱ. 영광탑은 당의 건축 기법에서 영향을 받았다.
ㄴ. 상경성 주작대로는 당의 장안성을 본떠 건설하였다.

고사부 깐깐정리

■ 발해의 문화

학문	주자감(유교 경전 교육), 도당 유학생의 빈공과 합격
불교	왕실의 불교 장려, 상경의 절터와 불상
고분	정혜공주 묘(굴식 돌방무덤, 모줄임 천장), 정효공주 묘(벽돌 무덤, 벽화)
건축	상경성(당의 장안성 모방, 내성 · 외성 · 주작대로)
불상	이불 병좌상(고구려 불상 양식 계승)
공예	석등, 돌사자상, 영광탑

다음 글에서 설명하는 나라의 문화유산으로 옳은 것을 |보기|에서 고른 것은?

- 도읍지를 중심으로 많은 무덤이 남아 있는데, 이 중에서 정혜공주 묘는 굴식 돌방무덤으로 고구려 고분과 닮았다.
- 상경은 당시 당의 수도인 장안을 본떠 건설하였는데, 외성을 쌓고 남북으로 넓은 주작대로를 내고, 그 안에 궁궐과 사원을 세웠다.

| 보기 |

ㄱ. 　ㄴ. 　ㄷ. 　ㄹ. 

① ㄱ, ㄴ　② ㄱ, ㄷ　③ ㄴ, ㄷ　④ ㄴ, ㄹ　⑤ ㄷ, ㄹ

길잡이 ① 정혜공주 묘, 상경성이 발해와 관련된 유적임을 파악한다.
② 발해에서 제작된 문화유산을 파악한다.

더 알아보기
중급 64p | 발해의 문화

길잡이 ① 발해 무덤 양식의 특징을 파악한다.

(가), (나)와 관련된 무덤에 대한 설명으로 옳지 않은 것은?

(가)　　　　　(나)

① (가) - 모줄임 천장 구조를 하고 있다.
② (나) - 인물을 그린 벽화가 남아 있다.
③ (가), (나) - 발해 문왕 시기에 만들어졌다.
④ (가), (나) - 굴식 돌방무덤의 양식으로 만들어졌다.
⑤ (가), (나) - 묘지가 발견되어 무덤의 주인을 알 수 있다.

더 알아보기
중급 64p | 발해의 문화

025 고대의 문화 교류

경향 분석 이슬람 상인을 통한 서역과의 문화 교류, 삼국 문화의 일본 전파를 묻는 문제의 출제 비율이 높다.

16회 중급

20 다음 문화유산을 이용한 탐구 활동의 주제로 가장 적절한 것은?

① 가야의 대외 교류
② 통일 신라의 무역 활동
③ 발해와 통일 신라의 대외 관계
④ 삼국 시대에 전래된 서역 문화
⑤ 일본에 전해진 삼국의 불교문화

고사부의 기출 타파

꼼꼼 분석 ④ | 자료는 모두 한반도에 유입된 서역 문화와 관련 있다. 고구려 각저총의 벽화 〈씨름도〉에는 고구려인과 서역인이 함께 그려져 있다. 또한 신라는 실크로드의 종착지로 서역의 유리 제품이나 세밀한 금속 공예품을 수입하였다.

오답 분석 ① 가야는 풍부한 철을 기반으로 이를 주요 교역 상품으로 삼았다.
② 통일 신라는 당, 일본과 교역하였고 울산항을 통해 아라비아 상인과도 교역을 하였다.
③ 발해와 통일 신라는 신라도를 통해 교역하였다.
⑤ 고구려 담징은 호류사의 금당 벽화를 그린 것으로 알려져 있고, 백제 노리사치계는 일본에 불교를 전한 사례가 대표적이다.

고사부 깐깐 정리

■ 서역과의 교류

고구려	고분 벽화에 서역 계통의 인물, 아프라시압 궁전 벽화의 고구려인
신라	• 돌무지덧널무덤에서 유리 그릇, 금제 장식 보검 출토 • 경주 괘릉의 석인상

■ 일본과의 교류

고구려	• 담징(종이와 먹의 제조법, 호류사 금당 벽화) • 다카마쓰 고분 벽화(수산리 벽화 영향)
백제	• 아직기(한자), 왕인(천자문, 논어), 노리사치계(불상, 불경) • 고류사 미륵반가사유상, 호류사 백제관음상
신라	조선술, 축제술(한인의 연못)
가야	제철 기술 전파, 수레 토기(스에키 토기에 영향)

교사가 제시한 주제와 관련된 자료를 |보기|에서 고른 것은?

| 보기 |

ㄱ.　　　ㄴ.　　　ㄷ.　　　ㄹ.

① ㄱ, ㄷ　　② ㄱ, ㄹ　　③ ㄴ, ㄷ　　④ ㄴ, ㄹ　　⑤ ㄷ, ㄹ

길잡이 ① 삼국의 문화가 일본 문화 형성에 끼친 영향을 파악한다.

더 알아보기
중급 64p | 고대 문화의 일본 전파

(가), (나)에 대한 설명으로 옳은 것을 |보기|에서 고른 것은?

(가)　　　　　(나)

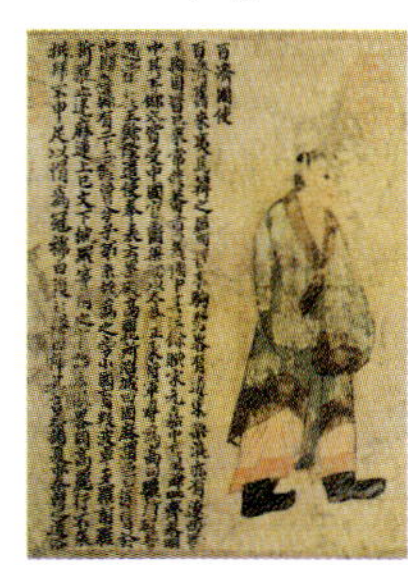 

길잡이 ① 백제와 중국 남조의 문물 교류를 파악한다.

| 보기 |

ㄱ. (가) – 양나라에 파견된 고구려 사신의 모습을 그린 것이다.
ㄴ. (나) – 부여 능산리 고분군에서 발견되었다.
ㄷ. (나) – 석수, 금제 관식, 금동 신발 등의 껴묻거리가 출토되었다.
ㄹ. (가), (나) – 백제가 중국 남조의 양나라와 교류하였음을 보여준다.

① ㄱ, ㄴ　　② ㄱ, ㄷ　　③ ㄴ, ㄷ　　④ ㄴ, ㄹ　　⑤ ㄷ, ㄹ

더 알아보기
중급 60p | 고분과 고분 벽화

III 한국 중세사

(1) 중세의 정치

026 고려의 건국

경향 분석 고려의 건국 과정과 태조, 광종, 성종의 업적을 묻는 문제는 빠지지 않고 출제된다.

고사부의 **기출 타파** 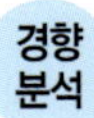

01 다음과 같은 정책의 공통된 목적으로 옳은 것은?

> • 상주의 우두머리 아자개가 귀순하니, 의례를 갖추어 맞이하였다.
> • 초기에 향리 자제를 뽑아 개경에 볼모로 삼고 출신지 일에 대한 고문 역할을 하게 하였는데, 이를 기인이라 한다.
> － 「고려사」 －

① 권문세족을 숙청하고자 하였다.
② 호족 세력을 통합하고자 하였다.
③ 신진 사대부를 육성하고자 하였다.
④ 문벌 귀족의 특권을 보장하고자 하였다.
⑤ 무신 정권의 기반을 강화하고자 하였다.

꼼꼼 분석 ② | 자료는 고려 초 태조의 호족 통합 정책에 관한 내용이다. 태조(왕건)는 귀순하는 호족의 경우에는 예를 다해 맞이했으며, 왕씨 성을 내리는 경우도 있었다. 반대로 사심관제나 기인 제도를 통해 지방의 호족을 견제하기도 하였다.

오답 분석 ①, ③ 공민왕의 개혁 정치의 일환이다.
④ 음서제와 공음전이 대표적이다.
⑤ 중방, 교정도감 등이 해당된다.

고사부 깐깐 정리

■ **고려 초기 정치 발전**

태조(918~943)	광종(949~975)	성종(981~997)
• 민생 안정(조세 감면) • 호족 통합(사심관, 기인 제도) • 북진 정책(서경 중시) • 훈요 10조, 정계, 계백료서	• 노비안검법 실시 • 과거제 실시 • 공복 제도, 칭제 건원	• 최승로의 시무 28조 수용 • 2성 6부의 중앙 관제 마련 • 12목 설치, 향리 제도 정비 • 국자감·과거제 정비

다음 내용과 관련된 왕의 정책으로 옳은 것은?

> • 자색, 단색, 비색, 녹색의 4색으로 백관의 공복을 정하였다.
> • 스스로 황제라 칭하고 광덕, 준풍이라는 독자적 연호를 사용하였다.
> • 호족들이 불법으로 차지하고 있던 노비들을 양인으로 해방시킨 노비안검법
>   을 실시하였다.

① 과거제를 처음 실시하였다.
② 12목에 지방관을 파견하였다.
③ 최승로의 시무 28조를 채택하였다.
④ 민생 안정을 위해 흑창을 설치하였다.
⑤ 서경을 중시하고 북진 정책을 추진하였다.

길잡이 ① 광덕, 준풍을 연호로 사용하고 노비안검법을 실시한 왕을 파악한다.
② 광종의 정책을 파악한다.

더 알아보기
중급 72p | 광종의 개혁 정치

다음 건의를 받아들인 국왕의 정책으로 옳지 <u>않은</u> 것은?

> – 시무 28조(일부 요약) –
> • 관리를 공정히 선발한다.
> • 관리의 의복과 백성의 의복을 달리해야 한다.
> • 유교를 나라를 다스리는 근본으로 삼아야 한다.
> • 국가의 큰 행사는 백성의 부담이 크므로 줄인다.
> • 지방 호족들이 백성들을 괴롭히는 사례가 많으니, 관리를 파견하여 백성을
>   보호해야 한다.

① 의창 설치
② 2성 6부제 정비
③ 국자감 정비
④ 사심관 제도 마련
⑤ 지방에 12목 설치

길잡이 ① 최승로의 시무 28조가 올려진 시기를 파악한다.
② 성종이 실시한 정책을 파악한다.

더 알아보기
중급 73p | 성종: 유교적 정치 질서의 강화

027 고려의 통치 체제

경향 분석 중앙 정치 기구의 운영과 고려의 독자성, 지방 행정 조직, 관리 등용 제도를 묻는 문제가 자주 출제되고 있다.

고사부의 **기출 타파** 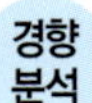

02 다음 가상 대화가 이루어진 시기의 지방 제도로 옳은 것은?

① 5도 양계를 두었다.
② 9주 5소경을 설치하였다.
③ 5경 15부 62주를 두었다.
④ 전국을 5방으로 나누었다.
⑤ 행정 구역을 23부로 재편하였다.

꼼꼼 분석 ① | '송에서 사신', '문하시중', '예부 상서' 등의 단서를 통해 고려 시대의 대화임을 파악할 수 있다. 고려 시대에는 전국을 5도, 양계, 그리고 경기로 나누어 지방을 통치하였다.

오답 분석 ② 통일 신라
③ 발해
④ 백제
⑤ 2차 갑오개혁(1894)

고사부 **깐깐정리**

■ 고려의 통치 체제

중앙 정치 기구	• 2성 6부 : 중서문하성(최고관서), 상서성(6부 통솔) • 귀족 연합 정치(재신+추밀) : 도병마사(국방), 식목도감(법제, 격식) • 중추원(군사 기밀, 왕명 출납), 삼사(회계 담당), 어사대(감찰)
지방 행정 조직	• 5도 : 일반 행정 단위, 안찰사 파견, 주 · 군 · 현 설치 • 양계 : 북방 국경 지역, 병마사 파견, 국방상 요충지에 진(鎭) 설치 • 향리 : 조세나 공물 징수 등 실질적인 지방 행정 담당
관리 등용 제도	• 과거제 : 제술업(한문학), 명경업(유교 경전), 잡과(기술학), 승과(승계) • 음서 제도 : 공신과 종실의 자손 및 5품 이상의 고위 관원의 자제 대상

다음의 (가)~(마)와 관련된 설명으로 옳지 <u>않은</u> 것은?

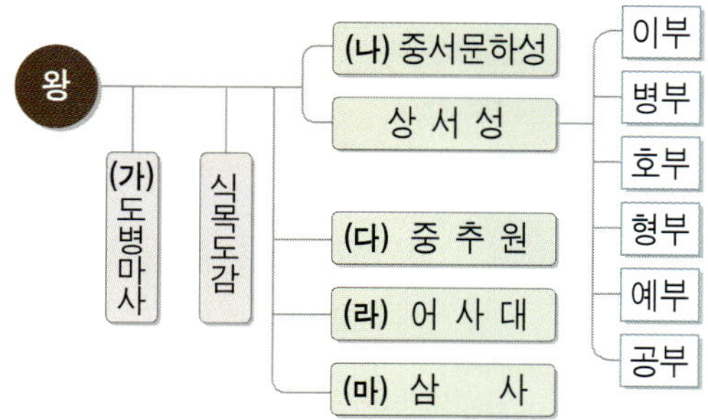

① (가) – (나)와 (다)의 고관이 모여 중요한 정책을 의논하였다.
② (나) – 국정 전반을 관장하고 정책을 심의, 결정하였다.
③ (다) – 6부를 거느리고 정책의 집행을 담당하였다.
④ (라) – 관리의 비리를 감찰하고 풍기를 단속하였다.
⑤ (마) – 화폐와 곡식의 출납, 회계를 맡아보았다.

길잡이 ① 자료가 고려 시대 중앙 통치 기구임을 파악한다.
② 각 기구의 고유한 업무를 파악한다.

더 알아보기
중급 74p | 중앙 정치 조직

다음과 같이 실시된 관리 등용 제도에 대한 설명으로 옳지 <u>않은</u> 것은?

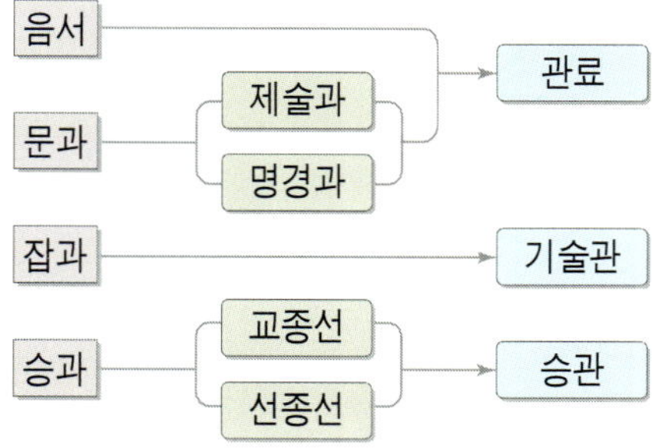

길잡이 ① 제술과와 명경과, 승과 등은 고려 시대 과거 시험의 종류임을 파악한다.
② 고려 시대 관리 충원 방법을 파악한다.

① 무관을 뽑는 무과는 실시되지 않았다.
② 문관은 제술과, 명경과를 통해 선발하였다.
③ 잡과는 법률, 회계 등 기술학을 시험하였다.
④ 승과는 불교 행정을 담당하는 승려를 선발하였다.
⑤ 과거를 거치지 않고서는 관직에 진출할 수 없었다.

더 알아보기
중급 76p | 관리 등용 제도

028 문벌 귀족 사회

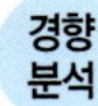 **경향 분석** 서경 천도 운동과 묘청, 김부식을 비교하는 문제가 자주 출제된다.

20회 중급

03 밑줄 그은 '왕'의 재위 기간에 있었던 일로 옳은 것을 |보기|에서 고른 것은?

> 왕이 백관을 불러 금나라를 섬기는 문제에 대한 가부를 의논했는데 모두 섬길 수 없다고 하였다. 그런데 이자겸과 척준경 둘만이 말하기를, "금나라가 날로 강해질 뿐 아니라 우리 국경과 인접해 있어 섬기지 않을 수 없습니다. 또 작은 나라가 큰 나라를 섬기는 것은 옛날 제왕이 취한 도리니, 마땅히 사신을 먼저 보내 방문해야 합니다."라고 하니 그대로 따랐다.
>
> – 「고려사」 –

| 보기 |

ㄱ. 수도를 강화도로 옮겼다.
ㄴ. 노비안검법을 시행하였다.
ㄷ. 묘청이 서경 천도를 주장하였다.
ㄹ. 김부식이 삼국사기를 편찬하였다.

① ㄱ, ㄴ   ② ㄱ, ㄷ   ③ ㄴ, ㄷ
④ ㄴ, ㄹ   ⑤ ㄷ, ㄹ

고사부의 기출 타파

꼼꼼 분석 ⑤ | 이자겸의 주장으로 금과 군신 관계를 맺은 것은 고려 인종 때이다. 인종 재위 기간에 문벌 귀족 사회의 모순이 드러난 이자겸의 난(1126)과 묘청의 서경 천도 운동(1135)이 일어났다. 또한 이 시기에 김부식은 유교적 합리주의 사관에 기초한 《삼국사기》를 편찬하였다(1145).

오답 분석 ㄱ. 고려 고종(1232)
ㄴ. 광종

고사부 깐깐정리

■ 문벌 귀족 사회의 성립과 동요

성립	• 문종(11세기 중엽)~인종(12세기 중엽) 평화 시대 • 과거와 음서로 관직 독점, 공음전 세습, 중첩된 혼인 관계
이자겸의 난 (1126)	• 배경 : 경원 이씨의 권력 독점, 왕의 측근 세력과 대립 • 전개 : 이자겸·척준경의 반란 → 척준경이 이자겸 제거 → 척준경 축출 • 영향 : 지배층의 분열, 문벌 귀족 사회의 붕괴 촉진
서경 천도 운동 (1135)	• 배경 : 개경의 문벌 귀족(개경파) vs 지방 출신 신진 관료(서경파) • 전개 : 묘청의 서경 천도 추진 실패 → 서경에서 봉기(국호 '대위', 연호 '천개') 　→ 김부식의 개경 세력의 의해 진압 • 의의 : 문벌 귀족 사회 내부의 분열과 지역 세력 간의 대립, 자주적 전통 사상과 사대적 유교 정치 사상의 충돌

(가) 인물이 속한 지배 세력에 대한 설명으로 옳은 것을 |보기|에서 고른 것은?

> 경원 이씨 가문의 이자연은 세 딸을 모두 문종의 왕비로 들여 가문을 일으켰고, 이자연의 손자 ___(가)___ 은(는) 딸들을 예종 및 인종과 혼인시켜 권력을 키웠다. 그는 권세가 높아 자기에게 아부하지 않는 자를 몰아내고, 자기 친척을 주요 관직에 배치하였으며, 관직을 사고팔았다.

| 보기 |

ㄱ. 금나라의 사대 요구를 수용하였다.
ㄴ. 원의 세력을 등에 업고 권력을 장악하였다.
ㄷ. 과거와 음서를 통해 고위 관직을 독점하였다.
ㄹ. 성리학을 받아들여 사회를 개혁하고자 하였다.

① ㄱ, ㄴ ② ㄱ, ㄷ ③ ㄴ, ㄷ
④ ㄴ, ㄹ ⑤ ㄷ, ㄹ

길잡이 ① 왕실과의 혼인을 통해 권력을 장악한 인물을 파악한다.
② 문벌 귀족의 특권과 성향을 파악한다.

더 알아보기
중급 77p | 문벌 귀족 사회의 성립

(가) 인물에 대한 설명으로 옳은 것을 보기에서 고른 것은?

> • ___(가)___ 등이 글을 올리기를, "신들이 서경의 임원역 땅을 보니 이는 음양가가 말하는 대화세입니다. 만약 궁궐을 세워 옮기시면 천하를 합병할 수 있을 것입니다.……"라고 하였다.
> • ___(가)___ 이(가) 분사시랑 조광, 병부상서 유감, 사재소경 조창언·안중영 등과 서경을 거점으로 반란을 일으켰다.　　　　－ 《고려사》 －

| 보기 |

ㄱ. 삼국유사를 저술하였다.
ㄴ. 서경 천도를 주장하였다.
ㄷ. 금나라 정벌을 주장하였다.
ㄹ. 신라 계승 의식을 표방하였다.

① ㄱ, ㄴ ② ㄱ, ㄷ ③ ㄴ, ㄷ
④ ㄴ, ㄹ ⑤ ㄷ, ㄹ

길잡이 ① 서경 천도를 주장하고, 서경에서 난을 일으킨 인물을 파악한다.
② 묘청의 사상과 활동을 파악한다.

더 알아보기
중급 78p | 이자겸의 난과 서경 천도 운동

029 무신 정권

경향 분석 무신 집권기의 정치 상황, 농민 봉기, 대몽 항쟁을 묻는 문제가 출제된다.

21회 중급

고사부의 기출 타파

04 밑줄 친 '이 사건'이 일어난 시기의 사회 상황으로 옳은 것은?

지방관으로 파견된 무신들이 자신의 이익을 추구하면서 지역민에 대한 수탈이 심해졌다. 이러한 상황에서 공주에서는 일반 군현보다 상대적으로 과도한 수탈에 시달리던 명학소의 주민들이 봉기하였다. 이 탑은 <u>이 사건</u>을 기념하여 세운 것이다.

① 원종과 애노가 수탈에 맞서 싸웠다.
② 만적이 신분 해방 운동을 일으켰다.
③ 임꺽정이 지배층의 횡포에 저항하였다.
④ 암태도 농민들이 소작 쟁의를 일으켰다.
⑤ 홍경래가 평안도에 대한 차별에 항거하였다.

꼼꼼 분석 ② | 자료의 '이 사건'은 공주 명학소의 난이다. 고려 무신 정권기에 공주 명학소에서 망이 · 망소이 형제가 소(所)의 주민을 모아 봉기하였다. 무신 집권자 최충헌의 사노비였던 만적은 개경에서 노비들을 규합하여 신분 해방 운동을 모의하였으나 실패하였다.

오답 분석 ① 신라 하대
③ 조선 중기
④ 일제 강점기(1923)
⑤ 조선 후기(1811)

고사부 깐깐 정리

■ **무신 정권의 성립**

무신정변 (1170)	• 배경 : 의종의 실정, 무신에 대한 차별, 하급 군인들의 불만 • 전개 : 이의방 · 정중부의 봉기 → 문신 제거, 의종 폐위
무신 정권 초기	• 최고 집권자의 교체 : 정중부 → 경대승 → 이의민 → 최충헌 • 사회 혼란 심화 : 중앙 정부의 통제력 약화 → 조위총의 난, 농민과 천민의 대규모 봉기 • 중방이 최고 권력 기구 역할
최씨 정권	• 최충헌 : 봉사 10조, 농민 항쟁 진압, 교정도감 설치 • 최우 : 정방(인사 행정) · 서방(문신 숙위) 설치, 삼별초 설치 • 4대 60여 년간 지속

지도에 표시된 사건이 일어난 시기를 연표에서 옳게 고른 것은?

918	1019	1170	1270	1352	1392(년)
(가)	(나)	(다)	(라)	(마)	
고려 건국	귀주 대첩	무신 정변	개경 환도	전민변정 도감 설치	조선 건국

① (가) ② (나) ③ (다) ④ (라) ⑤ (마)

길잡이 ① 지도의 인물들이 난을 일으킨 배경을 파악한다.

더 알아보기
중급 79p | 무신 정권의 성립

길잡이 ① 만적의 난이 일어난 시기를 파악한다.
② 무신 집권기의 정치 상황을 파악한다.

다음 사건이 일어난 시기의 정치 상황으로 옳은 것은?

만적 등 6인이 북산에서 나무를 하다가 공·사노비를 불러 모아 모의하기를 "국가에서 정중부의 반란, 김보당의 반란이 일어난 이래로 천한 무리에서 높은 관직에 오르는 경우가 많이 일어났으니, 장군과 재상이 어찌 종자가 따로 있으랴? 때가 오면 누구나 할 수 있을 것이다. 어찌 우리는 고달프게 일하면서 채찍 아래 곤욕을 당할 수 있느냐?" 하니 모든 노비가 그렇게 여겼다.

① 교정도감이 최고 권력 기관으로 부상하였다.
② 최무선이 화포를 사용하여 왜구를 격퇴하였다.
③ 이자겸 일파가 군사를 이끌고 궁궐에 불을 질렀다.
④ 거란의 침입을 막기 위하여 천리장성을 축조하였다.
⑤ 쌍성총관부를 공략하여 철령 이북의 땅을 수복하였다.

더 알아보기
중급 79p | 무신 정권의 성립

030 고려의 대외 관계

경향 분석 거란, 여진, 몽골, 왜구의 침입과 극복 과정 및 이들 국가와의 대외 교역을 묻는 문제의 출제 비율이 높다.

고사부의 기출 타파 

05 (가)~(라)를 일어난 순서대로 옳게 나열한 것은?

고려 시대의 대외 관계

(가)

강감찬, 귀주에서 통쾌한 승리!

(나)

서희, 적장과 담판하여 강동 6주 획득!

(다)

윤관, 별무반을 이끌고 동북 9성 개척!

(라)

김윤후와 처인 부곡민, 세계 최강 군대 격퇴!

① (가) – (나) – (다) – (라)
② (가) – (나) – (라) – (다)
③ (나) – (가) – (다) – (라)
④ (나) – (라) – (다) – (가)
⑤ (다) – (나) – (라) – (가)

꼼꼼 분석 ③ | 고려는 거란 – 여진 – 몽골 – 왜구 및 홍건적의 침입이 잇달았다. 거란이 침입하였을 때는 서희의 담판으로 강동 6주를 획득하였고, 강감찬은 귀주대첩을 통해 거란에 큰 피해를 주었다. 윤관은 여진을 물리치고 동북 9성을 축조하였으나, 방어 문제나 여진의 반환 요청으로 곧 해당 영토를 반환하였다. 이후 몽골의 침략시에는 용인 처인부곡에서 적장 살리타를 전사시켰다. 자료를 시간 순으로 정리하면 (나) – (가) – (다) – (라)이다.

고사부 깐깐 정리

■ 대외 관계의 변화

시기	초기(11세기 초)	중기(12세기 초)	무신 집권기(13세기 중엽)
이민족	거란(요)	여진(금)	몽골(원)
전개	• 1차(993) : 서희의 담판(강동 6주) • 3차(1019) : 귀주 대첩	• 윤관의 여진 토벌(동북 9성) • 금의 사대 요구(굴복)	• 몽골의 침입(강화 천도) • 저항(다인철소, 처인부곡)
결과	천리장성, 나성 축조	묘청의 서경 천도 운동	문화재 소실, 팔만대장경 조판

다음 지도의 (가)~(마) 국경선에 대한 설명으로 옳지 <u>않은</u> 것은?

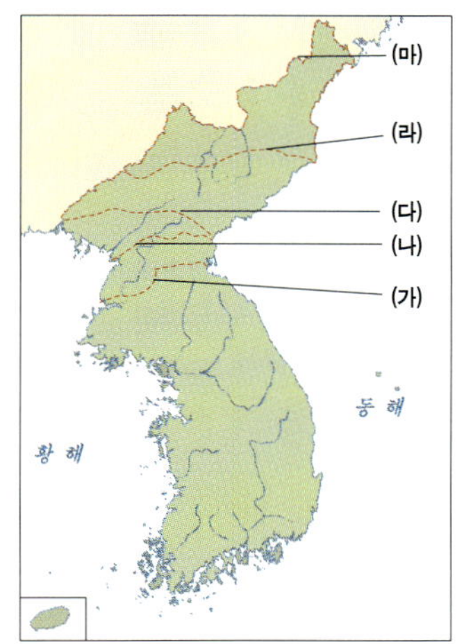

① (가) – 신라가 삼국을 통일하고 확보하였다.

② (나) – 고려 태조가 북진 정책을 통해 확보하였다.

③ (다) – 고려가 거란과의 전쟁을 통해 확보하였다.

④ (라) – 윤관이 여진족을 몰아내고 확보하였다.

⑤ (마) – 조선 세종 때 4군과 6진을 설치하고 확보하였다.

길잡이 ① 하단의 국경선부터 어느 시대인지 짚어본다.
② 철령에 해당하는 곳을 생각하고 그 부분을 지나는 곳의 국경선을 살펴본다.

더 알아보기
중급 81p | 거란의 침입과 격퇴

길잡이 ① 강화, 용인, 충주의 공통점을 생각해 본다.
② 어느 나라의 항쟁과 관련 있는지 따져 본다.

지도에 표시된 지역에서 일어난 사실로 옳지 <u>않은</u> 것은?

① (가) – 몽골과의 항쟁기에 수도가 되었다.

② (나) – 김윤후가 살리타를 사살하였다.

③ (다) – 노비가 중심이 되어 몽골군을 물리쳤다.

④ (라) – 삼별초가 최후의 항쟁을 전개하였다.

⑤ (마) – 황룡사 9층 목탑이 소실되었다.

더 알아보기
중급 83p | 몽골과의 전쟁

031 고려 후기의 정치 변동

경향 분석 공민왕의 개혁 정치, 신진 사대부의 성장은 빠지지 않고 출제되는 테마이다.

21회 중급

고사부의 기출 타파

06 (가) 인물에 대한 설명으로 옳은 것은?

① 전시과 시행을 건의하였다.
② 전민변정도감을 설치하였다.
③ 새로운 왕조 개창에 반대하였다.
④ 화포를 개량하여 왜구를 물리쳤다.
⑤ 현량과를 실시하여 사림을 등용하였다.

꼼꼼 분석 ③ | 자료의 시조는 '단심가'로 고려 말 온건파 신진 사대부 정몽주의 작품이다. 정몽주는 고려 왕조 안에서의 점진적인 개혁을 추구해 급진 개혁파 세력과 대립하였다.

오답 분석 ① 전시과는 고려 경종 때 처음 시행되었다.
② 신돈
④ 최무선
⑤ 조광조

고사부 깐깐정리

■ 고려 후기의 정치 변동

원 간섭기의 정치	• 개경 환도 이후 80년간 원의 내정 간섭, 부마국(제후국)으로 위상 격하 • 권문세족의 대두 : 친원파, 도평의사사의 권력 독점, 대농장 소유
공민왕의 개혁 정치	• 배경 : 14세기 후반 원·명 교체기 • 반원 정책 : 친원파 숙청, 정동행성 이문소 폐지, 쌍성총관부 탈환, 요동 공략 • 내정 개혁 : 정방 폐지, 전민변정도감 설치(권문세족의 농장 개혁), 교육과 과거제 정비
신진 사대부의 성장	• 형성 : 무신 집권기 등장(향리 출신), 공민왕의 개혁 정치로 성장 • 성향 : 과거 통해 정계 진출, 성리학 수용, 불교 비판, 권문세족과 대립 • 분화 : 온건파(이색, 정몽주), 혁명파(정도전)

다음 자료의 밑줄 그은 '왕'에 대한 설명으로 옳지 <u>않은</u> 것은?

> 이연종이 말하기를 "변발과 호복은 선왕의 제도가 아니오니 원컨대 전하께서는 본받지 마소서."라고 하니, 왕이 기뻐하면서 즉시 변발을 풀어 버리고 그에게 옷과 요를 하사하였다.
> – 《고려사》 –

① 만권당 설립
② 친원 세력 숙청
③ 쌍성총관부 수복
④ 전민 변정 도감 설치
⑤ 정동행성 이문소 폐지

길잡이 ① 변발과 호복 등 몽골풍을 금지한 왕을 파악한다.
② 공민왕이 추진한 개혁 정책을 파악한다.

더 알아보기
중급 86p | 공민왕의 개혁 정치

길잡이 ① 고려 말 급진파 신진 사대부와 온건파 신진 사대부의 활동을 파악한다.

(가), (나) 정치 세력에 대한 설명으로 옳은 것을 |보기|에서 고르면?

| 보기 |

ㄱ. (가) - 이성계와 결탁하였다.
ㄴ. (가) - 전제 개혁을 단행하여 과전법을 실시하였다.
ㄷ. (나) - 불교를 사상적 기반으로 삼았다.
ㄹ. (나) - 위화도 회군 이후 정권을 장악하였다.

① ㄱ, ㄴ   ② ㄱ, ㄷ   ③ ㄴ, ㄷ   ④ ㄴ, ㄹ   ⑤ ㄷ, ㄹ

더 알아보기
중급 87p | 신진 사대부와 신흥 무인 세력

032 고려의 경제

경향 분석 고려의 수취 제도와 전시과, 대외 무역, 화폐 등에 관련된 문제가 자주 출제되고 있다.

고사부의 기출 타파

07 다음 대화와 관련된 토지 제도에 대한 설명으로 옳은 것은?

① 공양왕 때 처음 실시되었다.
② 경기에 한해 토지를 지급하였다.
③ 지급된 토지의 매매와 임대가 가능하였다.
④ 관직 복무의 대가로 수조권을 부여하였다.
⑤ 토지를 받은 관리가 죽으면 자식에게 휼양전을 지급하였다.

꼼꼼 분석 ④ | 관리들에게 전지와 시지를 지급한 것은 고려 시대 전시과이다.

오답 분석 ① 과전법
② 과전법
③ 전시과에서는 수조권만 지급하였기 때문에 매매와 임대는 불가능하다.
⑤ 과전법

고사부 깐깐 정리

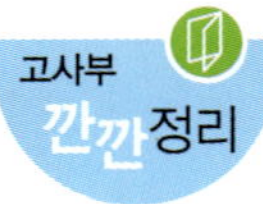

■ 고려의 경제 활동

전시과 제도	• 문무 관리, 군인, 한인 등을 18관등으로 구별하여 전지와 시지의 수조권을 지급 • 시정 전시과(경종) → 개정 전시과(목종) → 경정 전시과(문종)
농업	• 우경에 의한 심경법 일반화 • 윤작법(2년 3작) 시작, 남부 지방에서 모내기법 시작 • 시비법(퇴비법, 녹비법) 발달 → 휴경지 감소, 상경지 증가
수공업	• 전기 : 관청 수공업, 소(所) 수공업 • 후기 : 사원 수공업, 민간 수공업
상업	• 시전 : 개경, 관청과 귀족들이 이용 • 관영 상점 : 개경, 서경 등 대도시에 서적점, 주점, 다점 등 설치 • 경시서(상행위 감독), 소금 전매제(충선왕)
화폐 정책	• 성종 : 건원중보 • 숙종 : 주전도감 설치, 해동통보 · 삼한통보, 활구(은병) 주조 • 한계 : 유통 부진, 농민들은 삼베나 곡식 사용
무역	주로 송 · 요와 무역, 벽란도가 국제 무역항으로 번성

다음 화폐를 사용한 시대의 농업에 대한 설명으로 옳은 것을 |보기|에서 고른 것은?

활구(은병)

삼한통보

해동통보

┤ 보기 ├

ㄱ. 논에 직접 볍씨를 뿌려 재배하였다.
ㄴ. 2년 3작의 윤작법이 확대되고 있었다.
ㄷ. 담배와 약초를 재배하여 시장에서 팔았다.
ㄹ. 농사직설을 보고 새로운 농업 기술을 익혔다.

① ㄱ, ㄴ ② ㄱ, ㄷ ③ ㄴ, ㄷ ④ ㄴ, ㄹ ⑤ ㄷ, ㄹ

길잡이 ① 활구, 삼한통보, 해동통보가 발행된 시대를 파악한다.
② 고려 시대 농업의 발달을 파악한다.

더 알아보기
중급 93p | 농업

(가), (나) 시기의 국제 교류에 대한 설명으로 옳지 **않은** 것은?

(가)

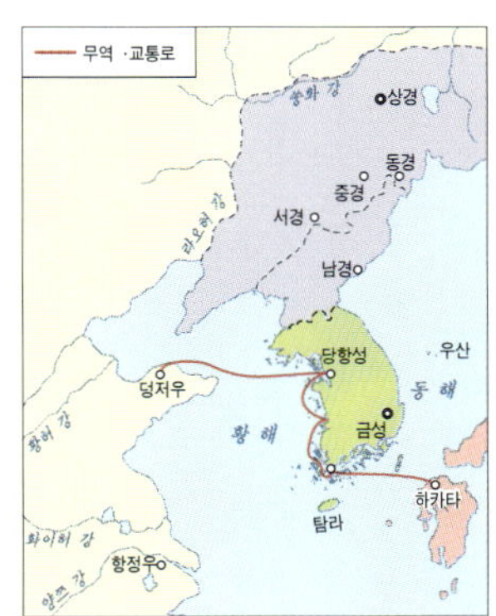

(나)

① (가) – 장보고가 청해진을 근거로 동아시아의 무역을 장악하였다.
② (가) – 산둥 반도와 화이허 강 하류 일대에 신라인 마을이 형성되었다.
③ (가) – 예성강 입구에 있는 벽란도가 국제 무역 항구로서 크게 번성하였다.
④ (나) – 고려는 사신, 학자 등을 송에 보내 발달된 문물을 받아들였다.
⑤ (나) – 우리나라가 '코리아' 라는 이름으로 서방 세계에 알려지게 되었다.

길잡이 ① 무역로를 통해 시기와 국가를 파악한다.
② 통일 신라와 고려의 대외 무역을 구분한다.

더 알아보기
중급 95p | 무역 활동

033 고려의 신분 제도와 가족 제도

경향 분석 고려 시대 지배층의 변화, 향리의 역할, 특수 행정 구역 거주민의 생활 등을 묻는 문제가 자주 출제된다.

17회 중급

08 (가)에 들어갈 내용으로 옳은 것을 |보기|에서 고른 것은?

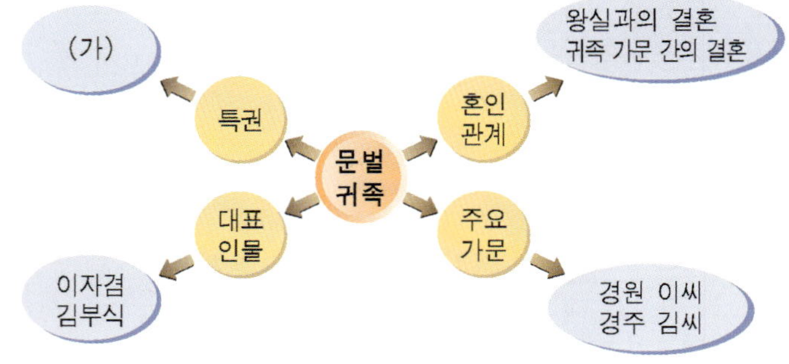

| 보기 |
ㄱ. 공명첩　　　　　ㄴ. 공음전
ㄷ. 음서제　　　　　ㄹ. 유향소

① ㄱ, ㄴ　　　② ㄱ, ㄷ　　　③ ㄴ, ㄷ
④ ㄴ, ㄹ　　　⑤ ㄷ, ㄹ

고사부의 기출 타파

꼼꼼 분석 ③ | 고려의 문벌 귀족은 음서제를 통해 관직에 진출하고 공음전을 지급받는 특권을 누렸다.

오답 분석 ㄱ. 공명첩은 조선 후기에 발행된 명예직 임명장이다.
ㄹ. 유향소는 조선 시대 향촌의 자치 기구이다.

고사부 깐깐정리

■ 신분 제도

귀족	왕족, 5품 이상의 관료(음서, 공음전 혜택)
중류층	• 구성 : 남반, 군반, 잡류, 향리, 역리 등 • 역할 : 통치 체제의 하부 구조 담당, 직역을 세습하고 그 대가로 토지 수급(군인전, 외역전)
양민	일반 농민(백정), 상공업자, 향 · 소 · 부곡민
천민	• 지위와 역할 : 노비가 대다수, 재산적 성격(매매, 상속), 일천즉천 • 노비의 유형 : 공노비(입역 노비, 외거 노비), 사노비(솔거 노비, 외거 노비)

고려 시대의 지배층인 (가)~(라)에 대한 설명으로 옳은 것을 |보기|에서 고른 것은?

| (가) 호족 | (나) 문벌 귀족 | (다) 권문 세족 | (라) 신진 사대부 |

길잡이 ① 고려 시대 지배층의 변화를 파악한다.

| 보기 |
ㄱ. (가) – 도평의사사에 참여하여 정치적 실권을 장악하였다.
ㄴ. (나) – 성리학을 수용하여 불교의 폐단을 시정하려 하였다.
ㄷ. (다) – 원의 세력을 등에 업고 새로운 지배 세력으로 성장하였다.
ㄹ. (라) – 공민왕의 개혁 정치에 힘입어 본격적으로 정계에 등장하였다.

① ㄱ, ㄴ   ② ㄱ, ㄷ   ③ ㄴ, ㄷ
④ ㄴ, ㄹ   ⑤ ㄷ, ㄹ

더 알아보기
중급 96p | 귀족

다음 자료가 저술된 시기의 사회 모습에 대한 설명으로 옳지 <u>않은</u> 것은?

길잡이 ① 이규보의 동국이상국집이 저술된 시기를 파악한다.
② 고려 시대 가족 제도와 혼인 제도를 파악한다.

지금은 남자가 장가갈 때 처가로 가게 되어 자기가 필요로 하는 것은 모두 처가에 의지하고 있습니다. 그리하여 장인과 장모의 은혜가 부모의 은혜와 똑같습니다. 아아, 장인께서 저를 두루 보살펴 주셨는데 돌아가셨으니, 저는 장차 누구를 의지해야 합니까!
– 이규보, 《동국이상국집》 –

① 부모의 유산을 자녀에게 골고루 분배하였다.
② 부모의 제사를 자녀들이 돌아가면서 지냈다.
③ 재가한 여성의 자식은 벼슬에 나아갈 수 없었다.
④ 아들뿐 아니라 사위에게도 음서의 혜택을 주었다.
⑤ 남녀에 관계없이 태어난 차례대로 호적에 기재하였다.

더 알아보기
중급 101p | 여성의 지위

034 고려의 사회 제도

경향 분석 고려 시대 향도의 활동, 사회 제도를 묻는 문제가 출제된다.

22회 중급

고사부의 기출 타파

09 다음 가상 대화가 이루어진 사회 시책으로 옳지 <u>않은</u> 것은?

① 상평창에서 물가를 조절하였다.
② 의창을 통해 백성을 구휼하였다.
③ 제위보를 통해 빈민을 구제하였다.
④ 혜민국에서 병자에게 약을 지급하였다.
⑤ 신문고를 통해 백성의 고충을 들어주었다.

꼼꼼 분석 ⑤ | '5도 안찰사', '문하시중' 등의 단서를 통해 고려 시대의 가상 대화임을 추론할 수 있다. 안찰사는 5도에 파견되어 주·부·군·현을 순찰하였다. 문하시중은 중서문하성의 장관으로 국정을 총괄하였다.
고려 시대에는 상평창, 의창, 제위보, 혜민국 등의 사회 시설이 설치되어 가난한 백성들의 어려움을 덜어주려 하였다.

오답 분석 ⑤ 신문고는 조선 시대에 설치하였다.

고사부 깐깐정리

■ 고려 시대 백성의 생활 모습

향도(香徒)	• 기원 : 불교의 신앙 조직(매향 활동하는 무리들) • 발전 : 불상, 석탑, 절을 지을 때 주도적 역할 • 변화 : 마을 노역, 혼례와 상장례, 마을 제사 등을 주관하는 공동체 조직
사회 제도	• 의창 : 춘대추납을 통한 빈민 구제 • 상평창 : 물가 조절(개경, 서경, 12목) • 의료 기관 : 동서 대비원(환자 진료), 혜민국(의약) • 구제 기관 : 구제도감·구급도감(재해 발생 시 빈민 구제), 제위보(빈민 구제 기금)
가족 제도와 여성의 지위	• 자녀 균분 상속이 일반적 • 여자의 지위가 비교적 높았음(호주 가능, 호적에 연령순 기재, 재가 가능, 사위·외손자도 음서 제도)

(가)에 대한 설명으로 옳은 것을 |보기|에서 고른 것은?

이 매향비는 1387년에 ⬚(가)⬚ 조직이 향나무를 묻고 세운 것으로, 내세의 행운과 국태민안을 기원하는 내용을 담고 있다.

◀ 사천 매향비(경남 사천)

| 보기 |

ㄱ. 세속 5계를 지키려고 노력하였다.
ㄴ. 불교적인 신앙 조직에서 기원하였다.
ㄷ. 유교 윤리를 실천하기 위하여 만들었다.
ㄹ. 점차 공동체 생활을 주도하는 농민 조직으로 변하였다.

① ㄱ, ㄴ   ② ㄱ, ㄷ   ③ ㄴ, ㄷ
④ ㄴ, ㄹ   ⑤ ㄷ, ㄹ

길잡이 ① 매향비를 세운 조직을 파악한다.
② 고려 시대 향도의 활동을 파악한다.

더 알아보기
중급 100p | 농민의 공동 조직

밑줄 친 ㉠, ㉡ 기구에 대한 설명으로 옳은 것은?

• 우리 태조께서 흑창을 설치하여 빈궁한 백성에게 진대하는 것을 일정한 법식으로 삼으셨다. 그런데 지금, 백성은 늘어 가는데 저축은 많아지지 않고 있으니, 쌀 1만 석을 더 보태고 이름을 ㉠의창이라 고친다.
• 백성들로서 가난하여 제 힘으로 살아갈 수 없는 자들에 대하여서는 ㉡제위보로 하여금 보리가 익을 때까지를 기한으로 구제하도록 할 것이다.

– 《고려사》 –

① ㉠ – 기금을 마련하여 그 이자로 빈민을 구제하였다.
② ㉠ – 평시에 곡물을 비치하였다가 흉년에 빈민을 구제하였다.
③ ㉡ – 물가 조절을 통해 민생 안정을 도모하였다.
④ ㉡ – 각종 재해가 발생할 때에 임시 기관으로 설치되었다.
⑤ ㉠, ㉡ – 가난한 백성의 구휼을 위해 민간에서 자치적으로 운영하였다.

길잡이 ① 의창, 제위보의 기능을 파악한다.
② 고려 시대 농민 생활의 안정을 위한 사회 제도를 파악한다.

더 알아보기
중급 100p | 사회 정책과 사회 제도

035 고려 후기의 사회 변화

경향 분석 고려 후기, 특히 원 간섭기 백성들의 사회 모습을 묻는 문제가 자주 출제된다.

21회 중급

고사부의 기출 타파 

10 다음 자료의 모습이 나타난 시기의 사실로 옳은 것은?

> 우리나라의 자녀들이 뽑혀서
> 서쪽(원나라)으로 들어가기를 거른 해가 없었다.
> 비록 왕실 친족같이 귀한 신분이라도
> (자식을) 숨길 수 없고,
> 어미와 자식이 한 번 이별하면
> 아득하게 만날 기약이 없었다.
> 슬픔이 골수에 사무치고
> 심지어 병들어 죽는 이도 한둘이 아니었으니,
> 천하에 지극히 원통한 일로
> 이보다 더한 것이 어디 있겠는가?
>
> — 수령옹주 묘지명 중에서 —

① 여성의 수절이 강요되고 열녀문이 많이 세워졌다.
② 결혼도감을 통해 어린 여성들이 공녀로 보내졌다.
③ 여자 정신 근로령으로 여성들이 강제 동원되었다.
④ 재혼한 여성의 자녀는 과거 응시에 제한을 받았다.
⑤ 속환되어 조선으로 돌아온 여인들이 멸시를 받았다.

꼼꼼 분석 ② | 자료에서 '자녀들이 뽑혀서 서쪽(원나라)으로 들어가기'는 고려 원 간섭기 공녀 공출을 가리킨다. 13~16살의 미혼 여성이 공녀로 뽑혀 원으로 보내지자 고려에서는 조혼의 풍습까지 생겨났고, 고려 조정은 아예 금혼령을 내리거나 결혼도감, 과부처녀추고도감 등을 설치하여 공녀의 안정적 차출을 꾀하였다.
수령옹주는 왕족의 부인으로 고명딸을 원나라에 공녀로 보내게 되자 그 슬픔으로 병이 나서 죽었다.

오답 분석 ① 조선 중기 이후의 모습이다.
③ 1944년에 여자 정신 근로령이 공포되었다.
④ 경국대전에 재가한 여성의 자녀는 과거에 응시할 수 없도록 규정하였다.
⑤ 병자호란 이후 속환 부녀들이 '환향녀'로 불리며 멸시를 받았다.

고사부 깐깐정리

■ 원 간섭기 고려 사회의 변화

영토 상실	동녕부·탐라총관부, 쌍성총관부(공민왕 때 수복)
내정 간섭	정동행성 설치, 다루가치 파견, 고려 왕실의 호칭과 관제 격하
원의 수탈	• 공녀 공출(결혼 도감) → 조혼 풍습 • 매 징발(응방), 인삼·약재 등 특산물 징발 • 일본 원정에 물자와 인력 동원
몽골풍 유행	변발, 수라·소주

밑줄 친 '세력가'에 대한 설명으로 옳은 것을 |보기|에서 고른 것은?

> 말기에 이르러 토지 대장이 불분명하매 평민은 모두 <u>세력가</u>에 속하게 되고, 전시과는 폐하여 사전(私田)이 되었다. 이들의 토지는 방대하여 산천으로 표시를 삼고, 징세를 한 해에 수삼 차에 걸쳐 시행하니 나라의 법이 무너져 망하게 되었다.
> – 《고려사》 식화지 –

┤ 보기 ├

ㄱ. 전민변정도감 설치를 주도하였다.
ㄴ. 성리학을 수용하고 불교를 비판하였다.
ㄷ. 과거보다 음서를 통해 관직에 진출하였다.
ㄹ. 백성들의 토지를 빼앗아 농장을 확대하였다.

① ㄱ, ㄴ　　　② ㄱ, ㄷ　　　③ ㄴ, ㄷ
④ ㄴ, ㄹ　　　⑤ ㄷ, ㄹ

길잡이 ① 고려 말의 세력가를 파악한다.
② 권문세족의 특징을 파악한다.

더 알아보기
중급 85p | 원 간섭기의 정치

다음 상황이 나타난 시기에 볼 수 있었던 모습으로 옳지 <u>않은</u> 것은?

> 원과의 교류가 활발해지고 무역이 확대되면서 고려 사회에서는 새로운 변화가 나타났다. 고려의 왕실과 지배층을 중심으로 몽골 풍습이 퍼져 나가고, 고려의 문화가 원에 소개되어 고려 풍습이 유행하기도 하였다.

① 친원파가 득세하였다.
② 교정도감이 설치되었다.
③ 호복과 변발이 유행하였다.
④ 왕실 호칭과 관제가 격하되었다.
⑤ 정동행성이 고려의 내정을 간섭하였다.

길잡이 ① 원 간섭기에 고려에서 나타난 사회상을 파악한다.

더 알아보기
중급 85p | 원 간섭기의 정치

036 유학의 발달과 역사서 편찬

 **경향 분석** 고려 시대에 편찬된 역사서, 특히 삼국사기는 빠지지 않고 출제되고 있다.

18회 중급

고사부의 기출 타파

11 다음 역사서의 공통점으로 옳은 것을 |보기|에서 고른 것은?

삼국유사

제왕운기

| 보기 |
ㄱ. 단군신화가 수록되어 있다.
ㄴ. 성리학적 유교 사관이 강조되었다.
ㄷ. 민족적 자주 의식이 반영되어 있다.
ㄹ. 고려 전기에 정부 주도로 편찬되었다.

① ㄱ, ㄴ ② ㄱ, ㄷ ③ ㄴ, ㄷ ④ ㄴ, ㄹ ⑤ ㄷ, ㄹ

꼼꼼 분석 ② | 삼국유사와 제왕운기는 고려 충렬왕 때 편찬된 역사서이다. 삼국유사는 불교 중심의 설화도 함께 수록하였다. 제왕운기는 중국과 우리의 역사를 대등하게 본 점에 의의가 있다. 모두 단군 신화가 수록되어 있는데, 이는 몽골 침략 이후 민족적 자주 의식을 고취하기 위함이었다.

오답 분석 ㄴ. 고려 말 이제현의 사략에서 성리학적 유교 사관이 등장하였다.
ㄹ. 현존하진 않지만 고려실록, 7대 실록이 해당된다.

고사부 깐깐정리

■ 유학의 발달

교육 기관	국자감(개경), 향교(지방)
사학의 발달	최충의 문헌공도(9재 학당) 등 사학 12도가 융성하여 관학이 쇠퇴
관학 진흥책	• 예종 : '7재'라는 과거 전문 강좌 설치, 양현고(장학 재단) • 인종 : 경사 6학 정비, 향교 강화 • 충렬왕 : '성균관' 개칭, 문묘(공자 사당) 설치

■ 역사서

구분	역사서	내용	역사의식
중기	삼국사기	김부식, 기전체, 현존하는 최고(最古)의 역사서	유교적 합리주의 사관, 신라 계승 의식
무신기	동명왕편	이규보, 동명왕의 업적을 칭송한 영웅 서사시, 고구려 계승 의식	민족적 자주 의식을 바탕으로 전통문화를 올바르게 이해하려는 경향
원 간섭기	삼국유사	• 불교적 신이사관 • 단군 신화, 각종 설화와 전래 기록 수록	
	제왕운기	우리 역사를 중국사와 대등하게 파악하는 자주성	

다음 검색창에 들어갈 인물이 저술한 역사서에 대한 설명으로 옳은 것은?

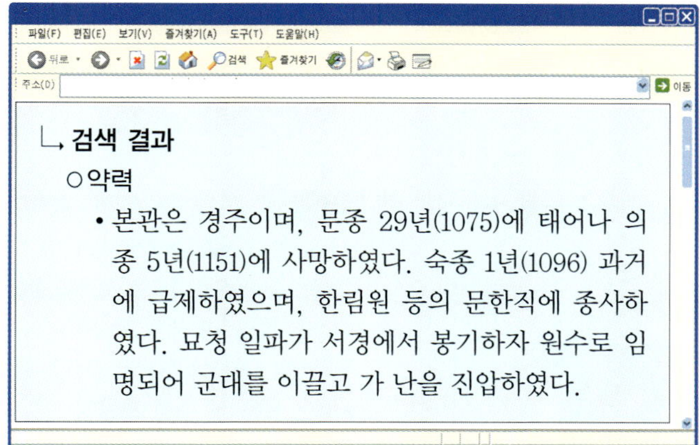

① 장편 서사시의 형태로 서술되었다.
② 연대순으로 기록한 편년체로 서술되었다.
③ 고려가 고구려를 계승하였음을 강조하였다.
④ 현존하는 우리나라 최고(最古)의 역사서이다.
⑤ 불교사를 중심으로 고대의 민간 설화와 야사를 수록하였다.

길잡이 ① 서경 천도 운동을 진압한 인물을 파악한다.
② 김부식이 편찬한 삼국사기의 특징을 파악한다.

더 알아보기
중급 105p | 역사서의 편찬

길잡이 ① 고려 시대 교육 제도를 파악한다.
② 정부의 관학 진흥책을 파악한다.

다음 빈칸에 들어갈 내용으로 옳은 것을 |보기|에서 고른 것은?

> 고려는 일찍부터 개경과 서경에 학교를 세우는 등 교육에 큰 관심을 기울였
다. 나라를 이끌어 갈 관료와 인재를 양성하기 위하여 개경에는 국자감, 지방
에는 향교를 세웠다.
> 고려 중기에는 최충의 문헌공도를 비롯한 사학 12도가 융성하였다. 사학에
서 교육을 받은 학생이 과거에서 좋은 성적을 거두자, 국자감의 관학 교육은
위축되었다. 이에 정부는 ____________

| 보기 |
ㄱ. 9재 학당을 적극 후원하였다.
ㄴ. 국학을 태학감으로 개칭하였다.
ㄷ. 양현고라는 장학 재단을 설치하였다.
ㄹ. 국자감을 재정비하여 7재를 설치하였다.

① ㄱ, ㄴ   ② ㄱ, ㄷ   ③ ㄴ, ㄷ   ④ ㄴ, ㄹ   ⑤ ㄷ, ㄹ

더 알아보기
중급 104p | 교육 기관

037 불교 사상과 신앙

경향 분석 고려 시대에 활동한 승려들, 특히 의천과 지눌을 묻는 문제의 출제 비중이 높다.

고사부의 기출 타파

12 (가), (나) 인물에 대한 설명으로 옳은 것을 |보기|에서 고른 것은?

대각국사 의천

교종을 중심으로 선종을 통합할 것을 주장하였다.

보조국사 지눌

정혜쌍수와 돈오점수를 주장하였다.

┌ 보기 ┐

ㄱ. (가) – 풍수지리설을 도입하였다.
ㄴ. (가) – 해동 천태종을 창시하였다.
ㄷ. (나) – 불교계 정화 운동을 전개하였다.
ㄹ. (나) – 교장도감에서 교장을 간행하였다.

① ㄱ, ㄴ   ② ㄱ, ㄷ   ③ ㄴ, ㄷ
④ ㄴ, ㄹ   ⑤ ㄷ, ㄹ

꼼꼼 분석 ③ | (가)는 문종의 왕자로 승려가 된 의천, (나)는 조계종 승려인 지눌이다.

의천은 교종을 중심으로 선종을 통합하기 위해 국청사를 창건하여 해동 천태종을 창시하였다. 이를 뒷받침할 사상적 바탕으로 교관겸수를 제창하였다.

지눌은 독경, 선 수행, 노동에 고루 힘쓰자는 수선사 결사를 제창하였고, 정혜쌍수, 돈오점수를 바탕으로 선교 일치 사상을 주창하였다.

오답 분석 ㄱ. 신라 말에 도선이 풍수지리설을 도입하였다.
ㄹ. 의천의 활동이다.

고사부 깐깐 정리

■ 불교 사상과 승려

시대	주요 승려	활동
초기	균여	화엄종 성행, 보살의 실천행
중기	의천	교선 통합 운동(교관겸수), 국청사 창건, 해동 천태종 개창
무신 집권기	지눌	수선사(정혜결사) 주도, 조계종(정혜쌍수, 돈오점수) 개창
	혜심	유불 일치설(심성 도야 강조, 성리학 수용의 사상적 토대)
	요세	백련결사 주도, 법화 신앙 중시
말기	보우	개혁 시도(교단 정비 노력)

다음 글을 쓴 인물에 대한 설명으로 옳은 것은?

> 지금의 불교계를 보면 아침저녁으로 행하는 일들이 비록 부처의 법에 의지하였다고 하나, 자신을 내세우고 이익을 구하는 데 열중하며, 세속의 일에 골몰하고 있다. ……
> 하루는 같이 공부하는 사람 10여 명과 마땅히 명예와 이익을 버리고 산림에 은둔하여 신앙 결사를 맺자고 약속하였다. 항상 선을 수행하고 지혜를 쌓는 데 힘쓰고, 예불하고 경전을 읽으며 힘들여 일하는 것에 이르기까지 각자 맡은 바 임무에 따라 경영하기로 약속하였다.

① 유불일치설을 주장하였다.
② 국청사를 창건하고 천태종을 창시하였다.
③ 백련사에서 신앙 결사 운동을 전개하였다.
④ 정혜쌍수를 바탕으로 철저한 수행을 강조하였다.
⑤ 이론과 실천을 강조하는 교관겸수를 제창하였다.

길잡이 ① 선 수행과 노동에 힘쓰자고 주장한 승려를 파악한다.
② 지눌의 활동을 파악한다.

더 알아보기
중급 108p | 결사 운동과 조계종

(가)에 대한 설명으로 옳지 <u>않은</u> 것은?

길잡이 ① 태조 왕건이 연등회와 함께 강조한 국가 행사를 파악한다.
② 팔관회의 특징을 파악한다.

훈요 10조

1조 부처의 힘으로 나라를 세웠으므로, 사찰을 세우고 주지를 파견할 것
2조 도선의 풍수 사상에 따라 사찰을 세우고 함부로 짓지 말 것
……
6조 연등회와 [(가)]을(를) 소홀히 하지 말 것
……
10조 널리 경전과 역사서를 읽어 옛일을 거울 삼아 오늘을 경계할 것

① 국가와 왕실의 태평을 기원하였다.
② 여진과 송, 일본의 상인들도 참석하였다.
③ 향나무를 묻고 내세의 행운을 기원하였다.
④ 불교, 도교, 민간 신앙이 결합된 국가 행사였다.
⑤ 성종은 유교 정치를 지향하면서 이 행사를 폐지하였다.

더 알아보기
중급 107p | 불교 정책

038 귀족 문화의 발달

경향 분석 인쇄술의 발달과 대장경 간행, 상감청자를 묻는 문제가 자주 출제된다.

17회 중급

13 (가)에 대한 설명으로 옳은 것을 |보기|에서 고르면?

| 보기 |

ㄱ. 경주 불국사에 보관되어 있다.
ㄴ. 의천이 교장도감에서 조판하였다.
ㄷ. 몽고의 침입을 물리치기 위해 제작하였다.
ㄹ. 유네스코 세계 기록 유산으로 등재되었다.

① ㄱ, ㄴ　　　② ㄱ, ㄷ　　　③ ㄴ, ㄷ
④ ㄴ, ㄹ　　　⑤ ㄷ, ㄹ

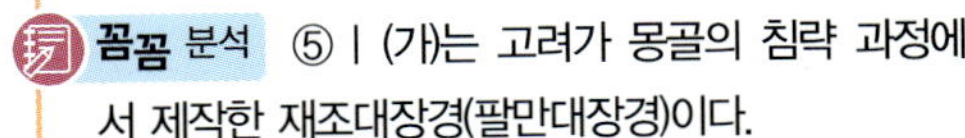

고사부의 기출 타파

꼼꼼 분석 ⑤ | (가)는 고려가 몽골의 침략 과정에서 제작한 재조대장경(팔만대장경)이다.

대구 부인사에 보관하고 있던 초조대장경의 판목이 몽골군에 의해 불타 없어지자, 최씨 정권은 민심을 모으고 부처의 힘으로 몽골군을 물리치기 위해 강화도에서 팔만대장경 조성 사업을 시작하였다. 부처의 가르침을 8만여 장의 나무판에 새겨 넣어서 팔만대장경판이라 한다. 팔만대장경판이 보존되어 있는 해인사 장경판전은 세계 문화유산으로 지정되었고, 팔만대장경판은 세계 기록유산으로 지정되었다.

오답 분석 ㄱ. 재조대장경은 합천 해인사의 장경판전에 보관하고 있다.
ㄴ. 교장에 대한 설명이다.

고사부 깐깐 정리

■ 대장경

초조대장경	현종 때 거란 격퇴 과정에서 조판, 대구 부인사 → 몽골 침입 때 소실
교장	• 의천 주도 : 송, 요의 대장경 주석서를 모아 불서 목록인 신편제종교장총록 간행 • 교장도감(흥왕사) 설치 → 몽골 침입 때 소실
재조대장경 (팔만대장경)	• 목적 : 고종 때 몽골의 침입을 불력으로 극복하고자 간행, 대장도감 설치 • 보관 : 현재 합천 해인사에 보존(유네스코 세계 기록 유산 지정)

■ 공예, 회화

자기	• 11세기 : 비색 순청자 • 12세기 중엽 : 상감청자 → 원 간섭기 이후 퇴조
금속 공예	은입사 기술의 발달, 청동은입사포류수금문정병
서예	구양순체(전기) → 송설체(후기)
회화	천산대렵도(공민왕), 관음보살도(혜허), 부석사 조사당 벽화

다음 설명에 해당하는 인쇄물로 옳은 것은?

> • 인종 때 최윤의 등이 유교 의례에 관해 펴낸 책
> • 세계 최초의 금속 활자본으로 추정되나 지금은 전하지 않음.
> • 이규보의 동국이상국집에 1234년 금속 활자로 이 책을 찍어 냈다는 기록이 있음.

① 속장경
② 초조대장경
③ 직지심체요절
④ 상정고금예문
⑤ 무구정광대다라니경

길잡이 ① 세계 최초의 금속 활자 인쇄물을 파악한다.
② 고려 시대 인쇄술의 발달상을 파악한다.

더 알아보기
중급 112p | 인쇄술의 발달

길잡이 ① 이규보의 동명왕편의 저술 시기를 파악한다.
② 고려 시대 문화유산의 제작 시기를 파악한다.

더 알아보기
중급 114p | 청자와 공예

다음 글이 저술된 시기에 제작된 문화유산으로 옳은 것은?

> 계축년 4월 구삼국사(舊三國史)를 구해 보니 그 안에 동명왕 본기가 있었는데, 신비로운 사적이 세상에 알려진 것보다 훨씬 더 많았다. 여러 번 거듭 읽으면서 참 뜻을 파악하고 그 근원을 찾아보니, 이것은 황당한 것이 아니요 성스러운 것이며, 괴상한 것이 아니라 신비스러운 것이었다.

①  
② 
③ 
④ 
⑤ 

039 불교문화의 발달

경향 분석 목조 건축물, 불탑과 승탑의 변화, 불상의 특징을 묻는 문제가 자주 출제되고 있다.

17회 중급

고사부의 기출 타파

14 (가)~(다)를 제작한 순서대로 옳게 나열한 것은?

(가)	(나)	(다)

월정사 8각 9층 석탑	감은사지 3층 석탑	원각사지 10층 석탑

① (가) – (나) – (다)
② (가) – (다) – (나)
③ (나) – (가) – (다)
④ (나) – (다) – (가)
⑤ (다) – (가) – (나)

꼼꼼 분석 (가) 송의 영향을 받은 월정사 8각9층 석탑은 고려 초기에 제작되었다.
(나) 감은사지 3층 석탑은 통일 신라의 신문왕 때 만들어졌다.
(다) 원각사지 10층 석탑은 조선 세조 때 조성되었다.

고사부 깐깐정리

■ 건축과 조각, 인쇄술

건축	• 주심포 양식 : 안동 봉정사 극락전(현존 최고), 영주 부석사 무량수전, 예산 수덕사 대웅전 • 다포 양식 : 고려 말~조선시대, 황주 성불사 응진전
탑	평창 월정사 8각 9층탑(전기) → 경천사 10층 석탑(후기)
불상	• 광주 춘궁리 철불(초기), 논산 관촉사 석조 미륵보살 입상(초기) • 영주 부석사 소조 여래 좌상(대표적 불상)
인쇄술	• 목판 인쇄술 : 팔만대장경(대표적) • 금속 활자 : 상정고금예문(1234), 직지심체요절(1377, 현존 최고)

다음 자료의 밑줄 친 ㉠에 해당하는 불상으로 적절한 것은?

> 이 시대의 불상은 시기와 지역에 따라 독특한 모습을 보였다. 초기에는 대형 철불이 많이 조성되었으며, 사람이 많이 다니는 길목에는 ㉠지역 특색이 잘 드러난 거대한 불상도 조성되었다. 또 신라 시대의 양식을 계승한 불상도 제작되었다.

| 보기 |

| ㄱ | ㄴ | ㄷ | ㄹ |

부석사 소조 여래 좌상 / 논산 관촉사 석조 미륵보살 입상 / 광주 춘궁리 철불 / 파주 용미리 이불 입상

① ㄱ, ㄴ ② ㄱ, ㄷ ③ ㄴ, ㄷ ④ ㄴ, ㄹ ⑤ ㄷ, ㄹ

길잡이 ① 고려 시대에 조성된 불상의 특징을 파악한다.

더 알아보기
중급 113p | 건축과 조각

길잡이 ① 고려 시대에 제작된 불탑의 특징을 파악한다.

(가), (나)에 대한 설명으로 옳은 것을 |보기|에서 고른 것은?

(가) (나)

| 보기 |

ㄱ. (가) – 송의 영향을 받은 다각다층탑이다.
ㄴ. (가) – 원각사지 10층 석탑에 영향을 주었다.
ㄷ. (나) – 현재 경복궁에 복원된 모습이 남아 있다.
ㄹ. (나) – 원의 석탑 양식을 모방하였으며 대리석으로 만들었다.

① ㄱ, ㄴ ② ㄱ, ㄷ ③ ㄱ, ㄹ ④ ㄴ, ㄷ ⑤ ㄴ, ㄹ

더 알아보기
중급 113p | 건축과 조각

IV

한국 근세사

040 조선의 건국

경향 분석 정도전과 조선 초기 국왕들의 업적을 물어보는 문제는 빠지지 않고 출제된다.

19회 중급

고사부의 기출 타파 

01 (가)에 들어갈 인물의 정책으로 옳은 것을 |보기|에서 고른 것은?

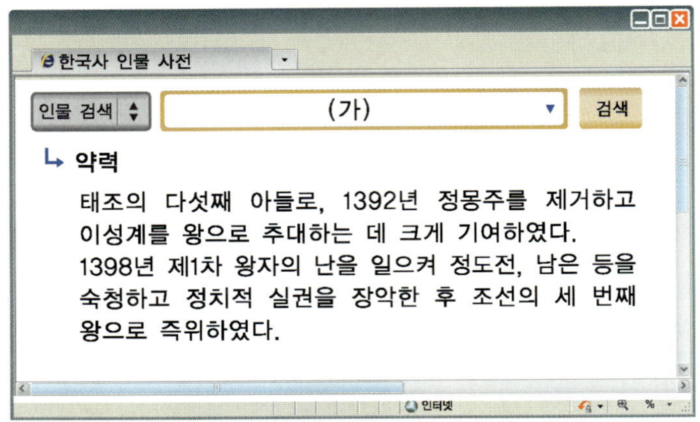

| 보기 |

ㄱ. 속대전 편찬　　　　ㄴ. 호패법 시행
ㄷ. 장용영 설치　　　　ㄹ. 6조 직계제 실시

① ㄱ, ㄴ　　　② ㄱ, ㄷ　　　③ ㄴ, ㄷ
④ ㄴ, ㄹ　　　⑤ ㄷ, ㄹ

꼼꼼 분석 ④ | (가)에 들어갈 인물은 이성계의 다섯째 아들이자 조선의 세 번째 국왕인 이방원(태종)이다. 태종은 왕권 강화를 위해 6조 직계제를 실시하고, 백성의 통제를 위해 호패법을 실시하였다.

오답 분석 ㄱ. 영조
ㄷ. 정조

고사부 깐깐정리

■ **15세기의 정치 발전**

태조	• 정도전, 조준 등 재상들이 활약 • 정도전(왕조의 설계자) : 재상 정치론, "조선경국전", "불씨잡변" 저술
태종	• 왕권 강화 : 외척 제거, 사간원 독립, 6조 직계제 • 재정 확충 : 양전 사업, 사원 토지 몰수, 호패법 실시
세종	• 집현전 설치, 의정부 서사제(왕권과 신권의 조화) • 유교식으로 오례 거행, 주자가례 장려, '해동의 요순'
세조	• 계유정난으로 권력 장악, 6조 직계제 • 집현전과 유향소 폐지
성종	• 홍문관 설치, 경연 활성화 • 경국대전 완성

밑줄 친 '내'가 추진한 정책으로 옳은 것은?

> 상왕이 어려서 무릇 조치하는 바는 모두 김종서 등에게 맡겨 논의, 시행하였다. 지금 <u>내</u>가 명을 받아 왕통을 계승하여 군국 서무를 아울러 모두 처리하며, 조종의 옛 제도를 모두 복구한다. 지금부터 형조의 사형수를 제외한 모든 서무는 6조가 각각 그 직무를 담당하여 직계한다.

① 사병을 혁파하였다.
② 홍문관을 설치하였다.
③ 직전법을 실시하였다.
④ 경국대전을 반포하였다.
⑤ 혼일강리역대국도지도를 만들었다.

길잡이 ① 6조 직계제를 실시한 국왕을 파악한다.
② 세조가 추진한 정책을 파악한다.

더 알아보기
중급 121p | 문물제도의 정비

다음 자료의 (가)에 들어갈 왕의 업적으로 옳지 <u>않은</u> 것은?

길잡이 ① 훈민정음을 창제한 국왕을 파악한다.
② 세종의 업적을 파악한다.

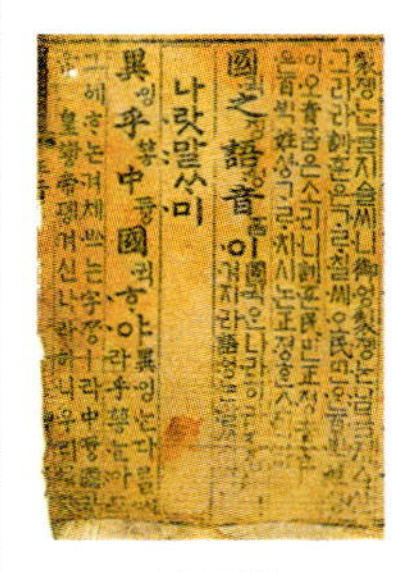

훈민정음

유네스코에서는 해마다 세계 각국의 모국어 발전과 보급에 기여한 사람이나 단체에게 □ (가) □ 대왕 문해상을 주고 있다.
이 상은 한글 창제에 담긴 숭고한 정신을 기리고 전 세계에서 문맹 퇴치를 위해 힘쓰는 이들을 격려하기 위해 대한민국 정부가 지원하여 1989년에 제정되었다.

① 한양으로 천도하였다.
② 집현전을 설립하였다.
③ 측우기를 제작하였다.
④ 농사직설을 편찬하였다.
⑤ 역법서인 칠정산을 만들었다.

더 알아보기
중급 121p | 문물제도의 정비

041 사림 정치

 **경향 분석** 사림의 정치적 지향과 활동, 그리고 사화를 묻는 문제가 번갈아 출제된다.

 **고사부의 기출 타파**

02 (가)에 들어갈 인물에 대한 설명으로 옳은 것은?

① 한전론을 주장하였다.
② 성학십도를 저술하였다.
③ 동국지도를 제작하였다.
④ 현량과 실시를 건의하였다.
⑤ 백운동 서원을 건립하였다.

꼼꼼 분석 ④ | 자료에서 검색한 인물은 조광조이다. 중종에 의해 중용된 조광조는 훈구 공신을 견제하기 위해 위훈 삭제를 주장했고, 사림 등용을 위해 추천제인 현량과를 실시하게 하였다. 또한 유교 중심 정치를 위해 초제(도교 행사)를 지냈던 소격서를 폐지하였다.

오답 분석 ① 이익, 박지원
② 이황
③ 정척과 양성지(조선 전기), 정상기(조선 후기)
⑤ 주세붕

고사부 깐깐 정리

■ 16세기의 정치 발전

연산군	• 경연 폐지, 언론 활동 억압 • 두 차례 사화 : 무오사화(1498), 갑자사화(1504)
중종	조광조의 개혁 : 현량과 실시, 소격서 폐지, 위훈 삭제 주장 → 기묘사화(1519)
명종	을사사화(1545) 이후 척신 정치
선조	• 사림의 정치 주도 • 이조 전랑 문제로 붕당 발생(동인과 서인)

■ 훈구파와 사림파

훈구파	사림파
중앙 집권과 부국 강병 추구	왕도 정치와 향촌 자치 추구
대농장(부재 지주)	중소 지주(재지 지주)
• 사장 중시, 불교 · 도교 포용 • 집현전 출신	• 경학 중시, 성리학 이외 학문 배격 • 서원 출신

다음 연표의 (가)~(마) 시기에 있었던 사실로 옳지 <u>않은</u> 것은?

1470	1498	1504	1519	1545	1592(년)
(가)	(나)	(다)	(라)	(마)	
성종 즉위	무오사화	갑자사화	기묘사화	을사사화	임진왜란

① (가) – 김종직과 그 문인들이 중앙에 대거 진출하였다.
② (나) – 중종반정으로 연산군이 쫓겨났다.
③ (다) – 조광조가 급진적인 개혁을 추진하였다.
④ (라) – 윤원형 일파의 소윤과 윤임 일파의 대윤이 대립하였다.
⑤ (마) – 동인과 서인이라는 붕당이 형성되었다.

길잡이 ① 조선 전기에 일어난 사화의 배경과 결과를 파악한다.

더 알아보기
중급 128p | 사림의 정치적 성장

다음 글의 밑줄 친 부분에 해당하는 사람들에 대해 바르게 설명한 것은?

길잡이 ① 김종직을 필두로 중앙 정계에 진출한 세력을 파악한다.
② 사림 세력과 훈구 세력의 특징을 구분한다.

> 역사를 담당하는 관리가 논평한다. "김종직은 경상도 사람이다. 학문이 뛰어나고, 문장을 잘 지으며, 가르치기를 즐겼다. 그에게 배워 과거에 급제한 사람이 많았다. 경상도 선비로 조정에 벼슬하는 사람들은 그를 우두머리로 모셨다. 스승은 제자를 칭찬하고 제자는 제 스승을 칭찬하는 것이 정도에 지나쳤다. 조정에 새로 진출한 무리는 그른 것을 깨닫지 못하고 함께 어울리는 자가 많았다. 그 때 사람들이 이를 비판하여 '경상도 선배 무리'라고 하였다."
>
> – 《성종실록》 –

| 보기 |

ㄱ. 왕조 초기 문물제도 정비에 기여하였다.
ㄴ. 사초 문제를 빌미로 일어난 사화 때 제거되었다.
ㄷ. 관학파 학풍을 계승하여 부국강병을 추구하였다.
ㄹ. 도덕과 의리를 바탕으로 하는 왕도 정치를 강조하였다.

① ㄱ, ㄴ　　② ㄱ, ㄷ　　③ ㄴ, ㄷ　　④ ㄴ, ㄹ　　⑤ ㄷ, ㄹ

더 알아보기
중급 128p | 사림의 정치적 성장

042 조선의 중앙 정치 기구

경향 분석 조선의 중앙 정치 기구의 역할과 언론 활동을 알아보는 문제의 출제 비율이 높다.

20회 중급

고사부의 기출 타파

03 (가)에 대한 설명으로 옳은 것은?

조선 시대의 중앙 정치 조직

해당 기구	최고 관직
(가)	영의정
6조	판서
승정원	도승지
한성부	판윤

① 경연을 담당하였다.
② 역사서 편찬을 담당하였다.
③ 수도의 행정과 치안을 담당하였다.
④ 국정을 총괄하며 합의제로 운영되었다.
⑤ 국왕 직속 사법 기구로 왕권 강화에 기여하였다.

꼼꼼 분석 ④ | 최고 관직이 영의정인 것을 통해 (가) 기구는 의정부임을 알 수 있다. 의정부는 국정을 총괄하며 산하 행정 기관인 6조의 고관과 회의를 통해 정책을 추진하였다.

오답 분석 ① 홍문관, ② 춘추관, ③ 한성부, ⑤ 의금부

고사부 깐깐정리

■ 조선의 중앙 정치 기구

기구		역할	
의정부		국정 총괄	
6조		일반 행정 사무	
승정원		왕명 출납(왕의 비서 기구)	왕권 강화
의금부		왕의 특명에 의해 죄인 심판	
3사	홍문관	학술, 정책 결정 자문, 경연 담당	
	사헌부	감찰	(양사 = 대간) 서경권 행사
	사간원	간쟁	
춘추관		역사 편찬	
한성부		서울의 행정과 치안 담당	

■ 특징

- 왕권과 신권의 조화 추구
- 재상 합의제(의정부) 발달
- 언론 및 학술 중시

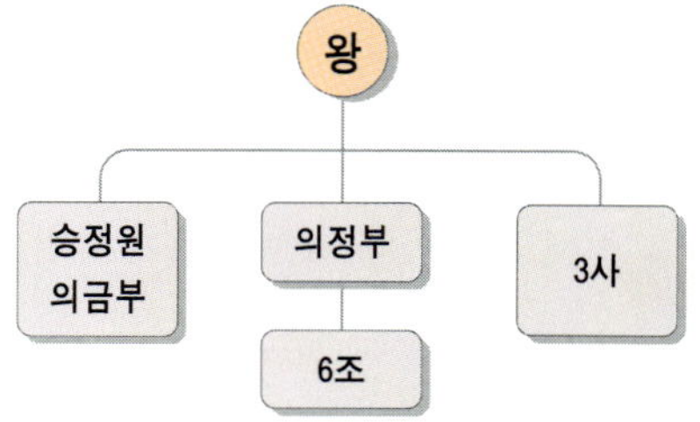

(가)에 들어갈 정치 기구에 대한 설명으로 옳은 것은?

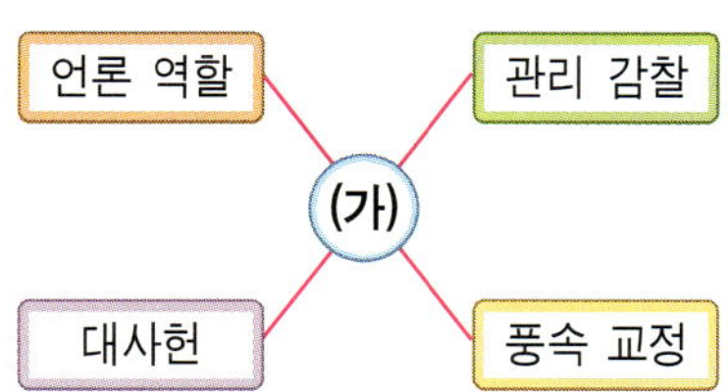

① 서경권을 행사하였다.
② 실록 편찬을 담당하였다.
③ 조선 시대의 국립 대학 역할을 하였다.
④ 교육과 외교를 담당하는 주무 기관이었다.
⑤ 주요 담당 기능이 후에 홍문관으로 이어졌다.

길잡이 ① 언론 기관으로서 관리 감찰과 풍속 교정을 담당한 기구를 파악한다.
② 사헌부의 관원이 가졌던 권한을 파악한다.

더 알아보기
중급 124p | 중앙 정치 체제

(가)~(다)에 들어갈 관청 이름이 올바른 것은?

> ___(가)___ 은(는) 정치를 논평하여 바르게 이끌고 모든 관원을 감찰하며, 풍속을 바로잡고 원통하고 억울한 일을 밝히며, 외람된 행위와 허위의 언동을 금지하는 등의 일을 관장한다.
> ___(나)___ 은(는) 임금에게 바른말을 하고, 정치의 잘못을 따져 지적하는 일을 관장한다.
> ___(다)___ 은(는) 궁궐 내의 경서와 사적을 관장하고, 문장 등을 다스리며, 왕의 자문에 대비한다.

	(가)	(나)	(다)
①	사간원	사헌부	홍문관
②	사간원	홍문관	사헌부
③	사헌부	사간원	홍문관
④	사헌부	홍문관	사간원
⑤	홍문관	사간원	사헌부

길잡이 ① 조선 시대 언론 기관의 역할을 구분한다.

더 알아보기
중급 124p | 중앙 정치 체제

043 지방 통치와 관리 등용 제도

경향 분석 지방 행정과 관리 등용 제도는 고려 시대와 조선 시대를 비교하는 문제가 자주 출제된다.

18회 중급

고사부의 기출 타파

04 (가), (나) 시대의 지방 통치에 대한 설명으로 옳은 것을 |보기|에서 고른 것은?

(가)

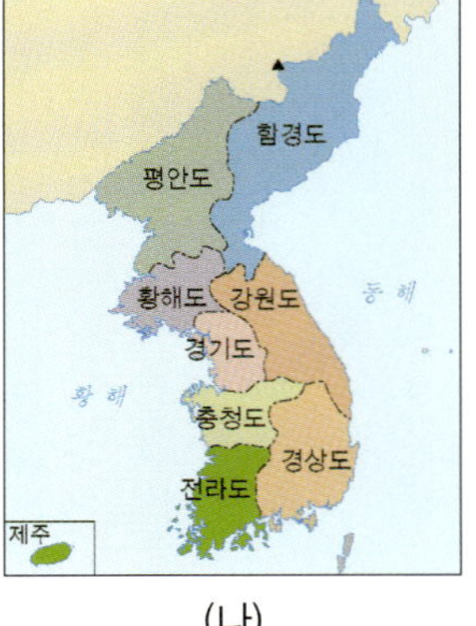

(나)

| 보기 |

ㄱ. (가) – 모든 군현에 수령이 파견되었다.
ㄴ. (가) – 특수 행정 구역인 향, 부곡, 소가 있었다.
ㄷ. (나) – 지방에 소경을 설치하였다.
ㄹ. (나) – 향리가 수령을 보좌하여 지방 행정 실무를 맡았다.

① ㄱ, ㄴ　② ㄱ, ㄷ　③ ㄴ, ㄷ　④ ㄴ, ㄹ　⑤ ㄷ, ㄹ

꼼꼼 분석　④ | (가)는 고려, (나)는 조선 시대의 지방 행정 구역을 나타낸 지도이다.

고려 시대에는 지방을 5도와 양계, 경기로 구분해 이원적인 통치를 하였다. 특수 행정 구역인 향·소·부곡 등이 있었는데 거주 이전의 자유가 없었고, 일반 현에 비해 조세와 공물의 부담이 컸다.

조선 시대에는 전국을 8도로 나누어 모든 군현에 지방관을 파견해 중앙 집권 체제를 완성시켰다. 또한 향리의 지위는 약화되어 지방관을 보좌하는 역할로 축소되었다.

오답 분석　ㄱ. 지방관이 파견되는 주현과 그렇지 않은 속현이 있었다.
ㄷ. 소경은 신라의 지방 행정 구역이다.

고사부 깐깐정리

■ 지방 행정 조직

중앙 집권의 강화	• 향·소·부곡 폐지, 모든 군현에 지방관 파견(속현 폐지) • 수령의 권한 강화(지방의 행정, 사법, 군사권 장악) • 향리를 세습 아전직으로 격하
향촌 사회의 운영	• 유향소 : 지방 양반으로 구성 → 수령 보좌, 향리 규찰, 풍속 교정 • 경재소 : 유향소와 정부 사이의 연락 기능 담당, 유향소 통제

■ 관리 등용 제도

과거	• 종류 : 문과, 무과, 잡과 • 응시 자격 : 원칙적으로 양인 이상이면 응시 가능(문과의 경우 탐관오리의 아들, 재가한 여자의 자손, 서얼 등은 금지) • 실시 시기 : 식년시(3년 단위), 부정기 시험(증광시, 알성시)
기타	음서(고려보다 제한적), 천거(고관 추천)
인사 관리 제도	상피제, 서경 제도, 근무 성적 평가 제도

조선 시대 다음과 같은 임무를 수행한 관리에 대한 설명으로 옳은 것은?

> 첫째, 농업을 발전시킬 것
> 둘째, 유교 경전 등의 교육을 진흥할 것
> 셋째, 법을 잘 지켜 백성에게 올바름을 보일 것
> 넷째, 간사하고 교활한 무리를 제거할 것
> 다섯째, 때맞추어 군사 훈련을 실시하고 군기를 엄정히 할 것
> 여섯째, 백성을 편히 하고 호구를 늘릴 것
> 일곱째, 부역을 공평하고 균등하게 부과할 것

┤ 보기 ├
ㄱ. 지방 행정 실무를 보좌하였다.
ㄴ. 임기제와 상피제가 적용되었다.
ㄷ. 관찰사의 지휘와 감독을 받았다.
ㄹ. 유향소에서 양반들에 의해 선출되었다.

① ㄱ, ㄴ   ② ㄱ, ㄷ   ③ ㄴ, ㄷ   ④ ㄴ, ㄹ   ⑤ ㄷ, ㄹ

길잡이 ① 수령 7사의 내용을 파악한다.
② 관찰사, 수령, 향리, 유향소의 역할을 구분한다.

더 알아보기
중급 124p | 지방 행정 조직

교사의 질문에 대한 학생의 대답으로 옳지 <u>않은</u> 것은?

길잡이 ① 조선 시대 과거제의 특징을 떠올린다.
② 과거제의 각 단계별 특이점을 구별한다.

① 갑 – 서얼은 문과 응시가 금지되었어요.
② 을 – 정기 시험은 3년마다 시행되었어요.
③ 병 – 무과보다 문과 합격자를 우대하였어요.
④ 정 – 과거를 보지 않으면 관리가 될 수 없었어요.
⑤ 무 – 소과 합격생은 성균관에 들어갈 수 있었어요.

더 알아보기
중급 125p | 관리 등용 제도

044 조선과 일본의 관계

경향 분석 조선의 대외 관계 기본 방침을 파악하고 임진전쟁의 전개와 영향을 정리해 둔다.

18회 중급

고사부의 기출 타파

05 (가)~(마)에 들어갈 내용으로 옳은 것은?

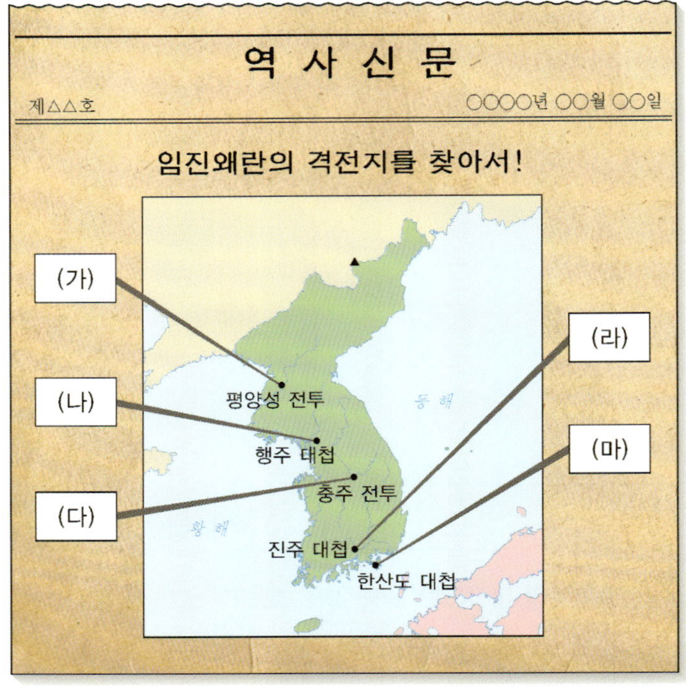

① (가) – 조·명 연합군, 승전으로 유리한 전세 확보!
② (나) – 신립 장군, 배수진 치고 왜군에 맞서!
③ (다) – 김시민 장군, 왜군 물리치고 장렬히 전사!
④ (라) – 이순신 장군, 뛰어난 전술로 왜군 물리쳐!
⑤ (마) – 권율 장군, 왜군에 기념비적인 승리 거둬!

꼼꼼 분석 ① | (가) 평양성 전투(1593. 1) : 조·명 연합군이 평양성을 탈환해 임진전쟁은 새로운 국면에 접어들었다.

(나) 행주 대첩(1593. 2) : 권율이 관군과 민간인을 이끌고 일본군을 물리쳤다.

(다) 충주 전투(1592. 4) : 탄금대에서 배수진을 친 신립의 군대를 일본군이 격파한 전투이다. 제승방략 체제의 문제점을 보여 주었다.

(라) 진주 대첩(1592. 10) : 임진 전쟁의 3대첩 중 하나이다. 김시민이 활약하였다.

(마) 한산도 대첩(1592. 7) : 이순신의 활약으로 남해의 제해권을 장악해 일본의 수륙 병진 작전을 무산시켰다.

오답 분석 ② (다), ③ (라), ④ (마), ⑤ (나)

고사부 깐깐 정리

■ 대외 관계와 양난의 극복

15세기	여진	무역소(경성, 경원)설치, 4군과 6진 개척, 북방 사민 정책
	일본	대마도 정벌(이종무), 제한된 무역 허용(삼포 개항, 계해약조)
임진왜란		• 일본군의 침입 → 의주로 피난, 명의 원병 → 반격(평양성 탈환) • 수군(한산도 대첩, 명량대첩)과 의병의 활약
17세기		• 국교 재개 : 왜관 설치(1607), 기유약조 체결(1609) • 통신사 파견 : 외교 사절이자 조선의 선진 학문과 기술 전파

다음 자료와 관련된 전쟁에 대한 설명으로 옳지 <u>않은</u> 것은?

> 고개를 돌려 도성 안을 바라보니 남대문 안 큰 창고에서 불이 일어나 연기가 이미 하늘에 치솟았다. …… 벽제관에 이르니 비가 더 심하게 내려 일행이 다 비에 젖었다. …… 한 사람이 밭에서 바라보고 통곡하며 말하기를 "나랏님이 우리를 버리고 가시면 우리는 누구를 믿고 삽니까?"라고 하였다. 임진강에 이르러서도 비는 그치지 않았다.
>
> – 《징비록》 –

① 인조가 삼전도에서 청군에 항복하였다.
② 고경명 등 의병들이 각지에서 활약하였다.
③ 불국사, 실록 등 귀중한 문화재가 소실되었다.
④ 조선의 성리학자와 도공 등이 일본에 끌려갔다.
⑤ 명이 쇠퇴하고 여진족이 성장하는 계기가 되었다.

길잡이 ① 자료는 임진전쟁 때 선조가 의주로 피난하는 상황임을 파악한다.
② 임진전쟁의 전개 과정과 영향을 파악한다.

더 알아보기
중급 132p | 왜군의 침략

길잡이 ① 자료가 통신사 행렬과 이동 경로임을 파악한다.
② 통신사의 파견 과정과 역할을 파악한다.

다음 자료의 외교 사절에 관한 설명으로 옳은 것을 |보기|에서 고른 것은?

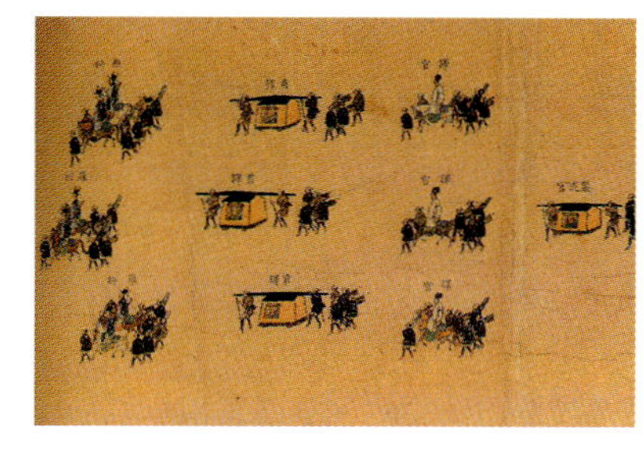

| 보기 |
ㄱ. 새해, 동지 등에 정기적으로 파견되었다.
ㄴ. 에도 막부가 사절의 파견을 요청하였다.
ㄷ. 조선의 선진 문화를 일본에 전파하는 역할을 하였다.
ㄹ. 울릉도와 독도가 조선의 영토임을 확인시키고 돌아왔다.

① ㄱ, ㄴ　　② ㄱ, ㄷ　　③ ㄴ, ㄷ　　④ ㄴ, ㄹ　　⑤ ㄷ, ㄹ

더 알아보기
중급 135p | 대일 국교 재개와 통신사 파견

045 조선과 여진(청)의 관계

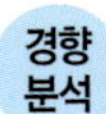

경향 분석 병자호란의 전개 과정과 영향을 정리해 둔다. 또 광해군의 중립 외교에 관한 부분을 묻는 문제가 자주 출제된다.

19회 중급

고사부의 기출 타파

06 (가) 전쟁의 결과로 옳은 것은?

○○신문

제△△호   ○○○○년 ○○월 ○○일

남한산성의 역사적 발자취를 찾아서

남한산성은 북한산성과 함께 한양 도성을 지키기 위해 쌓은 산성이다. 1624년(인조 2)부터 4개의 성문과 행궁 등 주요 시설이 만들어짐에 따라 현재의 모습을 갖추게 되었다. ┌─(가)─┐ 때 인조는 이곳으로 피난하였다가 항복한 후 삼전도에서 굴욕을 당하였다.

① 비변사가 설치되었다.
② 청과 군신 관계를 맺게 되었다.
③ 황룡사 9층 목탑이 소실되었다.
④ 수도를 강화도에서 개성으로 옮겼다.
⑤ 일본과 기유약조를 맺고 국교를 재개하였다.

꼼꼼 분석 ② | 자료의 남한산성은 병자호란 때 인조가 청군을 맞아 항전한 장소이다. 병자호란 이후 청과 조선은 군신 관계를 맺었고, 소현 세자와 봉림 대군 등은 인질로 청에 끌려갔다.

오답 분석 ① 삼포왜란을 계기로 비변사가 설치되었다.
③ 고려 시대 몽골의 침략으로 황룡사 9층 목탑, 초조대장경이 소실되었다.
④ 고려 시대 최씨 정권은 몽골과의 항전을 위해 개성에서 강화도로 천도하였다.
⑤ 임진전쟁 이후 일본의 요청에 따라 기유약조를 체결해 국교를 재개하였다.

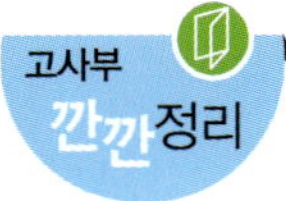

고사부 깐깐 정리

■ 대외 관계와 양난의 극복

17세기	광해군	명과 후금 사이의 중립 외교
	정묘호란	서인 정권의 친명 배금 정책 → 형제 관계를 맺고 강화
	병자호란	청의 군신 관계 요구 거부 → 청의 침략, 남한산성에서 항전 → 항복
	효종	북벌 운동 전개
18세기	북학론	청의 선진 문물 수용 주장, 홍대용·박지원 등 북학파 실학자 등장

(가)에 대한 조선 정부의 정책으로 옳은 것을 |보기|에서 고른 것은?

- 윤관이 왕에게 아뢰기를, "제가 전일에 패한 원인은 (가) 은(는) 말을 탔고, 우리는 보행으로 전투한 까닭에 대적할 수가 없었던 것입니다." 이때부터 비로소 별무반을 만들기로 결정하였다.
- 이 지역은 본래 우리 땅이었는데 중간에 (가) 에게 점거되었다. 태조가 이 지역에 처음으로 부를 설치하였다. 태종 때 (가) 이(가) 침입해 와서 백성들을 경성군으로 옮기고 그 땅은 비워 두었다. 세종 때 정벌하여 회복하였다.

┤ 보기 ├
ㄱ. 세종 때 근거지인 쓰시마 섬을 토벌하였다.
ㄴ. 무역소를 설치하여 국경 무역을 허용하였다.
ㄷ. 김종서, 최윤덕 등이 4군과 6진을 설치하였다.
ㄹ. 정도전이 군사 훈련을 실시하여 정벌을 추진하였다.

① ㄱ, ㄴ   ② ㄱ, ㄷ   ③ ㄴ, ㄷ   ④ ㄴ, ㄹ   ⑤ ㄷ, ㄹ

길잡이 ① 윤관이 정벌을 추진한 세력이 여진족임을 파악한다.
② 조선 정부가 여진족에 대해 취한 정책을 파악한다.

더 알아보기
중급 130p | 여진과의 관계

밑줄 친 '왕'에 대한 설명으로 옳은 것은?

왕은 기미년에 오랑캐를 정벌할 때 은밀히 장수를 시켜 동태를 보아 행동하게 하여 끝내 전군이 오랑캐에게 투항함으로써 추한 소문이 사해에 펼쳐지게 하였다. …… 황제가 자주 칙서를 내려도 구원병을 파견할 생각을 하지 않아 예의의 나라인 삼한으로 하여금 오랑캐와 금수가 됨을 면치 못하게 하였으니, 그 통분함을 어찌 이루다 말할 수 있겠는가.
– 《인조실록》 –

① 계해약조를 맺어 일본과 교역하였다.
② 나선 정벌에 조총 부대를 파견하였다.
③ 청을 정벌하자는 북벌 운동을 전개하였다.
④ 명과 후금 사이에서 중립 외교를 추진하였다.
⑤ 백두산 정계비를 세워 청과 국경을 확정하였다.

길잡이 ① 강홍립이 후금에 투항한 배경을 파악한다.
② 광해군이 추진한 외교 정책을 파악한다.

더 알아보기
고급 136p | 호란과 북벌 운동

046 조선 전기의 경제 정책

경향 분석 조선 전기 수취 제도의 정비와 토지 제도의 변화 과정을 묻는 문제는 빠지지 않고 출제된다.

고사부의 기출 타파

18회 중급

07 (가)에 들어갈 제도에 대한 설명으로 옳은 것은?

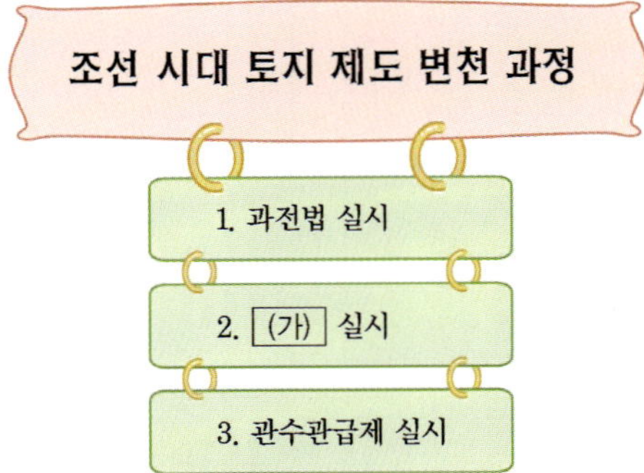

① 전지와 시지를 각각 지급하였다.
② 현직 관리에게만 과전을 지급하였다.
③ 노동력의 징발을 법적으로 보장하였다.
④ 인품과 관품에 따라 차등을 두어 지급하였다.
⑤ 관청에서 직접 세금을 거두어 관리에게 나누어 주었다.

꼼꼼 분석 ② | (가)는 현직 관리에게만 수조권을 지급한 직전법이다. 과전법 아래에서 관료에게 지급할 과전이 부족해지자 직전법을 시행하였으며, 수신전과 휼양전도 폐지되었다.

오답 분석 ① 고려 전시과
③ 신라의 녹읍과 식읍
④ 시정 전시과
⑤ 관수 관급제

고사부 깐깐 정리

■ 수취 제도

토지세	• 초기(과전법) : 수확량의 1/10부과(최고 30두) • 세종 때 공법 실시 : 전분6등법(토지 비옥도), 연분9등법(풍흉에 따라 4~20두)
공납	중앙 관청에서 군현에 물품과 액수 할당 → 가호 단위로 토산물 징수
역	16세 이상의 남자에게 부과(군역)

■ 과전법의 변화

과전법(1391)	직전법(세조)	직전법(성종, 관수관급제)	직전법 폐지(명종)
1. 전·현직 관리	1. 현직 관리	1. 국가가 수조 대행	1. 녹봉제 실시
2. 수신전, 휼양전 세습	2. 수신전, 휼양전 폐지	2. 국가의 토지 지배력 강화	2. 결과 : 사적 소유 확대

다음 대화에 나타난 문제점을 해결하기 위해 시행한 정책에 대한 설명으로 옳은 것을 |보기|에서 고른 것은?

| 보기 |

ㄱ. 시행 결과 국가의 토지 지배권이 강화되었다.
ㄴ. 전 · 현직 관리 모두에게 수조권을 지급하였다.
ㄷ. 관청에서 조세를 수취하여 관리에게 나누어 주었다.
ㄹ. 관리에게 주던 수조권을 폐지하고 녹봉만을 지급하였다.

① ㄱ, ㄴ　　② ㄱ, ㄷ　　③ ㄴ, ㄷ　　④ ㄴ, ㄹ　　⑤ ㄷ, ㄹ

길잡이 ① 현직 관리가 조세를 과다 수취한 배경을 파악한다.
② 관수관급제의 영향을 파악한다.

더 알아보기
중급 139p | 과전법의 시행과 변화

다음 자료와 관련 있는 제도에 대한 설명으로 옳은 것은?

길잡이 ① 지도가 조선 시대 조운로를 표시한 것임을 파악한다.

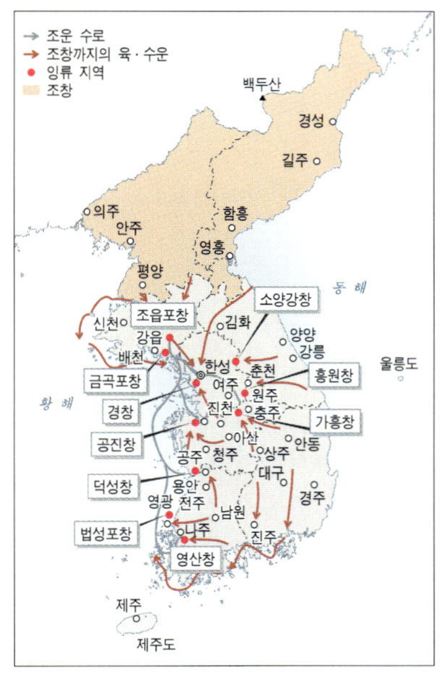

① 조선 시대에 처음 실시되었다.
② 상평창에서 운영을 전담하였다.
③ 30리 간격으로 역을 설치하고 역졸을 배치하였다.
④ 현물로 받은 조세를 서울로 운반하기 위한 제도였다.
⑤ 국경 지대에서 발생한 위급 상황을 중앙에 신속히 전달하였다.

더 알아보기
중급 143p | 토지세의 변화

047 조선 전기의 경제 활동

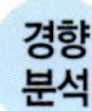

경향 분석 조선 전기의 경제 활동을 알아보는 문제는 농업 기술의 발달과 농민 생활 안정책이 자주 출제된다.

19회 중급

고사부의 기출 타파

08 다음 자료에 대한 설명으로 옳은 것을 |보기|에서 고른 것은?

풍토에 따라 농법이 다르기 때문에 이미 간행된 중국의 농서가 우리의 실정에 맞지 않습니다. 그러므로 각도 감사에게 명하여 각지의 나이 많은 농부들에게 물어 보아 각자 경험한 바를 자세히 듣고, 보고하게 하였습니다. 이를 수집하여 중요한 것을 뽑아 한 편의 책을 만들었습니다.

농사직설

보기

ㄱ. 세종 때에 편찬되었다.
ㄴ. 담배와 인삼 재배법이 소개 되었다.
ㄷ. 농민의 실제 경험을 종합하여 편찬되었다.
ㄹ. 원의 농법이 고려에 들어오는 계기가 되었다.

① ㄱ, ㄴ   ② ㄱ, ㄷ   ③ ㄴ, ㄷ
④ ㄴ, ㄹ   ⑤ ㄷ, ㄹ

꼼꼼 분석 ② | 세종 때 편찬 된 《농사직설》은 중국의 화북 농법을 수용하면서 전국 농민의 실제 경험을 반영한 농서이다. 처음으로 우리나라 기후 풍토에 맞는 독자적인 농법을 정리한 책이라는 의의를 가진다.

오답 분석 ㄴ. 담배는 조선 후기에 전래되었다. ㄹ. 《농상집요》에 대한 설명이다.

고사부 깐깐 정리

■ 조선 전기의 경제 활동

양반	경제 기반	과전, 녹봉, 사유지와 노비
농민 생활	농업 기술	• 2년 3작이 널리 보급, 남부 지방에 모내기법 실시 • 시비법(밑거름, 덧거름) 발달로 휴경지 소멸 • 농서 간행(농사직설, 금양잡록)
	농민 생활 안정	• 구황 방법 보급(구황촬요) • 농민 통제 : 호패법, 오가작통법
수공업	관영 수공업	공장안에 장인을 등록시켜 관청 수요품 제작
상업	시전	• 왕실이나 관청에 물품을 공급하는 대신 특정 상품에 대한 독점 판매권 부여 • 경시서(평시서)에서 불법적인 상행위 감독
	장시	16세기 전국으로 확대, 보부상의 활약
	화폐	저화, 조선통보 보급 → 유통 부진
	무역	명(사신 왕래 시 공무역과 사무역), 여진(무역소), 일본(왜관 무역)

다음 글의 밑줄 친 '이 상인'에 대한 설명으로 옳은 것은?

이 상인은 떠돌아다니며 장사 하는 봇짐장수와 등짐장수를 말한다. 외롭고 힘든 생활을 했기 때문에 서로 결집력이 강했으며, 자신들의 이익을 지키고 단결을 굳게 하기 위하여 조직을 만들어 활동하기도 하였다.

① 전국에 송방을 두었다.
② 대동법 실시 이후 등장하였다.
③ 금융업, 숙박업에 주로 종사하였다.
④ 난전을 단속할 수 있는 권리를 가졌다.
⑤ 여러 장시를 하나의 유통망으로 연계시켰다.

길잡이 ① 설명과 그림을 통해 보부상임을 파악한다.
② 보부상의 활동을 파악한다.

더 알아보기
중급 141p | 상업과 무역 활동

다음 자료가 편찬되었을 당시의 모습으로 옳은 것을 |보기|에서 고른 것은?

길잡이 ① 농사직설, 금양잡록이 편찬된 시기를 파악한다.
② 조선 전기 농업 기술의 발달상을 파악한다.

농사직설

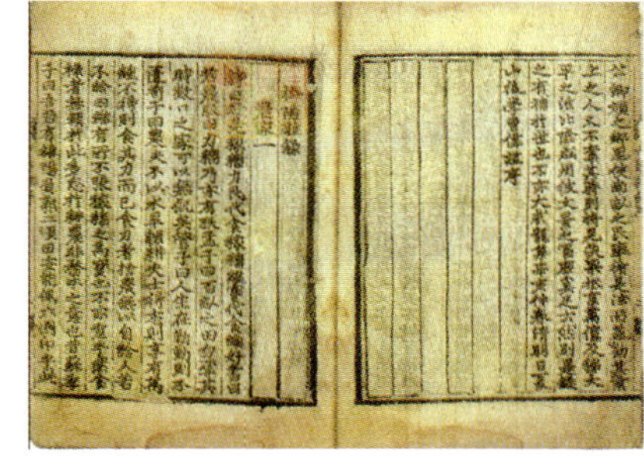

금양잡록

| 보기 |

ㄱ. 목화 재배가 확대되어 의생활이 개선되었다.
ㄴ. 남부 지방 일부에서 모내기법이 시행되었다.
ㄷ. 담배, 인삼 등의 상품 작물 재배가 늘어났다.
ㄹ. 감자, 고구마와 같은 구황 작물이 보급되었다.

① ㄱ, ㄴ ② ㄱ, ㄷ ③ ㄴ, ㄷ ④ ㄴ, ㄹ ⑤ ㄷ, ㄹ

더 알아보기
중급 140p | 농업의 발달

048 수취 제도의 변화

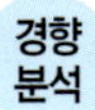

경향 분석 균역법은 자주 출제되며 대동법은 빠지지 않고 출제된다.

19회 중급

09 밑줄 그은 ㉠에 해당하는 것으로 옳은 것을 |보기|에서 고른 것은?

역사신문

제△△호 　　　　　　○○○○년 ○○월 ○○일

대동법, 마침내 시행되다

　그동안 호별로 일률적으로 부과되어 농민의 부담이 컸던 공납은 방납의 폐단으로 더욱 부담이 가중되었다. 이에 이이와 유성룡 등이 공납을 쌀로 거두자는 수미법을 주장하였다. 임진왜란을 겪은 후 1608년에 선혜청을 두어 대동법을 실시하게 되었다.
　대동법의 시행은 조선 경제에 ㉠여러 가지 변화를 가져왔다.

보기

ㄱ. 백골징포, 황구첨정 등의 폐단이 사라졌다.
ㄴ. 관청에 물품을 조달하는 공인이 등장하였다.
ㄷ. 공납의 부과 기준이 가호에서 토지로 바뀌었다.
ㄹ. 풍흉과 토지 비옥도에 따라 전세를 차등 부과하였다.

① ㄱ, ㄴ 　　　② ㄱ, ㄷ 　　　③ ㄴ, ㄷ
④ ㄴ, ㄹ 　　　⑤ ㄷ, ㄹ

꼼꼼 분석　③ | 대동법은 수취의 기준을 가호에서 토지로 바꾸고, 특산물 대신 쌀과 베, 동전으로 거두었다. 그 결과 토지가 적은 농민의 부담이 줄어들고 조세의 전세화가 촉진되었다. 한편, 중앙과 관청의 수요품을 전문적으로 조달하는 공인이 등장하여 조선 후기 상품 화폐 경제 발전에 기여하였다.

오답 분석　ㄱ. 백골징포, 황구첨정은 군역의 폐단이다.
ㄹ. 풍흉과 토지의 비옥도를 고려해 전세를 책정한 것은 세종 때 실시한 전분 6등법 · 연분 9등법이다.

고사부 깐깐정리

- **■ 수취 제도의 변화**

영정법	• 풍흉에 관계없이 토지 1결 당 4두로 토지세 고정 • 한계 : 여러 명목의 수수료, 운송비, 자연 소모에 대한 보충 비용 등이 농민에게 전가
대동법	• 배경 : 방납의 폐단으로 농민 부담 증가 • 과정 : 경기도에 시범 실시(광해군) → 전국적 확대(숙종) • 내용 : 토지 1결 당 쌀 12두 납부, 일부 지역은 무명 · 삼베 · 동전으로 납부 • 결과 : 공인의 등장, 상품 화폐 경제 발달을 촉진
균역법	• 배경 : 농민의 군포 부담 증가 • 내용 : 1년에 군포를 1필로 경감, 부족한 재원은 결작, 선무군관포, 어장세 · 선세 등으로 보충

밑줄 그은 새로운 법에 대한 설명으로 옳은 것은?

① 세종 때 전분 6등법과 함께 시행되었다.
② 별공, 진상 등의 부담이 사라지게 되었다.
③ 농민들의 부담을 줄여주기 위해 실시하였다.
④ 경기도를 시작으로 점차 전국적으로 확대하였다.
⑤ 양반 지주들의 반대로 전국적인 시행이 늦어졌다.

🔶 **길잡이** ① 풍흉에 관계없이 1결당 4두를 거둔 제도를 파악한다.

🟧 **더 알아보기**
중급 143p | 토지세의 변화

밑줄 그은 ㉠에 해당하는 정책으로 옳은 것을 |보기|에서 고른 것은?

🔶 **길잡이** ① 군포 1필을 감해준 제도를 파악한다.
② 균역법 실시와 함께 취해진 조치를 파악한다.

> 양역의 절반을 감하라고 명하였다. 임금이 말하기를 "사람 수 대로 거두는 것은 한 집안에서 거두는 것이니 주인과 노비의 명분이 문란해지며 토지 결 수를 기준으로 거두는 것은 이미 정해진 세율이 있으니 결코 더 부과하기가 어렵다 …… 이제는 1필을 감하는 정사로 온전히 돌아가야 할 것이니 ㉠줄어든 1필을 대신할 방안을 경들은 잘 강구하라"

┤ 보기 ├
ㄱ. 토지 1결당 결작미 2두를 부과하였다.
ㄴ. 조세 기준을 가호에서 토지로 바꾸었다.
ㄷ. 양반도 상민들과 똑같이 군포를 부담하게 하였다.
ㄹ. 일부 상류층에게 선무군관이라는 칭호를 주고 포를 징수하였다.

① ㄱ, ㄴ   ② ㄱ, ㄷ   ③ ㄱ, ㄹ   ④ ㄴ, ㄷ   ⑤ ㄴ, ㄹ

🟧 **더 알아보기**
중급 145p | 군역의 변화

049 조선의 신분 제도

경향 분석 중인층의 사회적 역할을 묻는 문제가 자주 출제되며, 조선 전기의 가족 제도와 혼인 문제도 여러 번 출제되었다.

22회 중급

고사부의 기출 타파

10 (가)에 들어갈 용어에 대한 설명으로 옳은 것을 |보기|에서 고른 것은?

> **역사 용어 해설**
>
> **(가)**
>
> '서'는 양첩의 자손을, '얼'은 천첩의 자손을 뜻한다. 이들은 양반 사대부의 자손이면서도 그의 모친이 양첩 또는 천첩이라는 이유로 차별을 받아 양반 계층에 들지 못하고, 중간 지배층인 중인에 포함되었다.

| 보기 |
ㄱ. 통청 운동을 전개하였다.
ㄴ. 규장각 검서관으로 등용되기도 하였다.
ㄷ. 장례원을 통해 국가의 관리를 받았다.
ㄹ. 서원을 기반으로 성장하여 향촌을 지배하였다.

① ㄱ, ㄴ   ② ㄱ, ㄷ   ③ ㄴ, ㄷ
④ ㄴ, ㄹ   ⑤ ㄷ, ㄹ

꼼꼼 분석 ① | (가)는 첩의 자식을 합하여 부르는 서얼이다. 중간 지배층인 중인에 포함되었던 서얼은 정조 때 이덕무, 박제가 등이 규장각 검서관으로 등용되었다. 서얼은 조선 후기에 꾸준히 통청 운동을 전개하여 철종 때 청요직 진출이 가능해졌다(신해허통, 1851).

오답 분석 ㄷ. 노비
ㄹ. 양반 사족

고사부 깐깐정리

■ 조선의 신분 제도

양반	• 개념 변화 : 문무 관직자 → 신분적 개념으로 발전(가문, 사족) • 지위 : 관인층(정치)이자 지주층(경제), 각종 국역 면제
중인	• 구성 : 기술관 + 서얼 + 서리와 향리 • 서리, 향리, 기술관 : 직역 세습, 같은 신분 간 통혼, 전문 기술·행정 실무 담당 • 서얼 : 문과 응시 금지, 무과나 잡과를 통해 관직 등용
상민	• 지위 : 평민, 법적으로 과거 응시 가능 • 유형 : 농민, 상인, 수공업자, 신량역천인
천민	• 유형 : 노비가 대다수 • 노비 : 일천즉천, 매매와 상속 가능

다음 자료의 밑줄 친 '이들'에 대한 설명으로 옳은 것은?

우리나라는 부사, 목사, 군수, 현령, 현감 등 5등급으로 나누어 백성을 다스리게 하였습니다. 그러나 다섯 관장으로 많은 백성들을 통솔하여 다스릴 수가 없으므로 관사 밑에 <u>이들</u>을 두어 6방을 배치하기를 조정의 6조처럼 하였습니다.

－《연조귀감》－

① 유향소를 조직하고 수령을 보좌하였다.
② 신분상 양인이었지만 천역을 담당하였다.
③ 지방의 행정·사법·군사권을 가지고 있었다.
④ 수령을 보좌하면서 향촌 실무를 담당하였다.
⑤ 사신을 수행하며 외국과의 무역에 참여하였다.

길잡이 ① 6방에 배치되어 수령을 보좌한 이들을 파악한다.
② 향리와 유향소의 역할을 구분한다.

더 알아보기
중급 149p | 중인

(가) 신분에 대한 설명으로 옳은 것을 |보기|에서 고른 것은?

조선의 신분 구조

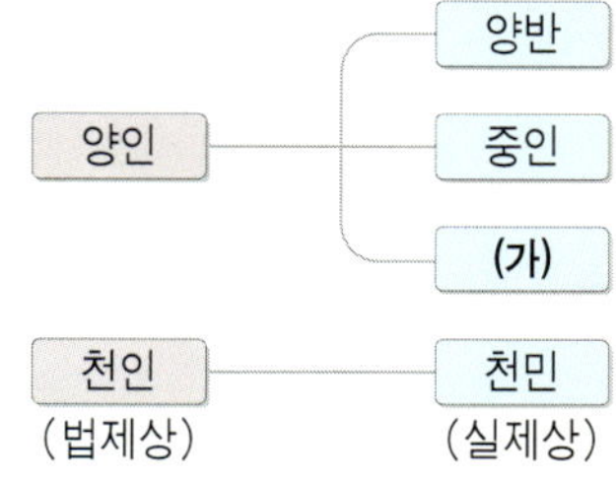

| 보기 |

ㄱ. 조세, 공납, 역의 의무가 있었다.
ㄴ. 매매, 증여, 상속의 대상이 되었다.
ㄷ. 법적으로 과거에 응시할 수 있었다.
ㄹ. 다른 지역으로의 이주가 원칙적으로 금지되었다.

① ㄱ, ㄴ   ② ㄱ, ㄷ   ③ ㄴ, ㄷ   ④ ㄴ, ㄹ   ⑤ ㄷ, ㄹ

길잡이 ① 조선 시대 상민의 지위와 역할을 파악한다.

더 알아보기
중급 148p | 양천 제도와 반상 제도

050 조선의 향촌 사회와 사회 제도

경향 분석 사족들이 향촌 지배 수단으로 삼은 유향소, 향약, 서원의 기능을 묻는 문제가 자주 출제된다.

고사부의 **기출 타파** 

11 다음 제도를 실시한 왕조의 사회 모습으로 옳지 <u>않은</u> 것은?

> 의정부에서 상소하기를 "서울과 외방의 백성이 억울한 일을 고발하여도 소재지의 관청에서 이를 다스려 주지 않으면, 나와서 등문고를 치도록 허락하여 주소서"라고 하니 그대로 따르고, 등문고를 고쳐서 신문고(申聞鼓)라 하였다.

① 지방관이 사법권도 행사하였다.
② 노비 소송은 장례원에서 담당하였다.
③ 형벌은 대부분 대명률의 적용을 받았다.
④ 빈민 구제 기관으로 제위보를 설치하였다.
⑤ 인구 동태 파악을 위해 호패법을 실시하였다.

꼼꼼 분석 ④ | 자료에서 설명하고 있는 신문고는 조선 태종 때 설치하였다.

오답 분석 ④ 제위보는 고려 시대의 빈민 구제 기관이다.

고사부 **깐깐정리**

■ 향촌 사회

주체	조직	활동
지방 양반 (사족)	유향소	• 역할 : 수령 보좌, 향리 규찰, 풍속 교정 • 변화 : 향소 또는 향청으로 명칭 변경, 향안 작성 · 향규 제정
	향약	• 중종 때 조광조가 보급, 유교적 농민 조직 • 향촌 사회의 질서 유지, 치안 담당, 지방 사림의 지위 강화
농민 공동체	두레	공동 노동의 작업 공동체
	향도	불교 신앙 조직이자 동계 조직, 상을 당했거나 어려운 일이 생겼을 때 상호 부조
국가의 통제	면리제, 오가작통제	

자료의 (가)에 참여한 신분 계층에 대한 설명으로 옳은 것은?

① 향리직을 세습하였다.

② 문과 응시가 금지되었다.

③ 전문 기술직을 담당하였다.

④ 군역을 면제받을 수 있었다.

⑤ 매매, 증여, 상속의 대상이었다.

길잡이 ① 좌수와 별감을 선출한 자치 조직을 파악한다.
② 유향소에 속한 이들의 신분을 파악한다.

더 알아보기
중급 153p | 향촌 사회의 모습

길잡이 ① 4대 덕목을 제정한 향촌 조직을 파악한다.
② 향약과 두레, 경재소 등 향촌 조직의 활동을 구분한다.

다음 덕목과 관련된 조선 시대 향촌 조직에 대한 설명으로 옳은 것을 |보기|에서 고른 것은?

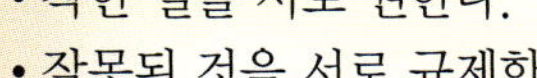

- 착한 일을 서로 권한다.
- 잘못된 것을 서로 규제한다.
- 서로 예절을 지킨다.
- 어려운 일을 당한 사람은 서로 돕는다.

| 보기 |

ㄱ. 중앙과 지방의 행정 연락을 담당하였다.

ㄴ. 향촌민의 교화와 질서 유지를 담당하였다.

ㄷ. 전통적인 공동 조직과 미풍양속을 계승하였다.

ㄹ. 공동 노동을 위한 농민들의 작업 공동체 역할을 하였다.

① ㄱ, ㄴ   ② ㄱ, ㄷ   ③ ㄴ, ㄷ   ④ ㄴ, ㄹ   ⑤ ㄷ, ㄹ

더 알아보기
중급 153p | 향촌 사회의 모습

051 조선 전기의 편찬 사업

경향 분석 조선왕조실록을 비롯한 역사서, 지도, 의례서의 편찬 활동을 묻는 문제는 빠지지 않고 출제된다.

고사부의 기출 타파 

12 다음 문화유산에 대한 설명으로 옳지 <u>않은</u> 것은?

① 편년체로 기록되었다.
② 승정원에서 편찬되었다.
③ 각지의 사고에 보관되었다.
④ 임금이라도 원칙적으로 볼 수 없었다.
⑤ 유네스코 세계기록유산으로 등재되었다.

꼼꼼 분석 ② | 〈실록〉은 조선 시대 왕들의 재위 기간 동안 일어난 일을 편년체(연대 순으로 기록한 역사 서술 방식)로 기록한 역사서이다.

왕의 사후 실록청을 설치해 시정기, 사초, 승정원일기 등을 종합하여 편찬하였다. 실록이 완성된 후에는 각 사고에 1부씩 보관하였는데, 임금이라도 〈실록〉의 내용을 볼 수 없었다. 1997년에 유네스코 세계기록유산으로 등록되었다.

오답 분석 ② 실록은 임시로 설치한 실록청에서 편찬하였다.

고사부 깐깐 정리 

■ 각종 서적의 편찬

역사서	조선왕조실록	• 편년체, 사초와 시정기, 춘추관에서 실록청 설치 • 4대 사고 설치 → 임진왜란 이후 5대 사고로 정비
	고려사	기전체, 자주적 입장에서 고려사 정리
	동국통감	성종 때 서거정, 편년체 통사(고조선~고려 말)
지도와 지리서	혼일강리역대국도지도	현존하는 동양 최고(最古)의 세계 지도
	동국여지승람	군현의 연혁, 지세, 인물, 풍속 등을 수록
윤리, 의례서, 법전	삼강행실도	세종, 윤리서(충신, 효자, 열녀의 행적 소개)
	국조오례의	성종, 국가의 5가지 의례 정리
	경국대전	세조~성종, 조선의 기존 법전, 6전으로 구성

다음 설명에 해당하는 책으로 옳은 것은?

- 세조 때 편찬을 시작하여 성종 때 완성한, 조선 시대의 기본 법전이다.
- 이전, 호전, 예전, 병전, 형전, 공전의 6전으로 구성되었으며, 이 책의 편찬은 곧 새 왕조의 통치 조직 정비가 마무리되었다는 것을 뜻한다.

① 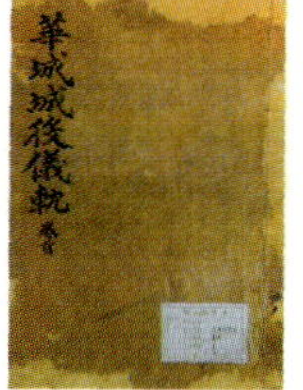
화성성역의궤

② 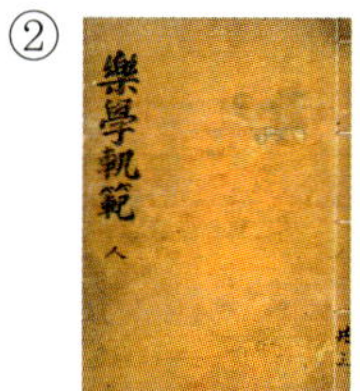
악학궤범

③ 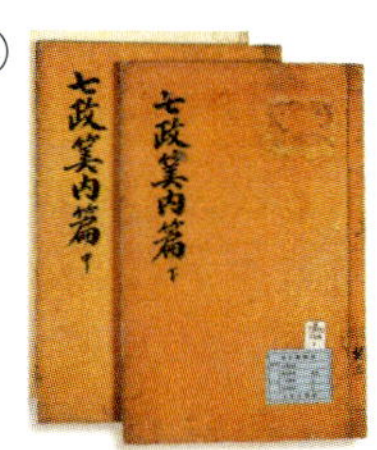
칠정산

④ 
경국대전

⑤ 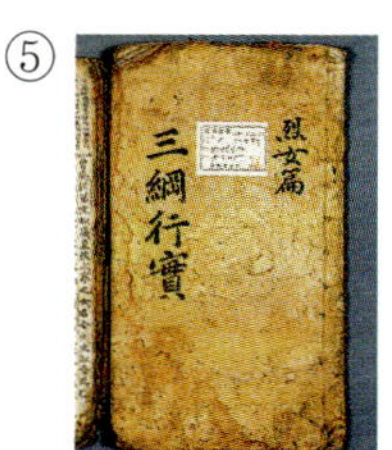
삼강행실도

길잡이 ① 성종 때 반포한 조선의 기본 법전을 파악한다.

더 알아보기
중급 158p │ 윤리, 의례서와 법전의 편찬

다음 서문이 들어있는 책에 대한 설명으로 옳은 것을 |보기|에서 고른 것은?

우리나라는 여러 임금들께서 서로 계승하며 인재를 길러온 지가 백년이 되었다. 그동안 나온 인물들이 정수를 모아 문장을 지어서 역동적으로 발휘한 것이 또한 옛날에 비해 손색이 없다. 이것이 우리 동방의 글이다. 송·원의 글이 아니요, 한·당의 글도 아니며, 곧 우리나라의 글이다.   – 서거정 –

| 보기 |

ㄱ. 우리나라의 글에 대한 자주의식이 반영되어 있다.
ㄴ. 고조선부터 고려 말까지의 역사를 편년체로 정리하였다.
ㄷ. 신라 시대부터 조선 전기까지의 시문을 모아서 편찬하였다.
ㄹ. 각 지역에 대한 역사, 산천, 교통, 인물 등을 수록한 지리서이다.

① ㄱ, ㄴ   ② ㄱ, ㄷ   ③ ㄴ, ㄷ   ④ ㄴ, ㄹ   ⑤ ㄷ, ㄹ

길잡이 ① 서거정이 서문을 쓴 책이 동문선임을 파악한다.
② 동문선의 내용과 특징을 파악한다.

더 알아보기
중급 157p │ 역사서의 편찬

052 성리학의 발달

경향 분석 조선 시대의 교육 기관과 이황, 이이의 활동을 알아보는 문제는 매회 출제된다.

20회 중급

13 다음 글을 쓴 인물에 대한 설명으로 옳은 것은?

> 제가 엎드려 생각해 보니, 처음에 글을 올려 학문을 논한 것들이 전하의 뜻을 감동시키지 못했습니다. 이에 신이 성학(聖學)을 밝히고 마음을 다스리기 위해 옛 현인들이 가르친 방법을 그림으로 그리고 설명을 붙여 전하께 올리고자 합니다.

성학십도

① 호락 논쟁을 주도하였다.
② 현량과 실시를 건의하였다.
③ 십만 양병설을 주장하였다.
④ 일본 성리학 발전에 영향을 주었다.
⑤ 불씨잡변을 저술하여 불교의 폐단을 지적하였다.

꼼꼼 분석 ④ | 《성학십도》는 이황이 선조에게 올린 성리학 도설이다. 이황은 《성학십도》를 통해 군주 스스로가 성학을 따를 것을 제시하였다. 이와 같은 이황의 사상은 임진 전쟁 이후 일본에 전해져 일본 성리학 발전에 영향을 주었다.

오답 분석 ① 18세기 노론이 호락 논쟁을 주도하였다.
② 조광조
③ 이이
⑤ 정도전

고사부 깐깐정리

■ 교육 기관

종류	성균관(최고 학부), 중등 교육(4학, 향교), 사립 교육 기관(서당, 서원)
향교	• 목적 : 성현 제사, 유생 교육, 지방인 교화 • 군현마다 하나씩 설립, 중앙에서 교관(교수, 훈도) 파견
서원	• 시초 : 백운동 서원(주세붕) • 역할 : 향음주례, 인재 교육, 선현(선비·공신) 제사, 향촌 사회 교화

■ 이황과 이이

이황	• 주리론 집대성, "주자서절요", "성학십도" 저술 • 일본 성리학 발전에 영향, 영남학파 형성
이이	• 주기론 집대성, "동호문답", "성학집요" 저술 • 현실 문제에 대한 개혁 주장(십만 양병설, 수미법), 기호학파 형성

(가), (나) 속의 인물에 대한 설명으로 옳은 것을 |보기|에서 고른 것은?

(가)   (나)

| 보기 |

ㄱ. (가) – 성학집요, 격몽요결을 저술하였다.
ㄴ. (가) – 기대승과 사단 칠정에 관한 논쟁을 벌였다
ㄷ. (나) – 공물을 쌀로 받는 방안을 제안하였다.
ㄹ. (나) – 안향을 추모하면서 백운동 서원을 세웠다.

① ㄱ, ㄴ   ② ㄱ, ㄷ   ③ ㄴ, ㄷ   ④ ㄴ, ㄹ   ⑤ ㄷ, ㄹ

길잡이 ① 지폐 도안 속의 인물을 파악한다.
② 이황과 이이의 활동을 구분한다.

더 알아보기
중급 163p | 성리학의 융성

다음 (가)에 대한 설명으로 옳은 것은?

> 이 고을에   (가)   이(가) 있는데 이전의 군수 주세붕이 이를 창건하였습니다. …… 정몽주, 길재, 김종직, 김굉필과 같은 이가 살던 곳에 모두 이와 같은 교육 기관을 건립하게 될 것입니다.
>   –《퇴계전서》–

① 중앙에서 교수와 훈도가 파견되었다.
② 유학부와 기술학부로 구분되어 있었다.
③ 국가에서 세운 지방의 중등 교육 기관이다.
④ 입학 자격은 생원, 진사를 원칙으로 하였다.
⑤ 국가에서 토지, 노비, 서적 등을 지급하기도 하였다.

길잡이 ① 주세붕이 세운 교육 기관을 파악한다.
② 조선 시대 교육 기관을 구분한다.

더 알아보기
중급 166p | 교육 기관

053 과학 기술의 발달

경향 분석 세종 때를 전후한 시기의 과학 기술 발달상을 알아보는 문제는 자주 출제된다.

16회 중급

14 다음 기구들이 처음 제작된 시기에 있었던 사실로 옳은 것은?

① 상감 기법의 청자가 유행하였다.
② 월정사 8각 9층 석탑이 세워졌다.
③ 칠정산이라는 역법서가 편찬되었다.
④ 토지 제도 개혁을 담은 반계수록이 저술되었다.
⑤ 홍역에 대한 의과 서적인 마과회통이 간행되었다.

꼼꼼 분석 ③ | 앙부일구와 측우기는 세종 때 처음 제작되었다.

조선 초 세종 때를 전후한 시기에 과학 기술이 크게 발전하였다. 당시의 집권층은 부국강병과 민생 안정을 위하여 과학기술이 중요하다고 인식하고 국가적으로 지원하였기 때문이다. 이런 여건 속에서 서양보다 200여 년이나 앞서 측우기를 만들고, 천체 관측 기구로 혼의와 간의를 제작하였으며, 시간 측정 기구로 물시계인 자격루와 해시계인 앙부일구 등을 만들었다.

오답 분석 ①, ② 고려
④, ⑤ 조선 후기

고사부 **깐깐**정리

■ **조선 초기 과학 기술**

농업 관련	혼의 · 간의(천체 관측), 자격루 · 앙부일구(시간 측정), 측우기(강우량 측정)
천문	천상열차분야지도(고구려 천문도 바탕)
역법	칠정산(수시력과 회회력 참고)
의학	향약집성방(우리 풍토에 맞는 약재와 치료 방법 정리), 의방유취(의학 백과사전)
인쇄술	주자소 설치(계미자, 갑인자 주조), 식자판 조립 방식 창안
농서	농사직설(우리 실정에 맞는 농법 정리), 금양잡록(강희맹)

밑줄 친 '그'가 제작에 참여한 과학 기구로 옳지 <u>않은</u> 것은?

그가 자격루 제작에 성공하자 세종은 공로를 치하하고자 정4품 벼슬인 호군(護軍)의 관직을 내려주려 했는데 논란이 많았다. 그러나 황희가 "김인이라는 자가 평양의 관노였으나 날래고 용맹하여 태종께서 호군을 특별히 제수하신 적이 있으니, 유독 그만 안 된다고 할 수 없다."라고 하자 세종은 그에게 호군이라는 관직을 내렸다.

① 

② 

③ 

④ 

⑤ 

길잡이 ① 세종 때 과학 기술 분야에서 활약한 이를 파악한다.
② 장영실의 활동을 파악한다.

더 알아보기
중급 160p │ 천문 역법과 의학, 농서

다음 서적이 간행된 시기의 과학 기술에 대한 설명으로 옳지 <u>않은</u> 것은?

길잡이 ① 칠정산이 편찬된 시기를 파악한다.
② 조선 초기, 특히 세종 시기의 과학 기술을 파악한다.

더 알아보기
중급 161p │ 활자 인쇄술과 제지술

① 계미자, 갑인자 등의 금속 활자가 주조되었다.
② 강우량을 측정하기 위한 측우기가 제작되었다.
③ 전통 의학을 집대성한 동의보감을 편찬하였다.
④ 식자판 조립법을 창안하여 인쇄 능률을 높였다.
⑤ 자동으로 시간을 알려주는 물시계가 만들어졌다.

054 조선 전기의 문화와 예술

경향 분석 조선 전기의 궁궐과 사찰 건축, 회화, 도자기의 제작 시기와 특징을 묻는 문제가 자주 출제된다.

17회 중급

15 (가)~(라)에 대한 설명으로 옳은 것을 |보기|에서 고른 것은?

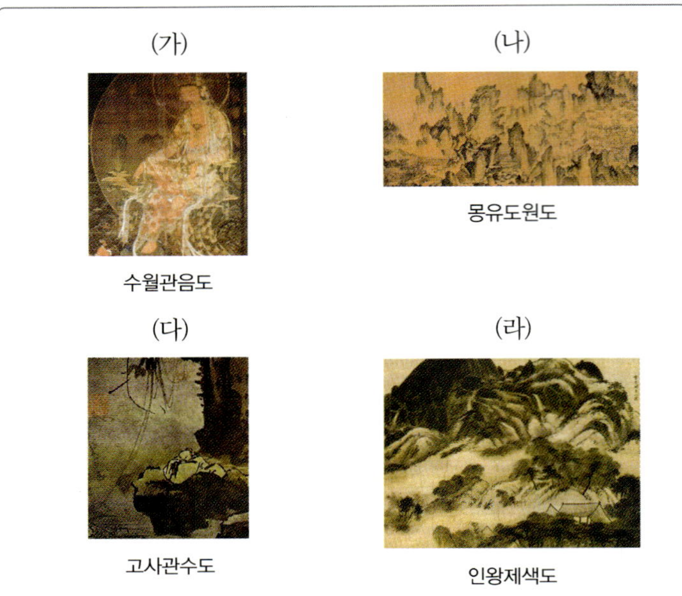

| 보기 |

ㄱ. (가) – 담징이 호류사에 그린 벽화라고 전해진다.
ㄴ. (나) – 안견이 현실 세계와 이상 세계를 표현한 작품이다.
ㄷ. (다) – 신윤복이 양반의 풍류를 묘사한 풍속화이다.
ㄹ. (라) – 정선이 우리의 고유한 자연을 그린 진경산수화이다.

① ㄱ, ㄴ ② ㄱ, ㄷ ③ ㄴ, ㄷ ④ ㄴ, ㄹ ⑤ ㄷ, ㄹ

고사부의 기출 타파

꼼꼼 분석 ④ | (가) 〈수월관음도〉는 고려 시대에 그려진 불화이다.
(나) 〈몽유도원도〉는 안견의 작품으로 현재 일본에 남아있다.
(다) 〈고사관수도〉는 15세기의 문인화가 강희안의 작품이다.
(라) 〈인왕제색도〉는 조선 후기에 진경 산수화를 창안한 정선의 작품이다.

고사부 깐깐 정리

■ 조선 전기의 문화와 예술

구분	초기(15세기)	중기(16세기)
건축	공공 건축물 중심(궁궐, 관아, 성문)	서원 건축 중심
도자기	분청사기	순백자
그림	몽유도원도(안견), 고사관수도(강희안)	• 송하보월도(이상좌), 신사임당(풀과 벌레) • 사군자화 유행(선비의 정신 세계 표현)

다음 전각을 갖춘 궁궐에 대한 설명으로 옳은 것을 |보기|에서 고른 것은?

근정전

경회루

| 보기 |

ㄱ. 부속 건물로 규장각이 있다.
ㄴ. 유네스코 세계 문화유산으로 등재되었다.
ㄷ. 조선 시대 한양에서 처음 지어진 궁궐이었다.
ㄹ. 임진왜란 때 불탄 것을 흥선대원군이 중건하였다.

① ㄱ, ㄴ   ② ㄱ, ㄷ   ③ ㄴ, ㄷ   ④ ㄴ, ㄹ   ⑤ ㄷ, ㄹ

길잡이 ① 근정전, 경회루가 포함된 궁궐을 파악한다.
② 경복궁의 건축과 중건 시기를 파악한다.

더 알아보기
중급 169p | 왕실과 양반의 건축

(가), (나)에 대한 설명으로 옳은 것을 |보기|에서 고른 것은?

(가)

(나)

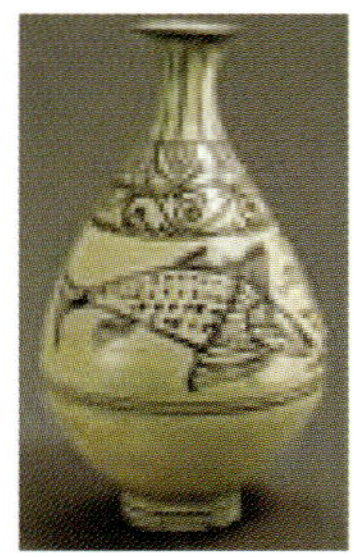

| 보기 |

ㄱ. (가) – 16세기 이후에 유행하였다.
ㄴ. (가) – 상감기법을 적용하여 만들었다.
ㄷ. (나) – 청자에 백토의 분을 칠하여 만들었다.
ㄹ. (나) – 청화, 철화, 진사 등의 안료를 사용하였다.

① ㄱ, ㄴ   ② ㄱ, ㄷ   ③ ㄴ, ㄷ   ④ ㄴ, ㄹ   ⑤ ㄷ, ㄹ

길잡이 ① 분청사기와 순백자가 유행한 시기를 파악한다.
② 분청사기와 순백자의 특징을 파악한다.

더 알아보기
중급 170p | 분청사기, 백자

V

근대 태동기

055 통치 체제의 변화

경향 분석 비변사의 기능 강화는 자주 출제되는 주제이고, 군사 제도의 변화와 대외 관계의 변화도 여러 번 출제되었다.

고사부의 **기출 타파**

22회 중급

01 교사의 질문에 대한 답변으로 옳지 <u>않은</u> 것은?

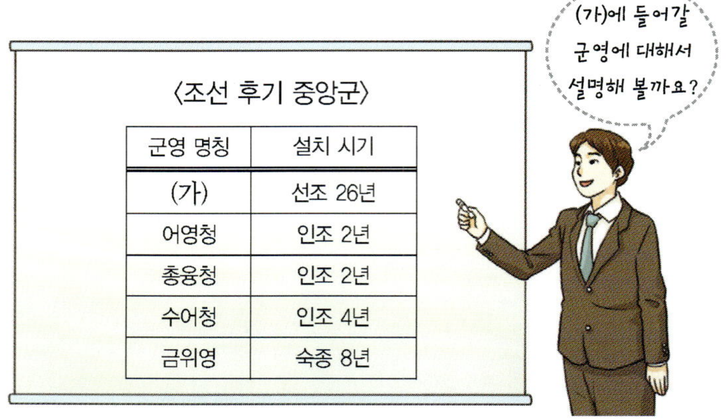

① 임진왜란 중에 설치되었다.
② 직업 군인을 주축으로 유지되었습니다.
③ 양반 자제 중심으로 편성된 부대였습니다.
④ 수도 방위와 국왕 호위 임무를 맡았습니다.
⑤ 포수, 사수, 살수의 삼수병으로 편제되었습니다.

꼼꼼 분석 ③ | (가)는 임진왜란 중에 설치된 훈련도감이다. 조선 후기에는 훈련도감, 어영청, 총융청, 수어청, 금위영의 5군영이 중앙군으로 설치되어 수도 방위와 국왕 호위 임무를 맡았다. 직업 군인을 주축으로 구성된 훈련도감은 포수, 사수, 살수의 삼수병으로 편제되었다.

오답 분석 ③ 조선 전기 특수병에 대한 설명이다.

고사부 **깐깐정리**

■ **조선 후기 통치 체제의 변화**

비변사의 기능 강화	왜란 이후 구성원 확대, 국가 최고 합의 기구로 발전 → 왕권 약화, 의정부와 6조 체계의 유명무실화
중앙군	• 훈련도감 : 임진전쟁 중 설치, 삼수병(포수, 사수, 살수) 양성 • 어영청, 총융청, 수어청, 금위영(숙종) 추가 설치
지방군	• 임진전쟁 중 진관 복구, 속오군 체제 도입 • 속오군 : 양천 혼성군, 평시에는 생업 종사, 유사시 전투 동원

밑줄 친 '이 기구'에 대한 설명으로 옳지 <u>않은</u> 것은?

> <u>이 기구</u>를 처음 설치할 때에는 국방 문제만 맡겼는데, 지금은 6조를 비롯한 모든 기관의 일들을 자기네들 멋대로 처리하고 있습니다. 본래 6조를 비롯한 관청들은 자기 소임이 있는데 어찌 <u>이 기구</u>에서 함부로 할 수 있겠습니까? 이는 전하의 권한을 침해하는 것과 다를 바 없습니다. 청컨대, <u>이 기구</u>의 권한을 본래대로 축소시키셔야 합니다.

① 세도 정치의 핵심 권력 기구가 되었다.
② 6조의 기능이 확대되는 데 기여하였다.
③ 중종 때 3포 왜란을 계기로 설치되었다.
④ 임진왜란을 거치면서 기능이 확대되었다.
⑤ 고종 재위기에 흥선 대원군이 폐지하였다.

길잡이 ① 국방 문제를 다루던 임시 기구에서 국가 최고 합의 기구로 바뀐 기관을 파악한다.
② 비변사의 변천 과정을 파악한다.

더 알아보기
중급 176p | 붕당 정치와 정치 구조의 변화

다음과 같은 대외 의식을 바탕으로 하여 추진된 대외 정책으로 옳은 것은?

> 우리나라가 중국 조정을 섬겨 온 것이 2백여 년이다. 의리로는 군신이며, 은혜로는 부자(父子)와 같다. 임진년에 입은 은혜는 만세토록 잊을 수 없다. 선조께서 40년 동안 재위하시면서 지극한 정성으로 섬기어 평생을 서쪽을 등지고 앉지도 않았다.
> — 《인조실록》 —

① 실리를 추구하는 중립 외교를 추진하였다.
② 수신사를 파견하여 선진 문물을 시찰하였다.
③ 친명 배금 정책을 내세워 후금을 적대시하였다.
④ 여진족의 근거지를 점령하고 동북 9성을 쌓았다.
⑤ 북학론을 제시하고 선진 문물을 적극적으로 수용하였다.

길잡이 ① 명에 대한 의리와 명분을 내세우게 된 배경을 파악한다.
② 인조반정 이후 추진된 대외 정책을 파악한다.

더 알아보기
중급 176p | 붕당 정치와 정치 구조의 변화

056 붕당 정치의 전개

경향 분석 붕당 정치의 전개와 변질 과정은 자주 출제되므로, 각 붕당의 입장과 활동을 중심으로 대비한다.

17회 중급

고사부의 기출 타파

02 (가)에 들어갈 내용으로 가장 적절한 것은?

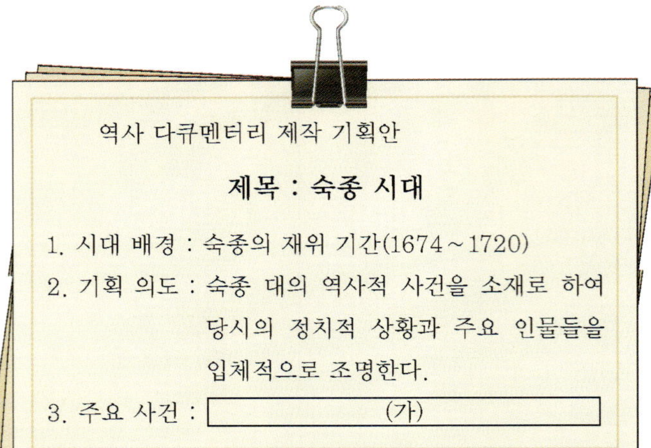

역사 다큐멘터리 제작 기획안

제목 : 숙종 시대

1. 시대 배경 : 숙종의 재위 기간(1674~1720)
2. 기획 의도 : 숙종 대의 역사적 사건을 소재로 하여 당시의 정치적 상황과 주요 인물들을 입체적으로 조명한다.
3. 주요 사건 : (가)

① 초계문신제의 실시
② 국왕의 수원 화성 행차
③ 전국 각지에 척화비 건립
④ 남인들이 쫓겨난 갑술 환국
⑤ 오페르트의 남연군 묘 도굴 시도

꼼꼼 분석 ④ | 숙종의 재위 기간에는 경신환국, 기사환국, 갑술환국 등이 일어나 일당 전제화 추세가 나타났다.

오답 분석 ① 정조, ② 정조, ③ 고종, ⑤ 고종

고사부 깐깐정리

■ 붕당 정치의 전개

선조	• 사림의 정국 주도, 동인과 서인의 붕당 형성 • 동인의 분열 : 정여립 모반 사건 이후 남인과 북인으로 분열
광해군	• 북인 주도, 중립 외교 • 전후 복구 사업 : 대동법 실시, 양전 사업, 사고 정비 등
인조	• 서인 주도, 남인 참여 → 상호 비판적인 공존 관계 유지 • 서원을 중심으로 여론 형성, 산림의 여론 주재
효종	북벌 추진(어영청 확대), 나선 정벌
현종	서인과 남인 사이에 두 차례 예송 논쟁
숙종	• 경신환국 등 세 차례 환국 발생 → 특정 붕당의 일당 전제화 대두 • 서인의 분열 : 노론(송시열)과 소론(윤증)의 분화 • 탕평론의 대두 : 인사 관리를 통한 세력 균형 유지

다음 대화가 이루어진 시기를 연표에서 옳게 고른 것은?

1519	1575	1623	1659	1680	1728(년)
(가)	(나)	(다)	(라)	(마)	
기묘사화	동서 분당	인조반정	기해예송	경술환국	이인좌의 난

① (가) ② (나) ③ (다) ④ (라) ⑤ (마)

길잡이 ① 송준길, 이완 등이 등용되어 북벌을 추진한 시기를 파악한다.

더 알아보기
중급 178p | 붕당 정치의 전개

(가), (나) 붕당에 대한 설명으로 옳은 것을 |보기|에서 고른 것은?

길잡이 ① 예송 논쟁 당시 서인과 남인의 주장을 파악한다.
② 붕당 정치의 전개 과정에서 서인과 남인의 활동을 파악한다.

| 보기 |

ㄱ. (가) – 이이의 학통을 계승하였다.
ㄴ. (가) – 송시열이 붕당을 이끌었다.
ㄷ. (나) – 인조반정을 주도하였다.
ㄹ. (나) – 숙종 때 노론과 소론으로 나뉘었다.

① ㄱ, ㄴ ② ㄱ, ㄷ ③ ㄴ, ㄷ ④ ㄴ, ㄹ ⑤ ㄷ, ㄹ

더 알아보기
중급 178p | 붕당 정치의 전개

057 탕평 정치

경향 분석 영조와 정조의 탕평 정치는 매 시험마다 반드시 출제되는 주제이므로, 꼭 분석해 둘 필요가 있다.

20회 중급

03 다음 자료와 관련 있는 왕의 업적으로 옳은 것을 |보기|에서 고른 것은?

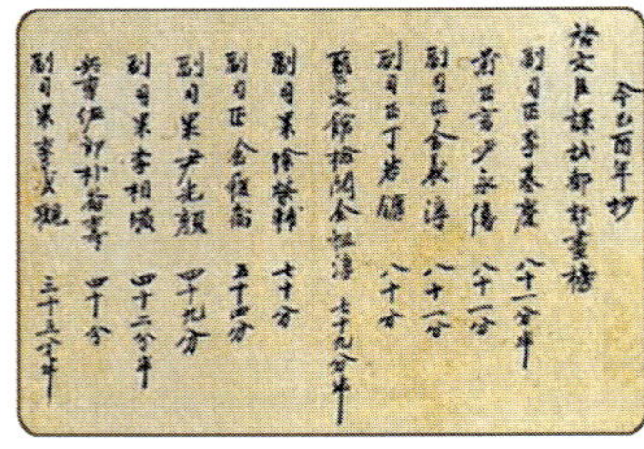

초계문신 성적표

화성 행차도

| 보기 |
ㄱ. 탕평비 건립　　　　　ㄴ. 장용영 설치
ㄷ. 호포제 실시　　　　　ㄹ. 대전통편 편찬

① ㄱ, ㄴ　　　② ㄱ, ㄷ　　　③ ㄴ, ㄷ
④ ㄴ, ㄹ　　　⑤ ㄷ, ㄹ

고사부의 기출 타파

꼼꼼 분석 ④ | 초계문신제와 화성 행차는 정조와 관련된 사실이다. 초계문신제는 신진 인물이나 중하급 관리 중에서 유능한 인사를 재교육하는 제도였다. 정조는 군사적 기반을 갖추기 위해 장용영을 설치하고, 《대전통편》을 편찬해 조선의 법전을 재정비 하였다.

오답 분석 ㄱ. 영조
ㄷ. 흥선 대원군(고종)

고사부 깐깐 정리

■ **영조와 정조의 정치 비교**

구분		영조(1724~1776)	정조(1776~1800)
탕평 정치		• 탕평파 중심의 정국 운영(완론탕평) • 산림 존재 부정, 서원 정리 • 이조 전랑의 권한 축소(후임자 천거·3사 선발 관행 폐지)	• 적극적인 탕평정치(준론탕평), 시파 중용 • 장용영과 규장각 설치, 문신초계제 실시 • 화성 건설(정치적·군사적 기능 부여, 상공인 유치)
개혁 정책		• 균역법 실시(1750) • 가혹한 형벌 폐지, 사형수 삼심제 시행 • 신문고 제도 부활, 청계천 준설 • 속대전, 동국문헌비고 편찬	• 신해통공(1791) • 서얼과 노비에 대한 차별 완화 • 수령이 향약 주관(수령의 권한 강화) • 대전통편, 동문휘고, 무예도보통지 편찬

다음 교서를 발표한 국왕의 정책으로 옳은 것을 |보기|에서 고른 것은?

붕당의 폐해가 요즈음보다 심각한 적이 없었다. 처음에는 예절 문제로 분쟁이 일어나더니, 이제는 한쪽이 다른쪽을 역적으로 몰아붙이고 있다. …… 이제 유배된 사람들의 잘잘못을 다시 살피도록 하고, 관리의 임용을 담당하는 관리는 탕평의 정신을 잘 받들어 직무를 수행하도록 하라.

성균관 앞에 세운 탕평비

| 보기 |

ㄱ. 서원을 47개만 남기고 대폭 정리하였다.
ㄴ. 속대전을 편찬하여 통치 체제를 정비하였다.
ㄷ. 신문고를 부활하여 백성의 억울함을 살폈다.
ㄹ. 친위 부대인 장용영을 설치하여 왕권을 강화하였다.

① ㄱ, ㄴ   ② ㄱ, ㄷ   ③ ㄴ, ㄷ   ④ ㄴ, ㄹ   ⑤ ㄷ, ㄹ

길잡이 ① 탕평비를 세우고 탕평교서를 내린 국왕을 파악한다.
② 영조의 정책을 파악한다.

더 알아보기
중급 181p | 영조의 탕평 정치

자료의 밑줄 그은 '왕'이 추진한 정책으로 옳은 것을 |보기|에서 고른 것은?

길잡이 ① 자료의 요리가 탕평채임을 파악한다.
② 탕평채는 영조의 탕평책과 관련 있음을 파악한다.

이 음식은 채 썬 청포묵, 쇠고기, 녹두싹, 미나리 등을 넓은 그릇에 담고, 간장, 참기름, 식초로 고루 버무린 후, 황백지단, 김, 고추를 가늘게 채 썰어 고명으로 얹어 내는 궁중요리이다.
붕당 간의 대립을 해소하고자 하였던 왕이 자신의 정치적 의지를 펼치는 자리에 처음으로 이 음식을 내놓게 하였다고 한다.

| 보기 |

ㄱ. 군역의 부담을 줄여 주는 균역법을 실시하였다.
ㄴ. 중앙 관서의 노비 6만 6천여 명을 해방시켰다.
ㄷ. 서원을 정리하고 이조 전랑의 권한을 약화시켰다.
ㄹ. 자유로운 상업 행위를 허락하는 통공 정책을 시행하였다.

① ㄱ, ㄴ   ② ㄱ, ㄷ   ③ ㄴ, ㄷ   ④ ㄴ, ㄹ   ⑤ ㄷ, ㄹ

더 알아보기
중급 181p | 영조의 탕평 정치

058 세도 정치

경향 분석 세도 정치기의 정치 상황과 사회 상황을 연관시켜 공부해야 완벽한 대비가 가능하다.

20회 중급

고사부의 기출 타파

04 다음 왕들이 재위한 시기의 정치 상황으로 옳은 것은?

제23대 **순조** — 제24대 **헌종** — 제25대 **철종**

순원 왕후 김씨　　효현 왕후 김씨　　명순 왕후 김씨

① 두 차례에 걸쳐 예송이 전개되었다.
② 탕평파를 중심으로 정국이 운영되었다.
③ 소수의 외척 가문이 정치를 주도하였다.
④ 6조 직계제가 실시되어 왕권이 강화되었다.
⑤ 의정부의 기능이 부활되고 삼군부가 설치되었다.

꼼꼼 분석　③ | 순조, 헌종, 철종 3대 동안 안동 김씨, 풍양 조씨 등 소수의 가문이 이른바 '세도 정치'를 전개하였다.

오답 분석　① 헌종, ② 영조, ④ 태종, 세조, ⑤ 고종

고사부 깐깐 정리

■ 세도 정치

세도 정치의 전개	• 정치 참여 기반의 축소 : 소수의 유력한 가문이 권력과 이권을 독점 • 권력 구조의 변화 : 의정부와 6조의 유명무실화, 비변사로 권력 집중
세도 정치의 폐단	• 사회 통합에 실패 : 남인, 소론, 지방 선비들은 권력에서 배제 • 지방 정치 폐단 : 수령직의 상품화 → 삼정의 문란 → 민란 발생

다음 시가 지어진 시기의 사회 모습으로 옳은 것은?

> 세력을 휘두르는 대여섯 집안
> 재상자리 대감자리 모두 다 차지하고
> 관찰사 절제사도 완전히 차지하네
> 도승지 부승지는 모두가 이들이며
> 사헌부 사간원도 전부가 이들이라
> 이들이 모두 다 벼슬아치 노릇하며
> 이들이 오로지 소송 판결하네
>
> — 《여유당전서》 —

① 집권 무신들의 부정부패 만연
② 권문세족들의 부당한 양민 수탈
③ 문벌 귀족들의 치열한 권력 다툼
④ 세도 정치에 따른 정치 기강의 문란
⑤ 훈구 세력과 사림 세력 간의 정권 다툼

길잡이 ① 정약용의 여유당전서가 편찬된 시기를 파악한다.
② 세도 정치기의 정치 상황을 파악한다.

더 알아보기
중급 184p | 세도 정치의 전개

다음 두 사람의 대화에서 알 수 있는 시기의 상황으로 옳은 것은?

길잡이 ① 홍경래의 난이 일어난 시기를 파악한다.
② 세도 정치 시기 삼정의 문란상을 파악한다.

① 양반과 상민의 신분적 차별이 폐지되었다.
② 수령과 향리의 수탈로 삼정이 문란해졌다.
③ 가난한 농민을 위하여 진대법이 실시되었다.
④ 자녀를 태어난 순서대로 호적에 기재하였다.
⑤ 국가가 주관하여 팔관회를 성대하게 거행하였다.

더 알아보기
중급 184p | 세도 정치의 전개

059 서민 경제의 발달

18회 중급

05 가상 인터뷰의 답변 내용으로 옳지 <u>않은</u> 것은?

① 수확량이 늘어나게 되었습니다.
② 봄 가뭄 극복에 이점이 있습니다.
③ 병충해로 인한 피해가 줄었습니다.
④ 벼와 보리의 이모작이 가능해졌습니다.
⑤ 잡초 제거에 필요한 노동력이 줄었습니다.

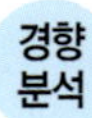 **고사부의 기출 타파**

꼼꼼 분석 ② | 고려 말 일부 남부 지방에서 모내기법(이앙법)이 시작되었다. 모내기법은 봄 가뭄 때문에 국가에서 금지하였지만 노동력 절감과 수확량 증가 등의 장점으로 조선 후기에 전국으로 보급되었다. 이앙법의 실시로 논에서 벼와 보리의 이모작이 가능하게 되었다.

오답 분석 ② 봄 가뭄은 모내기법의 취약점이다.

 **고사부 깐깐 정리**

■ 서민 경제의 발달

지주·전호 관계의 변화	• 18세기 이후 지주전호제 일반화 • 지주제의 변화 : 소작권(도지권)인정, 소작료의 정액화(도조법)
농업 기술의 발전	• 모내기법 확대(2모작으로 생산력 증대) • 상업 작물 재배(쌀, 면화, 담배, 약초 등)
농업 경영의 변화	노동력 절감 → 광작 성행 → 농민층의 분화(부농, 임노동자)
민영 수공업의 발달	• 민간 수공업자(납포장)의 증가 • 선대제 성행
민영 광산의 발달	• 설점수세제(1651, 광산 개발 허용), 잠채 성행 • 상인 물주, 덕대(전문 광산 경영인), 혈주, 제련업자의 분업과 협업 발달

다음 자료에 나타난 농업 기술의 확산이 끼친 영향으로 적절하지 <u>않은</u> 것은?

> 모내기를 하는 것은 세 가지 이유가 있다. 김매기의 노력을 더는 것이 첫째 요, 두 땅의 힘으로 하나의 모를 서로 기르는 것이 둘째이며, 좋지 않은 것은 솎아 내고 싱싱하고 튼튼한 것을 고를 수 있는 것이 셋째이다.
> – 《임원경제지》 –

① 저수지가 증가하였다.
② 농민층이 분화되었다.
③ 휴경 농법이 극복되었다.
④ 광작 경영이 확대되었다.
⑤ 벼와 보리의 이모작이 확대되었다.

길잡이 ① 모내기의 확산이 가져온 영향을 파악한다.

더 알아보기
중급 186p | 농업 경영의 변화

길잡이 ① 상품 작물 재배가 성행했던 시기를 파악한다.
② 조선 후기 농업의 발달 상황을 파악한다.

다음과 같은 농업이 행해진 당시의 농촌 상황으로 옳지 <u>않은</u> 것은?

> 농민이 밭에 심는 것은 곡물만이 아니다. 모시, 오이, 배추, 도라지 등의 농사도 잘 지으면 그 이익이 헤아릴 수 없이 크다. 도회지 주변에는 파밭, 마늘밭, 배추밭, 오이밭 등이 많다. 특히 서도 지방의 담배밭, 북도 지방의 삼밭, 한산의 모시밭, 전주의 생강밭, 강진의 고구마밭, 황주의 지황밭에서의 수확은 모두 상상등전(上上等田)의 논에서 나는 수확보다 그 이익이 10배에 달한다.
> – 《경세유표》 –

① 일정 액수를 소작료로 내는 도조법이 등장하였다.
② 장시에 팔기 위한 채소, 담배, 약초가 재배되었다.
③ 모내기법의 확대로 농업 경영 방식이 변화되었다.
④ 밭농사에서 조, 보리, 콩의 2년 3작이 시작되었다.
⑤ 쌀 수요 증대로 밭을 논으로 바꾸는 현상이 활발하였다.

더 알아보기
중급 186p | 농업 경영의 변화

060 상품 화폐 경제의 발달

경향 분석 조선 후기 상품 화폐 경제의 발달 상황을 알아보는 문제는 매 시험마다 빠지지 않고 출제된다.

고사부의 기출 타파

17회 중급

06 다음 주제의 역할극 대사로 적절하지 <u>않은</u> 것은?

주제 : 조선 후기 상인의 모습

①

②

③

④

⑤

꼼꼼 분석 ③ | 시전 상인은 한양 운종가의 시전을 임차하여 상업 활동을 하였다. 시전 상인들은 특정 상품에 대한 독점권을 부여 받는 대신, 상세와 점포세(공랑세)를 내고 왕실이나 관청의 관수품을 조달하는 국역을 담당하였다. 지방의 장시를 떠돌아다니며 물건을 판매한 상인은 봇짐장수와 등짐장수 등 보부상이다.

고사부 깐깐 정리

■ 상업 경제의 발달

사상의 대두	• 조선 후기 상업 활동의 주역 : 공인과 사상 • 신해통공(1791) : 금난전권 혁파, 난전(사상)의 합법화 • 지방의 주요 사상 : 송상(인삼 판매)과 경강 상인(운송업)
장시의 발달	18세기 전국적으로 1000여 개소 번성, 보부상의 활약
포구 상업	• 지방 상업의 중심지, 선상의 활약(경강 상인이 대표적) • 객주와 여각 : 상품 중개, 운송, 보관, 숙박, 금융 등
대외 무역	• 대청 무역 : 개시(중강, 회령, 경원), 후시(중강, 책문) • 대일 무역 : 왜관 개시와 후시
화폐 유통	• 상평통보의 상용화, 신용 화폐(환, 어음)의 등장 • 전황(동전 부족 현상) 발생

다음 밑줄 친 정책이 실시된 결과로 가장 적절한 것은?

> 지금 서울 시내의 민폐를 말하자면 시전의 금난전 행위가 으뜸이다. ……
> <u>30년 이전에 조직된 작은 규모의 시전들을 해체하고, 또 육의전 이외의 시전에는 금난전권을 인정하지 말며, 그것을 어기는 상인은 법으로 다스려야 할 것이다.</u>
> – 《정조실록》 –

① 지방 장시가 처음 열리게 되었다.
② 국가의 상공업 통제가 강화되었다.
③ 사상이 상권을 넓힐 수 있게 되었다.
④ 시전 상인의 독점적 특권이 강화되었다.
⑤ 신진 사대부의 경제적 기반이 마련되었다.

길잡이 ① 시전 상인의 금난전권을 폐지한 조치를 파악한다.
② 신해통공에 따른 결과를 파악한다.

더 알아보기
중급 190p | 사상의 대두

다음 그림이 그려진 시기의 경제 상황에 대한 설명으로 옳지 <u>않은</u> 것은?

① 덕대가 광산을 운영하는 것이 일반적이었다.
② 송상이 전국에 지점을 두고 상권을 확장하였다.
③ 정부는 저화, 조선통보 등을 만들어 유통시켰다.
④ 관영 수공업이 쇠퇴하고 민영 수공업이 발달하였다.
⑤ 포구를 거점으로 객주, 여각 등이 활발한 상행위를 하였다.

길잡이 ① 그림이 조선 후기에 그려진 풍속화임을 파악한다.
② 조선 후기의 경제 상황을 파악한다.

더 알아보기
중급 190p | 포구에서의 상업 활동

061 사회 구조의 변동

경향 분석 조선 후기 신분 제도의 동요와 신분 상승 노력은 자주 출제되는 주제이다.

16회 중급

07 다음과 같은 상황이 보편화된 시기의 사회 모습에 대한 설명으로 가장 적절한 것은?

① 부계 중심의 족보가 널리 편찬되었다.
② 사위가 처가에서 생활하는 경우가 많았다.
③ 여성의 이혼과 재가가 비교적 자유로웠다.
④ 자녀는 태어난 순서대로 호적에 기재하였다.
⑤ 음서의 혜택이 사위와 외손자에게도 주어졌다.

꼼꼼 분석 ① | 재산 상속에서 적장자를 우대하고, 아들이 없을 경우 양자를 들이는 것이 보편화되었던 것은 조선 후기이다. 조선 후기에는 부계 중심의 족보가 널리 편찬되고 친영 제도가 정착되었다.

오답 분석 ②, ④ 고려~조선 전기
③, ⑤ 고려 시대

고사부 깐깐 정리

■ 사회 구조의 변동

신분 제도의 동요	• 특징 : 양반 수 증가, 상민과 노비 수 감소 • 양반층의 분화 : 벌열 양반, 향반, 잔반(몰락 양반)
중간 계층의 동향	• 서얼 : 서얼허통 상소, 정조 때 일부 서얼 출신이 규장각 검서관으로 등용 • 중인 : 재력과 실무 능력을 바탕으로 신분 상승 추구, 철종 때 대규모 소청 운동(실패)
노비의 해방	• 신분 상승 : 군공과 납속, 도망, 노비종모법, 납공 노비로 전환 • 노비의 해방 : 공노비 해방(1801), 노비제 폐지(1894)

다음 자료를 통해 알 수 있는 당시 사회 모습으로 적절한 것을 |보기에서 고른 것은?

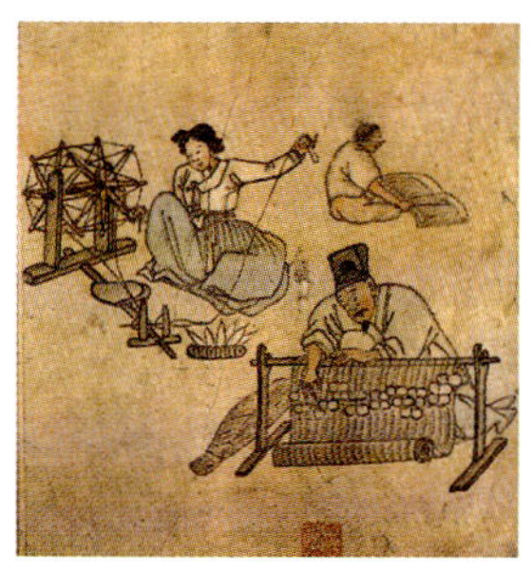
자리짜기(김홍도)

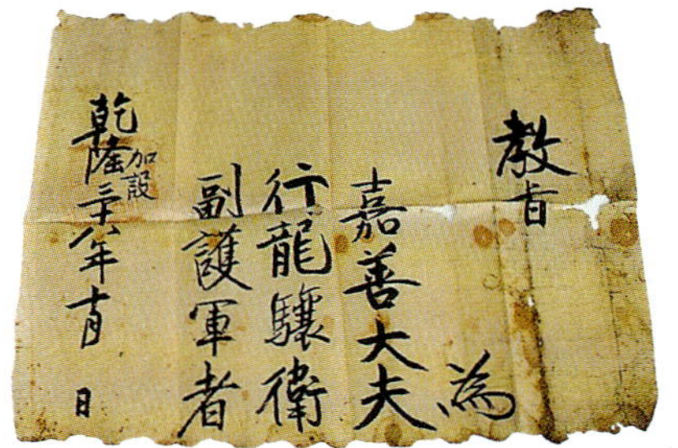
공명첩

| 보기 |
ㄱ. 양반과 상민의 구분이 더욱 명확해졌다.
ㄴ. 사회·경제적으로 몰락한 양반이 생겼다.
ㄷ. 엄격하게 유지되어 오던 신분 제도가 폐지되었다.
ㄹ. 납속이나 공명첩의 발행으로 양반 인구가 급증하였다.

① ㄱ, ㄴ　　② ㄱ, ㄷ　　③ ㄴ, ㄷ　　④ ㄴ, ㄹ　　⑤ ㄷ, ㄹ

길잡이 ① 몰락 양반의 모습과 공명첩을 통해 조선 후기의 사회상을 묻고 있음을 파악한다.
② 조선 후기 성리학적 신분 질서의 동요를 파악한다.

더 알아보기
중급 195p | 중간 계층의 신분 상승 운동

길잡이 ① 조선 후기 각 계급의 신분 상승 노력을 파악한다.

더 알아보기
중급 194p | 신분제의 동요

다음과 같이 신분 구성이 변화된 원인을 설명한 것으로 옳지 <u>않은</u> 것은?

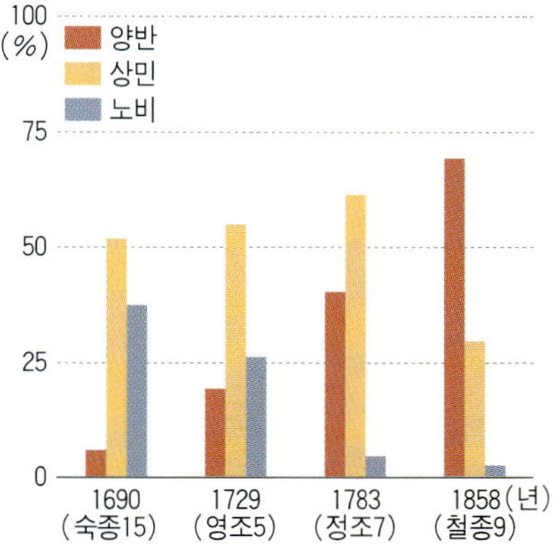

① 노비의 도망이 빈번하게 일어났다.
② 국가가 공노비를 해방하여 양인으로 삼았다.
③ 부농층이 성장하여 신분 상승을 추구하였다.
④ 전쟁에서 공을 세운 사람은 신분 상승이 가능하였다.
⑤ 국가는 부모 중 한쪽이 노비이면 자식도 노비로 삼는 법을 강화하였다.

062 사회 변혁의 움직임

경향 분석 홍경래의 난, 임술 농민 봉기 등 세도 정치기 농민들의 저항을 묻는 문제가 자주 출제된다.

고사부의 기출 타파

08 (가) 종교에 대한 설명으로 옳은 것은?

① 하늘에 제사 지내는 초제를 거행하였다.
② 성리학 수용에 사상적 토대를 제공하였다.
③ 왕조 교체를 예언하며 백성의 호응을 얻었다.
④ 중국에 다녀온 사신들이 서학으로 소개하였다.
⑤ 유 · 불 · 선 사상을 바탕으로 교리를 마련하였다.

꼼꼼 분석 ④ | (가)는 천주교이다. 신유박해(1801)는 노론 벽파가 천주교를 빌미로 남인 등 정적을 제거한 사건이고, 천주교 신자였던 황사영은 베이징의 주교에게 조선 천주교 박해의 실상을 알리고 도움을 구하는 밀서를 보내려다 발각되어 사형에 처해졌다.

천주교는 16세기 말 중국에 다녀온 사신들이 서학(西學)으로 소개했으며, 18세기 후반에 신앙으로 수용되고 세도 정치기에 활발하게 전파되었다.

오답 분석 ① 도교
② 선종
③ 예언 사상(정감록)
⑤ 동학

고사부 깐깐 정리

■ 사회 변혁의 움직임

사회 불안의 심화	• 사회의 동요 : 신분제의 동요, 지배층의 수탈(삼정의 문란), 각종 재난과 질병 • 민중 사상의 대두 : 비기(정감록)와 도참 사상, 무격 신앙, 미륵 신앙
천주교의 전파	• 17세기 서학으로 소개 → 18세기 남인 실학자들이 신앙 활동 • 전례 문제(유교적 제사 의식 거부) → 신해박해(1791) • 신유박해(1801) : 벽파(정순왕후 김씨)의 대탄압 → 실학자 및 양반층의 이탈
동학의 발생	• 발생 : 1860년 경주 출신 몰락 양반 최제우 창시 • 사상 : 시천주와 인내천 사상 • 탄압 : 최제우 사형(1864), 최시형의 교리 정비(동경대전, 용담유사)
농민의 항거	• 농민의 소극적 항거 : 소청, 벽서, 괘서 • 홍경래의 난(1811) : 서북민에 대한 차별 대우, 청천강 이북 점령 • 임술 농민 봉기(1862) : 진주 농민 봉기가 계기, 전국 확산

다음 주장을 내세웠던 종교에 대한 설명으로 옳지 <u>않은</u> 것은?

> 사람이 곧 하늘이라[人乃天]. 그러므로 사람은 평등하며 차별이 없나니 사람이 마음대로 귀천을 나눔은 하늘을 거스르는 것이다. 우리 도인은 모든 차별을 없애고 선사의 뜻을 받들어 생활하기를 바라노라.

① 서양과 서학에 반대하였다.

② 조상에 대한 제사를 거부하였다.

③ 몰락 양반인 최제우가 창시하였다.

④ 정부의 탄압을 받아 교주가 처형되었다.

⑤ 교리를 담은 동경대전과 용담유사를 편찬하였다.

길잡이 ① '인내천'과 평등 사상을 강조한 종교를 파악한다.
② 동학의 특징과 활동을 파악한다.

더 알아보기
중급 202p | 동학의 발생

(가), (나)의 사건에 대한 설명으로 옳은 것을 |보기|에서 고른 것은?

> (가) 평서대원수는 급히 격문을 띄우노니 관서의 부로(父老)와 자제와 공·사천민들은 모두 이 격문을 들으라. …… 조정에서는 관서를 버림이 분토(糞土)와 다름없다. 심지어 권세 있는 집의 노비들도 서토의 사람을 보면 반드시 '평안도 놈'이라고 말한다.
>
> (나) 임술년 2월 19일, 진주 백성 수만 명이 머리에 흰 수건을 두르고 손에 몽둥이를 들고 무리를 지어 진주 읍내에 모여 서리들의 가옥 수십 호를 불사르고 부수어, 그 움직임이 결코 가볍지 않았다.

| 보기 |
ㄱ. (가)는 전국적으로 확산되었다.
ㄴ. (가)는 서북 지방에 대한 차별이 원인이 되었다.
ㄷ. (나)는 삼정의 문란이 원인이 되었다.
ㄹ. (나)는 동학 사상의 영향을 받아 일어났다.

① ㄱ, ㄴ　　② ㄱ, ㄷ　　③ ㄴ, ㄷ　　④ ㄴ, ㄹ　　⑤ ㄷ, ㄹ

길잡이 ① '평서대원수', '관서', '평안도 놈' 등의 단서를 통해 홍경래의 난임을 파악한다.
② '임술년', '진주' 등의 단서를 통해 임술 농민 봉기임을 파악한다.

더 알아보기
중급 202p | 농민의 항거

063 성리학의 변화

경향 분석 호락 논쟁은 자주 출제되는 주제이고, 성리학의 절대화에 반기를 든 윤휴와 박세당도 여러 번 출제되었다.

22회 중급

09 다음 인물들의 공통점으로 옳은 것은?

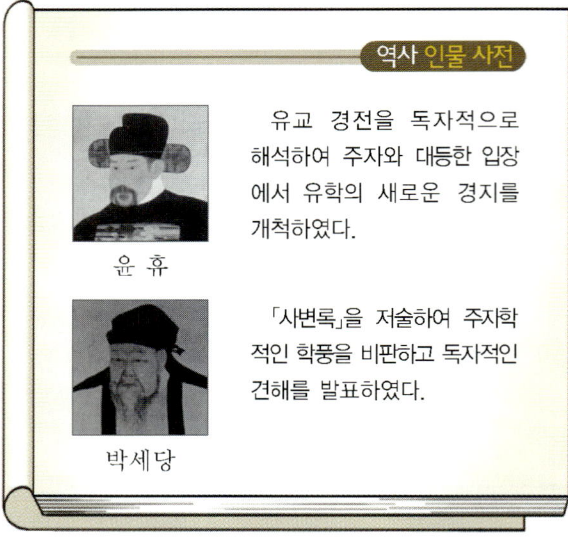

① 위정척사 운동을 전개하였다.
② 금석학 연구에 심혈을 기울였다.
③ 사문난적으로 몰려 비판을 받았다.
④ 외척으로서 세도 정치를 주도하였다.
⑤ 천주교를 신봉하여 유배를 당하였다.

고사부의 기출 타파

꼼꼼 분석 ③ | 윤휴와 박세당은 성리학의 절대화를 비판하며 6경과 제자백가 등에서 사회 모순을 해결할 사상적 기반을 마련하였다. 이들은 모두 사문난적으로 몰려 비판을 받았다.

오답 분석 ① 1860~1890년대에 유생을 중심으로 위정척사 운동이 전개되었다.
② 김정희에 대한 설명이다.
④ 안동 김씨, 풍양 조씨가 대표적인 세도 가문이다.
⑤ 18세기 말 남인 일부가 천주교를 신봉하였고, 정약용 등이 유배를 당하였다.

고사부 깐깐 정리

■ **조선 후기 성리학의 변화**

성리학의 상대화	• 윤휴 : 유교 경전에 대한 독자적 해석(원시 6경 중시) • 박세당 : 양명학과 노장 사상의 영향을 받아 주자의 학설 비판, 사변록 저술
양명학의 수용	• 수용 : 서경덕 학파와 왕실 종친에 확산 → 17세기 후반 소론 계열에 의해 본격적으로 수용 • 사상 체계 : 심즉리설 + 지행합일설 + 치양지설 • 정제두 : 일반민을 도덕 실천의 주체로 인정(양반 신분제 폐지 주장), 강화학파 형성
호락 논쟁	• 충청 노론(호론) : 인물성 이론 주장, 기존의 화이관 고수 • 서울 노론(낙론) : 인물성 동론 주장, 북학파 실학 사상에 영향

호락 논쟁에서 대립한 (가), (나) 주장에 대한 설명으로 옳지 <u>않은</u> 것은?

① (가) – 충청도 지역의 호론의 입장이다.
② (가) – 통상 개화론의 형성에 영향을 주었다.
③ (나) – 북학 사상으로 연결됐다.
④ (나) – 인간과 사물의 본성이 같다고 보았다.
⑤ (가), (나) – 노론 내에서 전개된 논쟁이다.

길잡이 ① 사람과 사물의 본성에 대한 입장의 차이를 확인한다.
② 호론과 낙론의 영향을 파악한다.

더 알아보기
중급 204p | 성리학의 절대화 경향

(가)에 대한 설명으로 적절한 것을 |보기|에서 고른 것은?

> | (가) |의 수용과 연구
> 1. 주요 학파 : 강화학파
> 2. 주요 인물 : 정제두, 이긍익
> 3. 학문적 경향 : 성리학의 형식화와 절대화 비판

|보기|
ㄱ. 고려 말 원으로부터 도입되었다.
ㄴ. 심즉리와 지행합일을 강조하였다.
ㄷ. 이황에 의해 이단으로 규정되었다.
ㄹ. 신진 사대부의 이념적 기반이 되었다.

① ㄱ, ㄴ   ② ㄱ, ㄷ   ③ ㄴ, ㄷ   ④ ㄴ, ㄹ   ⑤ ㄷ, ㄹ

길잡이 ① 정제두가 형성한 강화학파의 학풍을 파악한다.
② 양명학의 특징과 수용 과정을 파악한다.

더 알아보기
중급 205p | 양명학의 수용

064 실학의 발달

경향 분석 실학자들의 저서와 주장, 활동을 묻는 문제는 매 시험마다 빠지지 않고 출제된다.

19회 중급

10 밑줄 그은 ㉠에 해당하는 내용으로 옳은 것은?

① 불교 개혁을 위한 신앙 결사
② 화폐 유통을 통한 상업 발전
③ 소비 촉진을 통한 생산력 증대
④ 매매 금지된 영업전을 설정한 한전론
⑤ 공동 소유·경작의 공동 농장 제도인 여전론

고사부의 기출 타파 

꼼꼼 분석 ④ | 성호 이익은 조선 후기의 중농 실학자이다. 그는 《성호사설》을 통해 사회 개혁안들을 제시하였는데, 토지 개혁 방안으로는 매매가 불가능한 영업전을 설정한 한전론을 주장하였다.

오답 분석 ① 지눌과 요세
② 박지원(용전론)
③ 박제가
⑤ 정약용

고사부 깐깐정리

■ 중농 실학자와 중상 실학자

구분	실학자	저서	주장
중농 실학	유형원	반계수록	균전론(신분에 따라 토지 차등 재분배)
	이익	성호사설	• 한전론: 영업전은 매매 금지, 나머지 토지는 매매 허용 • 6좀 : 노비제, 과거제, 양반 문벌, 사치와 미신, 승려, 게으름
	정약용	목민심서	지방관 근무 지침서, 지방 행정 개혁 주장
		전론	여전론(공동 농장 제도) 주장
		기예론	과학 기술(거중기, 한강 주교 설계)과 상공업 발달에도 관심
중상 실학	홍대용	임하경륜, 의산문답	• 기술 혁신, 신분제 철폐, 성리학 극복이 부국강병의 근본 • 지전설 주장(성리학 중심의 세계관 비판)
	박지원	과농소초, 열하일기	• 수레와 선박 이용, 화폐 유통의 필요성 주장 • 양반 문벌 제도의 비생산성 비판(양반전, 허생전, 호질)
	박제가	북학의	서얼 출신, 청과의 통상 강화 주장, 절검보다는 소비 권장

다음 주장을 한 인물과 관련 <u>없는</u> 것은?

> • 인간에게는 지혜로운 생각과 교묘한 연구력이 있으므로 기예를 익혀서 제 힘으로 살아가도록 한 것이다.
> • 산골짜기와 시냇물의 지세를 기준으로 구역을 획정하여 경계를 삼고, 그 경계선 안에 포괄되어 있는 지역을 1여(閭)로 한다. …… 1여마다 여장(閭長)을 두며, 무릇 여민이 공동으로 경작하도록 한다.

① 
거중기

② 
혼천의

③ 
수원 화성

④ 
경세유표

⑤ 
배다리

길잡이 ① 기예론과 여전제를 주장한 학자를 파악한다.
② 정약용의 활동을 파악한다.

더 알아보기
중급 206p | 농업 중심의 개혁론

길잡이 ① 《북학의》를 저술하고 생산과 소비의 관계를 우물물에 비유한 학자를 파악한다.
② 박제가의 주장을 파악한다.

다음을 주장한 실학자에 대한 설명으로 옳은 것은?

> 재물은 우물과 같습니다. 물을 퍼내지 않으면 우물이 말라버리듯이 비단 옷을 입지 않아 비단 짜는 사람이 없어지게 되면 그 기술이 쇠퇴하게 됩니다. 소비를 권장해야 생산이 활발해집니다.
> – 《북학의》 –

① 의산문답에서 지전설을 주장하였다.
② 우서를 저술하여 상공업 진흥을 강조하였다.
③ 소비를 권장하여 생산을 늘려야 한다고 주장하였다.
④ 육두론을 통해 나라를 좀먹는 여섯 가지 폐단을 지적하였다.
⑤ 토지의 공동 소유, 공동 경작을 골자로 한 여전제를 주장하였다.

더 알아보기
중급 208p | 상공업 중심의 개혁론

065 국학 연구와 과학 기술

경향 분석 역사학, 지리학, 언어학에 관한 문제와 조선 후기 과학 기술의 발달에 관한 문제가 종종 출제되고 있다.

17회 중급

11 다음 지도에 대한 설명으로 옳은 것을 |보기|에서 모두 고른 것은?

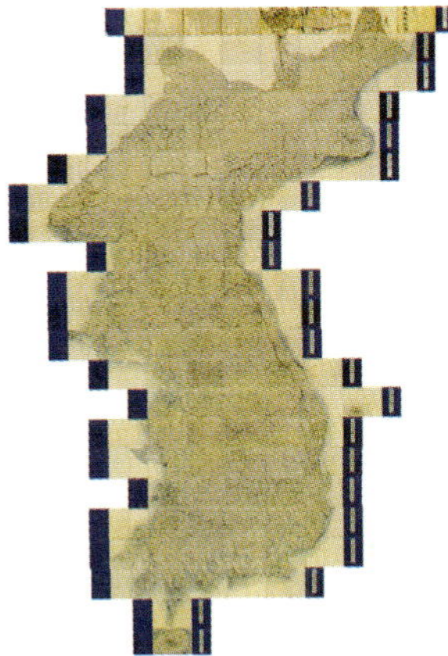

| 보기 |
ㄱ. 전체 22첩의 목판본으로 되어 있다.
ㄴ. 최초로 100리 척을 사용하여 제작되었다.
ㄷ. 산맥, 하천, 도로망 등이 정밀하게 표시되어 있다.
ㄹ. 각 지방의 산천, 인물, 풍속 등이 자세히 나타나 있다.

① ㄱ, ㄴ   ② ㄱ, ㄷ   ③ ㄴ, ㄷ
④ ㄴ, ㄹ   ⑤ ㄷ, ㄹ

고사부의 기출 타파

꼼꼼 분석 ② | 자료의 지도는 김정호가 제작한 대동여지도이다. 대동여지도는 산맥, 하천, 포구, 도로망의 표시가 정밀해지고, 거리를 알 수 있도록 10리마다 눈금이 표시되었다.

오답 분석 ㄴ. 정상기의 동국지도에 대한 설명이다.
ㄹ. 동국여지승람에 대한 설명이다.

고사부 깐깐정리

■ 국학 연구

역사 연구	• 동사강목(안정복) : 마한정통론(독자적 정통론), 고증 사학의 토대 마련 • 해동역사(한치윤), 연려실기술(이긍익) • 발해고(유득공), 동사(이종휘) → 한반도 중심의 역사 인식 극복
지리 연구	택리지(이중환), 동국지도(정상기), 대동여지도(김정호)
언어 연구	훈민정음운해(신경준), 언문지(유희)
과학 기술	• 천문학 : 지전설(김석문, 홍대용) • 역법 : 시헌력 도입(김육의 노력) • 의학 : 동의보감(허준, 17세기), 마과회통(정약용, 18세기), 동의수세보원(이제마, 19세기) • 농서 : 농가집성(신속), 색경(박세당), 산림경제(홍만선), 임원경제지(서유구) 등

학생들의 발표 내용으로 적절하지 <u>않은</u> 것은?

① 유득공이 발해고를 지었습니다.
② 유희가 언문지를 집필하였습니다.
③ 이중환이 택리지를 저술하였습니다.
④ 서거정이 동국통감을 간행하였습니다.
⑤ 안정복이 동사강목을 저술하였습니다.

길잡이 ① 조선 후기 역사, 지리, 국어 분야에서 일어난 국학 운동을 파악한다.

더 알아보기

고급 209p | 국학 연구의 확대

다음 자료와 관련 있는 인물의 활동으로 옳은 것은?

대저 땅덩이는 하루에 한 바퀴를 돈다. 지구 둘레는 9만 리이고 하루는 12시이다. 9만 리 넓은 땅이 하루에 도니 그 속도는 번개나 포탄보다 더 빠르다. 땅이 이처럼 빠른 속도로 돌기 때문에 하늘의 기(氣)가 세차게 부딪쳐 허공에 쌓이고 모이게 된다. – 《의산문답》 –

① 청의 역법인 시헌력을 도입하였다.
② 지구가 우주의 중심이 아니라고 주장하였다.
③ 사람의 체질을 연구하여 사상 의학을 확립하였다.
④ 지전설을 처음 주장하여 우주관을 크게 전환시켰다.
⑤ 마진[홍역]에 대해 연구하여 마과회통을 저술하였다.

길잡이 ① 혼천의를 제작하고 지전설을 주장한 학자를 파악한다.
② 홍대용의 활동을 파악한다.

더 알아보기

고급 212p | 서양 문물의 수용

066 조선 후기의 문화 예술

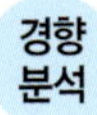

경향 분석 조선 후기의 건축물과 회화 작품, 작가를 묻는 문제가 자주 출제된다.

17회 중급

고사부의 기출 타파

12 (가)~(라)에 대한 설명으로 옳은 것을 |보기|에서 모두 고른 것은?

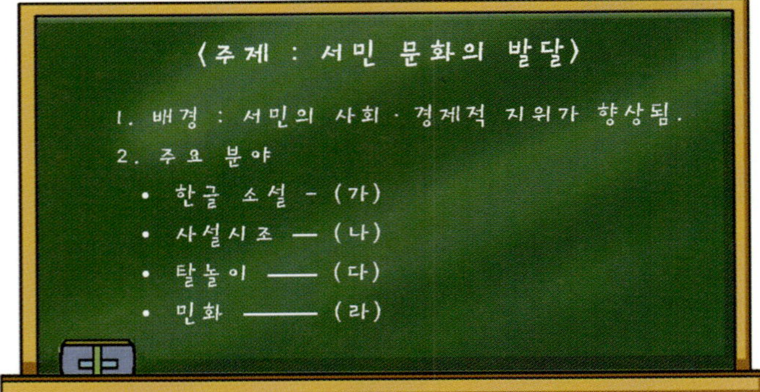

| 보기 |
ㄱ. (가) – 양반전, 허생전 등이 대표적임.
ㄴ. (나) – 구체적인 이야기를 창과 사설로 엮음.
ㄷ. (다) – 양반의 위선과 사회 부조리를 풍자함.
ㄹ. (라) – 민중의 소망과 기원을 반영함.

① ㄱ, ㄴ ② ㄱ, ㄷ ③ ㄴ, ㄷ
④ ㄴ, ㄹ ⑤ ㄷ, ㄹ

꼼꼼 분석 ⑤ | 조선 후기에는 서민의 사회·경제적 지위 향상을 배경으로 서민 문화가 발달하였다. 한글 소설로는 허균의 《홍길동전》을 비롯하여 김만중의 《사씨남정기》와 《구운몽》, 작자를 알 수 없는 《춘향전》, 《토끼전》, 《심청전》, 《장화홍련전》 등의 작품이 서민들 사이에 널리 읽혔다. 또한 형식에 구애 받지 않고 서민들의 감정을 솔직하게 표현한 사설시조가 유행하였다.

오답 분석 ㄱ. 양반전, 허생전은 박지원이 지은 한문 소설이다.
ㄴ. 구체적인 이야기를 창과 사설로 엮은 것은 판소리이다.

고사부 깐깐정리

■ 서민 문화의 대두

배경	상공업의 발달, 농업 생산력의 증대, 서당 교육의 보급
창작 주체	중인층(역관, 서리), 부농과 상공인, 상민이나 광대 등
주요 장르	한글 소설과 사설시조, 판소리(신재효), 민화, 탈춤(봉산 탈춤 등), 시사(詩社)

■ 문화의 새 경향(그림, 서예, 건축)

그림	• 진경산수화 : 정선(인왕제색도) • 풍속화 : 김홍도, 신윤복 등 • 기타 : 서양화법(강세황), 복고풍(김정희), 민화
서예	이광사(동국진체), 김정희(추사체)
건축	• 17세기 : 금산사의 미륵전, 화엄사의 각황전, 법주사의 팔상전 • 18세기 : 수원 화성

다음 건축물에 대한 설명으로 옳지 <u>않은</u> 것은?

(가)

(나)

봉정사 극락전

법주사 팔상전

① (가) – 조선 전기에 다포 양식으로 지어졌다.
② (가) – 현존하는 가장 오래된 목조 건축물이다.
③ (나) – 화엄사 각황전과 함께 17세기에 만들어졌다.
④ (나) – 우리나라에 남아 있는 유일한 목조 5층탑이다.
⑤ (나) – 양반 지주층의 경제적 지원을 받아 만들어졌다.

길잡이 ① 봉정사 극락전과 법주사 팔상전의 조성 시기를 파악한다.
② 두 건물의 특징과 의의를 파악한다.

더 알아보기
고급 218p │ 건축의 변화

(가)~(라) 그림과 관련된 설명으로 옳은 것을 |보기|에서 고른 것은?

(가)

(나)

(다)

(라)

길잡이 ① 각 그림의 작자와 그려진 시기를 파악한다.
② 조선 후기 회화에서 나타난 변화를 파악한다.

┤ 보기 ├
ㄱ. (가)가 그려진 시기에는 풍속화가 함께 유행하였다.
ㄴ. (나)의 작자는 서민의 삶을 풍자와 해학으로 그려냈다.
ㄷ. (다)는 우리 자연을 사실적으로 그렸다.
ㄹ. (라)와 같은 화풍은 정선이 개척하였다.

① ㄱ, ㄴ   ② ㄱ, ㄷ   ③ ㄴ, ㄷ   ④ ㄴ, ㄹ   ⑤ ㄷ, ㄹ

더 알아보기
고급 217p │ 그림의 새 경향, 서예, 청화백자

VI 한국 근대사

067 흥선 대원군의 개혁 정책

경향 분석 흥선 대원군의 내정 개혁을 묻는 문제는 최근 출제 빈도가 높아지고 있다.

14회 중급

01 다음 인물이 추진한 정책으로 옳은 것을 |보기|에서 고른 것은?

흥선 대원군

| 보기 |
ㄱ. 사창제 실시 ㄴ. 호포제 실시
ㄷ. 대전통편 편찬 ㄹ. 개국 연호 사용

① ㄱ, ㄴ   ② ㄱ, ㄷ   ③ ㄴ, ㄷ
④ ㄴ, ㄹ   ⑤ ㄷ, ㄹ

고사부의 기출 타파

꼼꼼 분석 ① | 제시된 자료는 흥선 대원군의 서원 정리 사업이다. 흥선 대원군은 왕권 강화를 위해 비변사를 폐지하고, 의정부의 기능을 강화하였다. 또한 삼정의 문란을 해결하기 위해 환곡제를 없애고 사창제를 실시하였으며, 양반에게도 군포를 부과하는 호포제를 실시하였다. 그리고 《경국대전》, 《속대전》, 《대전통편》을 아울러 《대전회통》을 편찬하는 등 왕권 강화와 봉건 체제 유지를 위한 여러 정책들을 실시하였다.

오답 분석 ㄷ. 《대전통편》은 정조 때 편찬되었다. ㄹ. 개국 연호를 사용했던 것은 제1차 갑오개혁 때이다.

■ 흥선 대원군의 개혁 정치

구분	내용	결과
정치 개혁	• 비변사 축소(의정부, 삼군부 부활) • 법전 정비(대전회통) • 경복궁 중건(원납전, 당백전 발행)	• 전통적 통치 체제의 확립 • 경복궁 중건으로 백성의 고통 가중
민생 안정	• 전정 : 은결 색출(양전 사업) • 군정 : 호포법(양반에게도 군포 징수) • 환곡 : 사창제 실시 • 서원 철폐	• 삼정의 문란 시정 • 양반들의 반발(호포제, 서원 철폐)

(가)에 들어갈 내용으로 옳은 것을 |보기|에서 고른 것은?

인물 탐구 – 흥선 대원군

- 생몰 연대 : 1820~1898
- 본명 : 이하응(고종의 아버지)
- 추진 정책
  - 대내 : (가)
  - 대외 : 서양의 통상 수교 요구를 거부하였다.

| 보기 |

ㄱ. 대전회통을 편찬하였다.
ㄴ. 혜상공국을 혁파하였다.
ㄷ. 의정부와 삼군부의 기능을 부활시켰다.
ㄹ. 양전 사업을 실시하고 지계를 발급하였다.

① ㄱ, ㄴ　　② ㄱ, ㄷ　　③ ㄴ, ㄷ　　④ ㄴ, ㄹ　　⑤ ㄷ, ㄹ

길잡이 ① 흥선 대원군이 등장한 시기의 상황을 떠올린다.
② 흥선 대원군이 개혁을 실시한 분야를 따져 본다.

더 알아보기
중급 224p | 흥선 대원군의 개혁 정치

다음 대화가 이루어진 시기에 있었던 사실로 옳지 않은 것은?

① 경복궁 중건에 동원된 농민
② 사창에서 곡식을 빌려 나오는 농민
③ 호포제 실시에 항의하고 있는 농민
④ 서원 정리 조치에 불만을 토로하는 양반
⑤ 도성 문 앞에서 백성에게 통행세를 거두는 관리

길잡이 ① 당백전이 발행된 시기와 배경을 파악한다.
② 흥선 대원군의 정책에 대한 반응을 파악한다.

더 알아보기
중급 224p | 흥선 대원군의 개혁 정치

068 통상 수교 거부 정책

경향 분석 흥선 대원군 집권 시기 외세의 접근과 양요의 전개 과정은 꼼꼼하게 정리하여 출제에 대비한다.

15회 중급

02 다음 자료로 역사 신문을 제작할 때 기사의 제목으로 적절한 것은?

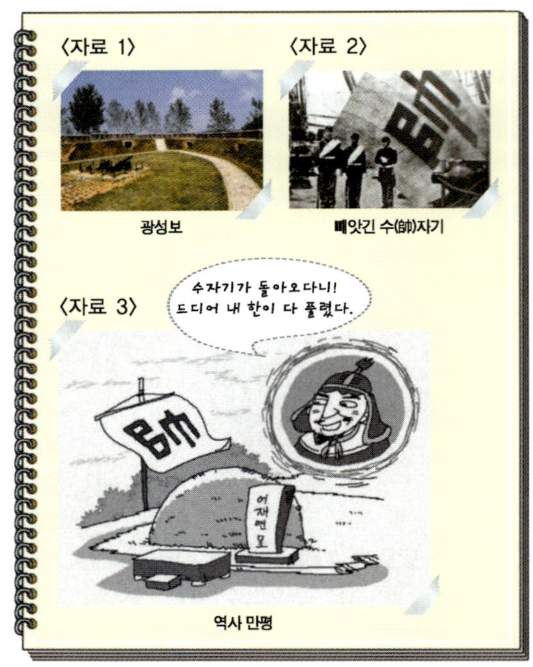

① 영국, 거문도 불법 점령
② 오페르트, 남연군 무덤 도굴 시도
③ 러시아, 연해주 획득과 통상 요구
④ 프랑스, 선교사 처형을 빌미로 침략
⑤ 미국, 제너럴 셔먼호 사건과 강화도 침입

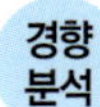

고사부의 기출 타파

꼼꼼 분석 ⑤ㅣ 광성보, 수자기, 어재연 장군은 신미양요(1871)와 관련있다. 미국이 제너럴 셔먼호 사건을 구실로 강화도를 침략했을 때 어재연 장군은 광성보에서 결사적으로 맞서 싸웠다. 미군은 어재연 장군의 수자기를 노획하여 본국으로 가져갔다가 2007년 이를 장기 대여 형식으로 반환하였다.

오답 분석 ① 영국은 1885년 거문도를 불법으로 점령하였다.
② 오페르트 도굴 사건은 독일 상인 오페르트가 충남 덕산에 있는 대원군의 아버지 남연군의 묘를 도굴하려다 실패한 사건이다.
③ 1860년대 초 러시아는 연해주를 획득한 뒤 조선에 통상을 요구해왔다.
④ 병인양요(1866)는 대원군이 천주교 신자와 선교사들을 처형한 병인박해가 원인이다.

고사부 깐깐 정리

■ 병인양요와 신미양요

사건	병인양요(1866, 프랑스)	신미양요(1871, 미국)
배경	병인박해	제너럴 셔먼호 사건(1866)
전투	정족산성 전투(양헌수)	광성보 전투(어재연)
결과	외규장각 도서 약탈	척화비 건립

자료의 사건에 대한 설명으로 옳은 것을 |보기|에서 고른 것은?

> 정족산성 수성장 양헌수의 보고에 의하면, "성을 점령할 계책으로 저들의 두령이 말을 타고 동문과 남문으로 나누어 들어오는 것을 우리 군사들이 좌우에 매복하여 있다가 일제히 총탄을 퍼부었다. 저들이 죽은 것은 6명이고 아군이 죽은 것은 1명이다."라고 하였다.
>
> – 《고종실록》 –

| 보기 |

ㄱ. 제너럴 셔먼호 사건을 계기로 미군이 침략하였다.
ㄴ. 어재연이 광성보에서 항전을 벌이다가 전사하였다.
ㄷ. 외규장각에 보관 중이던 왕실 의궤를 약탈당하였다.
ㄹ. 프랑스가 병인박해를 구실로 강화도를 침략해 왔다.

① ㄱ, ㄴ   ② ㄱ, ㄷ   ③ ㄴ, ㄷ   ④ ㄴ, ㄹ   ⑤ ㄷ, ㄹ

길잡이 ① 양헌수가 정족산성에서 물리친 군대를 파악한다.
② 병인양요의 배경과 영향을 파악한다.

더 알아보기
중급 225p | 천주교 박해와 병인양요

다음 자료에 나타난 사건으로 옳은 것은?

> 대동강을 거슬러 평양부에 와서 정박한 이양선(異樣船)에서 포를 쏘고 총을 쏘아대어 우리 쪽 사람들이 살해되었습니다. 그들을 제압하고 이기는 방책으로는 화공 전술보다 더 좋은 것이 없었으므로 일제히 불을 질러서 그 불길이 저들의 배에 번져가게 하였습니다.
>
> – 평안 감사 박규수의 장계 –

① 병인양요
② 신미양요
③ 운요호 사건
④ 오페르트 도굴 사건
⑤ 제너럴 셔먼호 사건

길잡이 ① 대동강에서 외국 상선 때문에 일어난 사건을 파악한다.

더 알아보기
중급 226p | 신미양요

069 개항과 불평등 조약 체제

19회 중급

경향 분석 강화도 조약과 조·미 수호통상조약이 자주 출제되므로 그 내용과 의의, 영향을 꼼꼼히 정리한다.

고사부의 기출 타파 

03 다음 조항들의 공통점으로 옳은 것은?

> **제10조** 일본국 인민이 조선국에서 지정한 각 항구에 머무는 동안에 죄를 범한 것이 조선국 인민과 관계되더라도 모두 일본국 관원이 심의하여 처리한다.
>
> – 조·일 수호 조규 –
>
> **제4조** 미국 인민이 상선이나 해안에서 조선 인민의 생명과 재산에 손해를 주는 등의 일이 있을 때에는, 미국 영사관 혹은 미국에서 파견한 관원에게 넘겨 미국 법률에 따라 조사하고 체포하여 처벌한다.
>
> – 조·미 수호 통상 조약 –

① 치외법권을 규정하였다.
② 최혜국 대우를 인정하였다.
③ 수출입 절차를 규정하였다.
④ 내지 통상권을 허용하였다.
⑤ 관세 부과 원칙을 규정하였다.

꼼꼼 분석 ① | 자료의 조항은 영사 재판권(치외법권) 조항이다. 이 조항은 외국인이 체류하고 있는 국가의 국내법의 적용을 받지 않고 출신 국가의 법에 따라 재판을 받도록 한 것으로 불평등 조약의 대표적인 사례이다.

고사부 깐깐정리

■ **일본과의 조약 체결**

조약명	내용	결과 및 의미
강화도 조약 (1876. 4)	• 조선을 자주국으로 규정 → 청의 종주권 배제 • 부산, 원산, 인천 등의 개항 → 정치, 군사적 거점 확보 • 연해 자유 측량권, 치외법권 허용	최초의 근대적 조약, 불평등 조약
조·일통상장정 (1876. 6)	• 양곡의 무제한 유출 허용 • 일본 수출입 상품에 대한 무관세	일본의 경제적 침략 발판 구축
조·일수호조규 부록(1876. 8)	• 개항장에서의 일본인 거주지(조계) 설정 • 개항장에서의 일본 화폐의 유통 허용	

■ **서구 열강과의 조약 체결**

조·미 수호통상 조약(1882)	• 배경 : 황쭌셴의 조선책략(친중, 결일, 연미 ↔ 방러) • 내용 : 치외법권, 최혜국 대우, 협정 관세, 거중 조정 등
기타	영국과 통상 수교(1883), 러시아와 통상 수교(1884), 프랑스와 통상 수교(1886)

다음 조항이 포함된 조약에 대한 설명으로 옳지 <u>않은</u> 것은?

> 제1관　조선국은 자주국이며, 일본국과 평등한 권리를 가진다.
> 제4관　조선국은 부산 이외 두 곳의 항구를 개항하고 일본인이 왕래 통상함을 허가한다.
> 제10관　일본국 인민이 조선국이 지정한 각 항구에서 죄를 범할 경우 일본국 관원이 재판한다.

① 최혜국 대우 조항이 포함되었다.
② 조선 연해에 대한 측량을 허용하였다.
③ 조선에 대한 청의 종주권을 부인하였다.
④ 부산 등에 일본인의 거류지가 설정되었다.
⑤ 영사 재판에 의한 치외법권을 허용하였다.

길잡이 ① 조선이 일본과 체결한 근대적 조약을 파악한다.
② 강화도 조약의 내용과 의미를 파악한다.

더 알아보기
중급 229p ┃ 강화도 조약

다음 조약에 대한 옳은 설명을 |보기|에서 고른 것은?

길잡이 ① 조선과 미국이 체결한 조약을 파악한다.
② 조·미 수호통상조약의 내용과 의의를 파악한다.

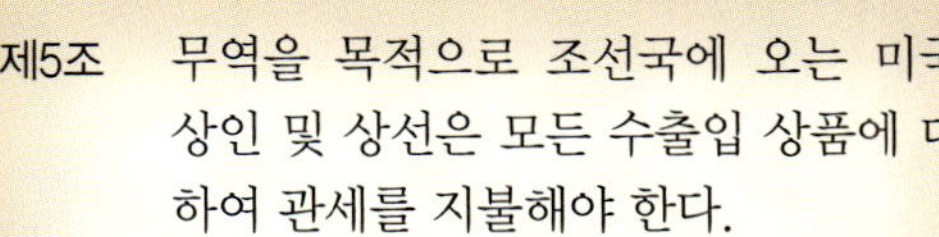

| 보기 |
ㄱ. 청이 조약 체결을 알선하였다.
ㄴ. 천주교 포교의 자유를 인정하였다.
ㄷ. 처음으로 최혜국 대우를 규정하였다.
ㄹ. 조선이 외국과 맺은 최초의 근대적 조약이다.

① ㄱ, ㄴ　　② ㄱ, ㄷ　　③ ㄴ, ㄷ　　④ ㄴ, ㄹ　　⑤ ㄷ, ㄹ

더 알아보기
중급 229p ┃ 강화도 조약

070 개화 정책의 추진

경향 분석 초기 개화파 인물들의 활동, 초기 개화 정책의 일환으로 파견된 사절단이 자주 출제된다.

16회 중급

고사부의 기출 타파 

04 (가)에 들어갈 내용으로 적절한 것은?

〈서술형 평가 문항〉

※다음에 해당되는 인물의 활동에 대해 서술하시오.

◆주요 행적
- 1881년 조사 시찰단의 일원으로 일본 시찰 후 유학
- 1883년 보빙사의 일원으로 미국 시찰 후 유학
- 1885년 유럽 각국 순방 후 귀국

◆주장
 우리나라가 아시아의 중립국이 되는 것은 러시아를 막는 중요한 계기가 될 것이며, 또한 아시아의 여러 대국들이 서로 균형을 이루는 정략도 될 것이다. …… 오직 중립 한 가지만이 진실로 우리나라를 지키는 방책이다.

[답란] : ______________(가)______________

① 서구 기행문인 서유견문을 저술하였다.
② 갑신정변의 실패로 일본에 망명하였다.
③ 미국에서 귀국하여 독립 협회를 창립하였다.
④ 초대 주미 공사로 임명되어 미국에 파견되었다.
⑤ 학생과 기술자를 이끌고 영선사로 청에 다녀왔다.

꼼꼼 분석 ① | 자료의 인물은 유길준이다. 유길준은 조사 시찰단(1881)의 일원으로 일본에 파견된 후 게이오 의숙에 입학하여 새로운 학문을 익혔다. 이후 보빙사(1883)의 일원으로 민영익과 함께 미국으로 건너갔고, 최초의 국비 유학생 자격으로 미국 학교에서 수학하였다. 1885년 귀국하여 자신의 미국, 유럽 여행기를 담은 《서유견문》을 저술하기 시작하여 1889년 탈고하였다.

오답 분석 ② 김옥균, 박영효 등
③ 서재필
④ 박정양
⑤ 김윤식

고사부 깐깐 정리 

■ 초기 개화 정책

사절단 파견	• 일본 : 수신사, 신사 유람단(1881) • 청 : 영선사(1881, 김윤식) • 미국 : 보빙사(1883, 민영익)
기구 설치	• 통리기무아문 설치, 12사를 두어 근대적 개혁과 외교 담당 • 군제 개혁 : 5군영을 2영으로 통합(무위영, 장어영), 별기군 설치
근대 시설 설치	• 기기창(1883) : 군대적 무기 제조 • 박문국(1883) : 한성순보 발간

밑줄 친 '이 기구'에서 실시한 개혁을 |보기|에서 모두 고른 것은?

> 개항 이후 개화의 필요성을 절감하게 된 조선 정부는 개화파 인사들을 정계에 등용하고, 그들을 중심으로 개화 정책을 추진하기 위하여 1881년에 <u>이 기구</u>를 설치하였다. <u>이 기구</u> 아래에는 12사를 두어 외교, 군사, 산업, 통상 등의 업무를 각각 담당하게 하였다.

┤ 보기 ├

ㄱ. 단발령 실시   ㄴ. 별기군 창설
ㄷ. 영선사 파견   ㄹ. 원수부 설치

① ㄱ, ㄴ   ② ㄱ, ㄷ   ③ ㄴ, ㄷ   ④ ㄴ, ㄹ   ⑤ ㄷ, ㄹ

길잡이 ① 근대 문물의 수용을 위해 설치한 기구를 파악한다.
② 통리기무아문 주도로 추진된 개화 정책을 파악한다.

더 알아보기
중급 233p | 초기 개화 정책

(가), (나) 인물에 대한 설명으로 옳은 것을 |보기|에서 고른 것은?

길잡이 ① 갑신정변을 주도한 인물과 갑오·을미개혁을 주도한 인물을 파악한다.
② 김옥균 등 급진 개화파와 김홍집 등 온건 개화파의 활동을 파악한다.

┤ 보기 ├

ㄱ. (가) – 한반도 중립화론을 주장하였다.
ㄴ. (가) – 우정국 낙성식에서 정변을 일으켰다.
ㄷ. (나) – 제2차 수신사로 일본에 다녀왔다.
ㄹ. (나) – 삼국 간섭 직후 일본으로 망명하였다.

① ㄱ, ㄴ   ② ㄱ, ㄷ   ③ ㄴ, ㄷ   ④ ㄴ, ㄹ   ⑤ ㄷ, ㄹ

더 알아보기
중급 232p | 개화 사상의 형성과 분화

071 위정척사 운동

경향 분석 위정척사 운동은 자주 출제되며, 1870년대와 1880년대의 위정척사 운동의 출제 비중이 높다.

18회 중급

05 (가), (나)를 주장한 세력에 대한 설명으로 옳은 것을 |보기|에서 고른 것은?

(가)   (나)

┤ 보기 ├
ㄱ. (가) – 이만손, 홍재학이 대표적이다.
ㄴ. (가) – 통상 개화론의 영향을 받았다.
ㄷ. (나) – 정부의 개화 정책을 주도하였다.
ㄹ. (나) – 성리학적 전통 체제를 지키려 하였다.

① ㄱ, ㄴ   ② ㄱ, ㄷ   ③ ㄴ, ㄷ   ④ ㄴ, ㄹ   ⑤ ㄷ, ㄹ

고사부의 기출 타파

꼼꼼 분석 ④ | (가)는 조선책략을 긍정하는 개화파 관료들, (나)는 조선책략을 비판하는 위정척사론자이다. 통상 개화론의 영향을 받은 정부의 개화파 관료들은 개항 초기의 개화 정책을 주도하였다. 한편 위정척사론자들은 개화 정책을 비판하고 기존의 성리학적 전통 질서를 수호하고자 하였다.

오답 분석 ㄱ. 이만손, 홍재학은 위정척사 유생이다.
ㄷ. 위정척사 유생들은 정부의 개화 정책에 비판적이었다.

고사부 깐깐 정리

■ 위정척사 운동

구분	시기	중심 인물	배경	내용
1	1866	이항로	병인양요	척화주전론(통상 반대 운동)
2	1876	최익현	강화도 조약	왜양일체론(개항 불가론)
3	1881	이만손	조선책략의 유포	영남 만인소(개화 반대론)
4	1895	유인석	을미사변, 단발령	을미의병

(가), (나) 자료에 대한 설명으로 옳은 것을 |보기|에서 고른 것은?

(가) 오늘날 조선이 세워야 할 책략으로 러시아를 막는 것보다 더 급한 일이 없다. 러시아를 막는 책략은 무엇인가? 중국과 친교하고, 일본과 결속하고, 미국과 연대함으로써 자강을 도모할 따름이다.

(나) 미국은 우리가 본래 모르던 나라입니다. 끌어들였다가 우리의 허점을 엿보고 어려운 요구를 하면 어떻게 대응하시겠습니까? …… 러시아, 일본, 미국은 같은 오랑캐입니다. 그들 사이에 누구에게 후하게 대하고, 누구에게 박하게 대하기는 어려운 일입니다.

| 보기 |

ㄱ. (가) – 1차 수신사 김기수가 일본에서 들여왔다.
ㄴ. (가) – 조 · 미 수호통상조약 체결의 계기가 되었다.
ㄷ. (나) – 통상을 거부하는 척화비 설립의 계기가 되었다.
ㄹ. (나) – 이만손 등 많은 유생들이 함께 올린 상소문이다.

① ㄱ, ㄴ　　② ㄱ, ㄷ　　③ ㄴ, ㄷ　　④ ㄴ, ㄹ　　⑤ ㄷ, ㄹ

길잡이 ① 러시아를 막는 책략을 언급한 책을 파악한다.
② 미국과의 수교에 반대한 이들을 파악한다.

더 알아보기
중급 235p | 위정척사 운동

(가), (나) 국가에 대한 설명으로 옳은 것을 |보기|에서 고른 것은?

수신사 김홍집이 가져와서 유포한 황쭌셴의 사사로운 책자를 보노라면 어느새 털끝이 일어서고 쓸개가 떨리며 울음이 북받치고 눈물이 흐릅니다. …… ▢ (가) ▢ 은(는) 우리가 본래 모르던 나라입니다. 잘 알지 못하는데 공연히 타인의 권유로 불러들였다가 그들이 재물을 요구하고 우리의 약점을 알아차려 어려운 청을 하거나 과도한 경우를 떠맡긴다면 장차 이에 어떻게 응할 것입니까? ▢ (나) ▢ 은(는) 본래 우리와 혐의가 없는 나라입니다. 공연히 남의 말만 듣고 틈이 생기게 된다면 우리의 위신이 손상될 뿐 아니라 만약 이를 구실로 침략해 온다면 장차 이를 어떻게 막을 것입니까?

| 보기 |

ㄱ. (가) – 거문도를 불법으로 점령하였다.
ㄴ. (가) – 조선이 최초로 최혜국 대우를 허용하였다.
ㄷ. (나) – 절영도의 조차를 요구하였다.
ㄹ. (다) – 제너럴 셔먼호 사건을 구실로 신미양요를 일으켰다.

① ㄱ, ㄴ　　② ㄱ, ㄷ　　③ ㄴ, ㄷ　　④ ㄴ, ㄹ　　⑤ ㄷ, ㄹ

길잡이 ① 《조선책략》에서 수교 대상과 방어 대상으로 지목한 국가를 파악한다.
② 미국과 러시아가 조선에 끼친 영향을 파악한다.

더 알아보기
중급 235p | 위정척사 운동

072 임오군란

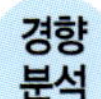 **경향 분석** 여러 번 출제된 임오군란은 전개 과정과 영향을 꼭 정리해 두어야 한다.

20회 중급

고사부의 **기출 타파** 

06 다음과 같이 전개된 사건의 영향으로 옳은 것은?

일 자	내 용
1882년 6월 5일	구식 군인들의 봉기
6월10일	흥선 대원군 재집권
7월 13일	흥선 대원군 청으로 납치
7월 16일	청군에 의해 난 진압
7월 25일	민씨 세력 재집권

① 운요호 사건이 일어났다.
② 영남 만인소가 작성되었다.
③ 영선사가 청나라에 파견되었다.
④ 신식 군대인 별기군이 창설되었다.
⑤ 조 · 청 상민 수륙 무역 장정이 체결되었다.

꼼꼼 분석 ⑤ㅣ표는 '임오군란(1882)'의 전개 과정을 정리한 것이다. 임오군란 때 군인들을 피해 장호원으로 피신한 중전 민씨는 청나라에 개입을 요청하였다. 이를 통해 군란을 진압하고 재집권한 민씨는 청나라의 조 · 청 상민 수륙 무역 장정(1882)의 체결 요구에 응하였다.

오답 분석 ① 운요호 사건(1875)은 강화도 조약 체결의 계기가 되었다.
② 조선책략의 유포가 영남 만인소 운동에 영향을 주었다.
③ 근대 기술을 배우기 위해 1881년 영선사 일행을 파견하였다.
④ 초기 개화 정책의 일환으로 별기군을 창설하였다.

고사부  **깐깐 정리**

■ 임오군란

성격	정부의 개화 정책과 외세 침략에 대한 구식 군인과 보수파(대원군)의 반발
전개	군인 폭동 → 민씨 고관 살해, 일본 공사관 습격 → 대원군 재집권(개화 정책 중단)
결과	• 청군이 출병하여 군란 진압, 민씨 정권의 재집권 • 청의 내정 간섭 본격화(마젠창, 묄렌도르프, 위안 스카이) • 조 · 청 상민 수륙 무역 장정 체결(청의 종주권 · 통상 특권 인정) • 제물포 조약(일본 공사관 경비 병력 주둔 인정)

다음 자료를 통해 알 수 있는 사건의 결과로 옳은 것은?

> 6월 5일 선혜청 도봉소(都捧所)에서는 무위영 소속 군사들에게 우선 한 달분의 급료를 지급하였다. 그런데 선혜청 창고지기의 농간으로 급료로 지급된 쌀에 겨와 모래가 섞여 있었다. 이에 군사들은 급료 수령을 거부하는 한편, 강화유수 민태호의 집을 습격하고 파괴하였다. …… 6월 23일 일본 공사관을 포위, 습격하여 일본인 교관 호리모토 공병 소위와 일본 순사를 살해하였다.

┤ 보기 ├

ㄱ. 청군과 일본군이 동시에 철수하였다.
ㄴ. 미국과 수호 통상 조약을 체결하였다.
ㄷ. 조선과 일본이 제물포 조약을 맺었다.
ㄹ. 독일인 묄렌도르프가 고문으로 임명되었다.

① ㄱ, ㄴ　　② ㄱ, ㄷ　　③ ㄴ, ㄷ　　④ ㄴ, ㄹ　　⑤ ㄷ, ㄹ

길잡이 ① 무위영 소속 군사들이 일으킨 사건을 파악한다.
② 임오군란의 결과를 파악한다.

더 알아보기
중급 236p | 임오군란

다음 조약 체결의 원인이 된 사건에 대한 설명으로 옳지 <u>않은</u> 것은?

> 제3조　조선은 5만 원을 지출하여 해를 당한 일본 관원의 유족과 부상자를 특별히 돌보아 준다.
> 제4조　흉도들의 포악한 행동으로 인하여 일본국이 입은 손해와 공사를 호위한 해군과 육군의 비용 중에서 50만 원을 조선국에서 보충한다.
> 제5조　일본 공사관에 군사 약간을 두어 경비를 서게 한다.

① 대원군이 청으로 압송되었다.
② 구식 군인이 선혜청을 습격하였다.
③ 사태 수습을 위해 청군이 출병하였다.
④ 청의 내정 간섭이 강화되는 계기가 되었다.
⑤ 근대 국가를 지향하는 개혁 정강을 발표하였다.

길잡이 ① 일본 공사관에 군사를 주둔하게 된 계기를 파악한다.
② 임오군란의 전개 과정 및 영향을 파악한다.

더 알아보기
중급 236p | 임오군란

073 갑신정변

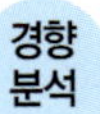

경향 분석 갑신정변은 개화기에 있었던 중요한 사건으로, 다른 사건과 연결하거나 비교하여 묻는 형식으로 많이 출제되고 있다.

17회 중급

고사부의 기출 타파

07 다음 인물들이 주도한 사건에 대한 설명으로 옳지 <u>않은</u> 것은?

김옥균

박영효

홍영식

① 일본군이 서울에 주둔하는 계기가 되었다.
② 우정총국 개국 축하연을 이용하여 일어났다.
③ 청의 내정 간섭이 심해지는 결과를 초래하였다.
④ 메이지 유신을 모델로 한 급진적인 개혁 운동이었다.
⑤ 중국에 대한 전통적 사대 관계를 청산하고자 하였다.

꼼꼼 분석 ① | 자료의 김옥균, 박영효, 홍영식은 갑신정변(1884)을 주도한 급진 개화파의 주요 인물들이다. 임오군란 후 다시 집권한 민씨 세력은 개화 정책에 소극적이었다. 이에 김옥균, 박영효, 서광범, 홍영식 등 개화파 인사들이 우정국 개국 축하연을 이용하여 정변을 일으켰다. 이들은 청에 대하여 자주권을 내세우고, 문벌 타파와 조세 제도 개혁 등 개혁 정책을 발표하였다. 그러나 근대 국가를 수립하려고 했던 이들의 노력은 청군의 개입으로 3일 만에 실패로 돌아갔다.

오답 분석 ① 일본군이 서울에 주둔하게 된 계기는 임오군란과 제물포 조약(1882)이다.

고사부 깐깐정리

■ 개화파의 분화

구분	온건 개화파(사대당)	급진 개화파(개화당)
인물	김홍집, 어윤중, 김윤식	김옥균, 박영효, 홍영식
성향	친청	반청 친일
개혁 방법	청의 양무 운동 모방 → 동도 서기론	일본의 메이지 유신이 모델 → 입헌 군주제 지향
영향	갑오개혁	갑신정변

■ 갑신정변

전개	우정국 개국 축하연 계기로 정변 단행 → 개화당 정부 수립 → 청군 개입으로 실패
결과	청의 내정 간섭 강화, 한성 조약·톈진 조약 체결
혁신 정강	청에 대한 사대 폐지, 문벌 폐지, 인민 평등권, 지조법 개혁, 내각의 권한 강화
한계	위로부터의 개혁, 외세 의존적(일본 세력을 끌어들임)
갑신정변 이후의 정세	• 거문도 사건(1885, 영국과 러시아의 대립) • 중립화론 대두(유길준, 부들러)

다음 개혁안을 제시한 사건에 대한 설명으로 옳지 <u>않은</u> 것은?

> • 청에 잡혀간 흥선 대원군을 곧 돌아오게 하며, 종래 청에 대하여 행하던 조공의 허례를 폐지한다.
> • 문벌을 폐지하고 인민 평등의 권리를 세우고, 능력에 따라 관리를 임명한다.
> • 토지의 수익에 매기던 조세법을 개혁하여 관리의 부정을 막고 백성을 보호하며, 국가 재정을 넉넉하게 한다.

① 근대 국가 수립을 목표로 하였다.
② 청군의 개입으로 3일 만에 실패하였다.
③ 일본을 모델로 급진적인 개혁을 지향하였다.
④ 개화 정책의 소극적 추진에 대한 불만으로 일어났다.
⑤ 흥선 대원군이 일시적으로 다시 집권하는 계기가 되었다.

길잡이 ① 제시된 개혁안이 발표된 시기를 파악한다.
② 갑신정변의 전개 과정과 지향을 파악한다.

더 알아보기
중급 239p | 갑신정변

다음 주장이 제기된 배경으로 가장 적절한 것은?

> 대저 우리나라가 아시아의 중립국이 된다면 러시아를 방어하는 큰 기틀이 될 것이고, 또한 여러 대국들이 서로 보전하는 전략도 될 것이다. …… 중국이 맹주가 되어 영국, 프랑스, 일본, 러시아 같은 아시아에 관계있는 여러 나라들과 회합하고, 우리나라도 참석하여 함께 중립 조약을 체결토록 해야 할 것이다.
> – 유길준 –

① 프랑스가 강화도를 침략하였다.
② 일본이 러시아를 선제 공격하였다.
③ 영국군이 거문도를 불법 점령하였다.
④ 평양 군민이 제너럴 셔먼호를 불태웠다.
⑤ 운요호가 강화도에서 무력 시위를 하였다.

길잡이 ① 유길준이 중립화론을 주장한 시기를 파악한다.

더 알아보기
중급 239p | 갑신정변 이후의 국제 정세

074 동학 농민 운동

경향 분석 동학 농민 운동은 빠지지 않고 출제된다. 전개 과정을 꼼꼼히 정리하여 출제에 대비한다.

21회 중급

08 밑줄 그은 전쟁 기간에 있었던 사실로 옳은 것은?

① 동학 농민군이 우금치 전투에서 패배하였다.
② 한국 광복군이 대일 선전 성명서를 발표하였다.
③ 국민 대표 회의가 중국 상하이에서 개최되었다.
④ 의병 연합 부대가 서울 진공 작전을 계획하였다.
⑤ 일제가 징병령을 내려 조선인을 전쟁에 동원하였다.

고사부의 기출 타파

꼼꼼 분석 ① | 1894년 일본은 경복궁을 점령하고 조선에 제1차 김홍집 내각을 수립하여 내정 개혁을 요구하였다. 청군이 이에 항의하자 일본은 청군을 기습 공격하여 청 · 일 전쟁(1894)을 일으켰다. 이에 동학 농민군이 1894년 9월에 2차 봉기를 일으켰으나, 공주 우금치에서 일본군과 관군의 연합 부대에 의해 패배하였다.

오답 분석 ② 대일 선전 포고(1941)
③ 국민대표 회의(1923)
④ 서울 진공 작전(1908)
⑤ 조선 징병령(1944)

고사부 깐깐정리

■ 동학 농민 운동

배경	일본의 경제적 침투, 지배층의 수탈(탐관오리)
교조 신원 운동	삼례 집회, 복합 상소 → 보은 집회(1893)
전개	제1기(고부 민란기, 1894. 1) : 조병갑의 탐학(만석보)에 저항한 우발적 민란 제2기(반봉건 봉기, 1894. 3) : 고부 백산 봉기 → 황토현 전투 → 전주성 점령 제3기(전주 화약기, 1894. 5) : 집강소 설치, 폐정 개혁안 건의 ↓ **경복궁 쿠데타, 청 · 일 전쟁 발발, 일본의 내정 간섭** 제4기(반외세 봉기, 1894. 9) : 2차 봉기(삼례) → 우금치 전투
영향	갑오개혁에 영향, 의병에 가담

(가)에 들어갈 역사적 사실로 옳은 것은?

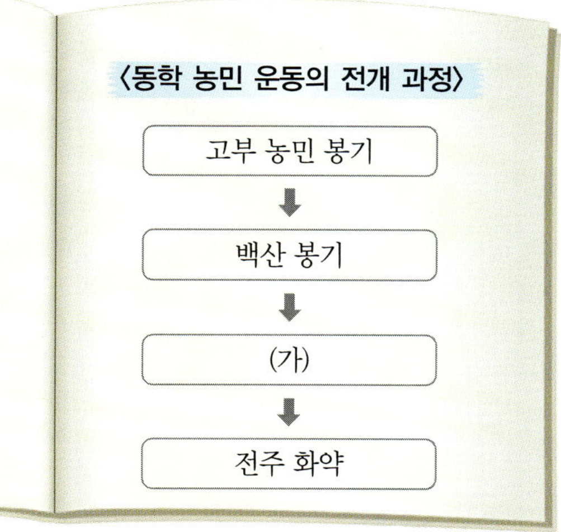

① 전라도 일대에 집강소가 설치되었다.
② 황토현 전투에서 농민군이 승리하였다.
③ 우금치 전투에서 농민군이 패퇴하였다.
④ 보은 집회에서 '척왜양창의'가 제기되었다.
⑤ 지도자인 전봉준이 체포되어 처형당하였다.

길잡이 ① 백산 봉기와 전주 화약의 시점을 파악한다.
② 동학 농민군의 1차 봉기 활동을 파악한다.

더 알아보기
중급 243p ┃ 동학 농민 운동의 전개

밑줄 친 '우리'의 주장으로 옳지 <u>않은</u> 것은?

> 우리가 의(義)를 들어 이에 이르렀음은 그 뜻이 결코 다른 데 있지 않다. 백성을 도탄에서 구하고 국가를 반석 위에 두고자 함이라. 안으로는 탐학한 관리의 머리를 베고 밖으로는 횡포한 강적의 무리를 쫓아내고자 함이다.
> – 백산 봉기 격문 –

① 노비 문서를 불태워 없애라.
② 무명 잡세를 일체 폐지하라.
③ 젊은 과부의 재가를 허용하라.
④ 왜적과 통하는 자를 엄징하라.
⑤ 민심을 반영할 수 있는 의회를 설치하라.

길잡이 ① 백산에서 봉기한 이들을 파악한다.
② 동학 농민군이 폐정 개혁안을 통해 주장한 내용을 파악한다.

더 알아보기
중급 243p ┃ 동학 농민 운동의 전개

075 갑오개혁과 을미개혁

경향 분석 갑오개혁과 을미개혁의 내용은 자주 출제된다. 각 개혁의 내용과 시행 배경을 정리하여 출제에 대비한다.

고사부의 기출 타파

22회 중급

09 (가)에 들어갈 내용으로 가장 적절한 것은?

① 태양력을 사용하기로 하였습니다.
② 과거제를 폐지하기로 하였습니다.
③ 신분 제도를 철폐하기로 하였습니다.
④ 군국기무처를 설치하기로 하였습니다.
⑤ 과부의 재가를 허용하기로 하였습니다.

꼼꼼 분석 ① | 단발령은 을미개혁(1895)의 내용이다. 이외에도 을미개혁에는 건양 연호 사용, 우체사 설치, 태양력 채택, 친위대와 진위대 설치, 종두법 시행 등이 있다.

오답 분석 ②, ③, ④, ⑤ 모두 제1차 갑오개혁의 내용이다.

고사부 깐깐 정리

■ 갑오·을미개혁(1894~1895)

구분	제1차 갑오개혁	제2차 갑오개혁	을미개혁
전개	• 군국기무처 주도 • 대원군 섭정	• 김홍집 · 박영효 연립 내각 • 홍범 14조, 독립서고문	• 을미사변 직후 개혁 추진 • 친일 내각 주도
정치	• 왕실과 정부 사무 분리 • 개국 연호	• 내각제 시행 • 23부 개편	• '건양' 연호 • 우체사 설치
경제	• 재정 일원화(탁지아문) • 조세 금납화, 은본위제		
사회	공 · 사노비제 폐지	사법권과 행정권의 분리	태양력, 단발령, 종두법 실시

다음 자료와 관련된 개혁의 내용으로 옳지 <u>않은</u> 것은?

- 청에 의탁하는 생각을 끊고, 자주 독립의 기초를 세울 것
- 의정부와 각 아문의 직무 권한을 명확히 정할 것
- 조세 과징과 경비 지출은 모두 탁지아문이 관할할 것
- 문벌을 가리지 않고 널리 인재를 등용할 것

① 조혼을 금지하였다.
② 과거제를 폐지하였다.
③ 과부의 재가를 허용하였다.
④ 공사 노비 제도를 폐지하였다.
⑤ 양전을 실시하고 지계를 발급하였다.

길잡이 ① 자료가 홍범 14조임을 파악한다.
② 갑오·을미개혁의 내용을 파악한다.

더 알아보기
중급 246p │ 제2차 갑오개혁

(가), (나) 사이의 시기에 있었던 사실로 옳지 <u>않은</u> 것은?

(가) 우리 정부는 왕명을 받들어 교정청을 설치하였다. 당상관 15명을 두고 먼저 폐정 몇 가지를 개혁하니, 모두 동학당이 주장한 것이다. 우리 힘으로 개혁을 추진하여 일본인들이 끼어듦을 막고자 하였다.
(나) 머리를 깎으라는 명령이 내려지니 곡성이 하늘을 진동하고 사람들은 분노하여 목숨을 끊으려 하였다. 경무사 허진은 순검들을 인솔하고 칼을 들고 길을 막으며 만나는 사람마다 머리를 깎았다.

① 일본이 명성 황후를 살해하였다.
② 국왕이 홍범 14조를 반포하였다.
③ 고종이 러시아 공사관으로 처소를 옮겼다
④ 탁지아문을 설치하여 국가 재정을 일원화하였다.
⑤ 동학 농민군이 우금치에서 일본군과 전투를 벌였다.

길잡이 ① 교정청의 설치 시기와 단발령의 실시 시기를 파악한다.
② 갑오개혁이 추진되는 시기의 역사적 사실을 파악한다.

더 알아보기
중급 248p │ 을미개혁

076 독립협회와 대한 제국

경향 분석 대한 제국 시기의 개혁과 독립협회의 활동은 매번 출제되는 주제이다.

22회 고급

고사부의 기출 타파 

10 (가)에 들어갈 내용으로 옳은 것은?

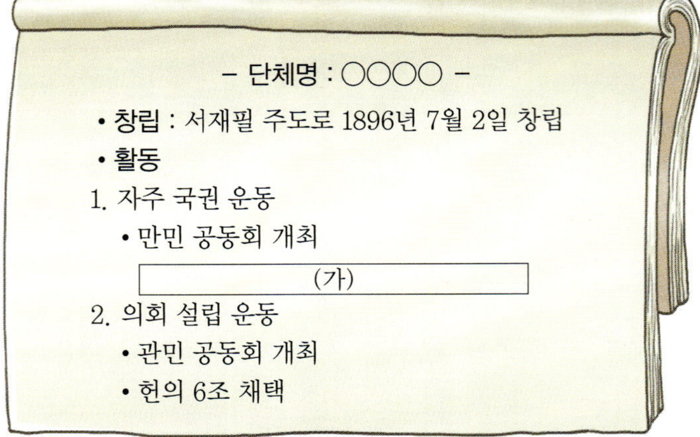

① 대한매일신보 발행
② 물산 장려 운동 추진
③ 고종 황제 강제 퇴위 반대
④ 국외 독립운동 기지 건설
⑤ 러시아의 절영도 조차 요구 규탄

꼼꼼 분석 ⑤ | 자료는 1896년에 서재필이 주도하여 창립한 독립협회의 활동을 정리한 것이고, (가)에는 국권 수호를 위한 활동이 들어가야 한다. 1898년 3월에 독립협회는 종로에서 우리나라 최초의 민중 대회인 만민 공동회를 개최하여 러시아의 내정 간섭을 비판하고 이권 요구를 규탄하였다. 결국 러시아는 군사 교관과 재정 고문을 철수시키고, 절영도 조차 요구를 철회하였으며 한러 은행을 폐쇄하였다.

오답 분석 ① 독립협회는 독립신문을 발행하였다.
② 조선 물산 장려회
③ 대한 자강회
④ 신민회의 활동

■ 독립협회(1896~1898)

배경	아관파천, 열강의 이권 침탈 심화
주도	진보적 지식인(서재필, 윤치호)
활동	• 민중 계몽 운동 : 독립문, 독립신문, 토론회 개최, 만민 공동회 개최(1898) • 자주 국권 운동 : 러시아의 내정 간섭과 이권 침탈 규탄 • 자유 민권 운동 : 관민 공동회 개최(헌의 6조), 의회 설립 운동(중추원 → 상원 형태)
해산	보수파의 탄압(익명서 사건)

■ 광무개혁

대한 제국의 성립	환궁 뒤 '광무' 연호, '황제' 칭호, '대한 제국' 국호 채택
시정 방침	구본신참(점진적 개혁 추구)
정치 개혁	• 황제권 강화, 원수부 설치, 독립협회 탄압 • 간도 관리사 파견, 한 · 청 통상 조약(1899)
경제 개혁	양전 사업과 지계 발급, 식산 흥업 정책(근대적 회사 설립)
교육 및 시설 확충	기술 학교 설립, 각종 근대 시설 도입(전차, 철도)

다음 자료와 관련된 정부의 정책으로 옳지 <u>않은</u> 것은?

환구단과 황궁우

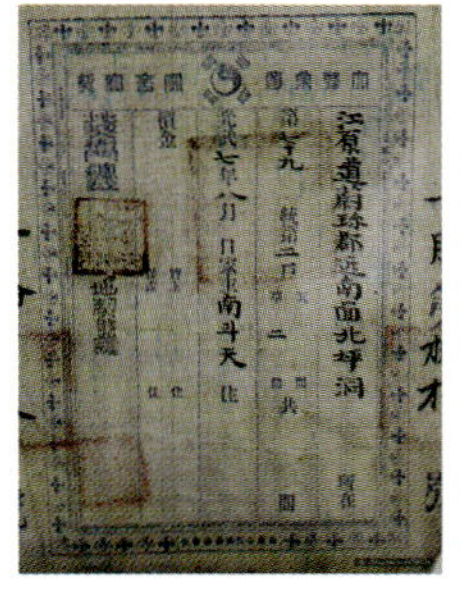

지계

① '건양' 이라는 연호를 제정하였다.
② 군제를 개편하여 시위대를 설치하였다.
③ 회사와 공장을 설립하여 상공업을 진흥하였다.
④ 상공 학교, 의학교 등 각종 학교를 설립하였다.
⑤ 황제권 강화를 위해 대한국 국제를 선포하였다.

길잡이 ① 환구단에서 황제 즉위식을 거행한 정부를 파악한다.
② 대한 제국이 실시한 정책을 파악한다.

더 알아보기
중급 253p | 대한 제국의 성립

길잡이 ① 대한국 국제를 공포한 정부를 파악한다.
② 갑오 · 을미개혁의 내용과 광무개혁의 내용을 구분한다.

다음 자료를 공포한 정부의 정책으로 옳은 것은?

> **– 대한국 국제 –**
>
> 제1조   대한국은 세계 만국이 공인한 자주 독립 제국이다.
> 제2조   대한 제국의 정치는 만세 불변의 전제 정치이다.
> 제3조   대한국 대황제는 무한한 군권을 누린다.

① 8도를 23부로 개편하였다.
② 친위대와 진위대를 설치하였다.
③ 은본위제 화폐 제도를 채택하였다.
④ 토지를 새로 측량하여 지계를 발급하였다.
⑤ 교육 입국 조서를 반포하고 소학교를 세웠다.

더 알아보기
중급 253p | 광무개혁

077 국권의 피탈

경향 분석 일제의 국권 피탈 과정과 이에 대한 우리 민족의 저항은 자주 출제되고 있다.

19회 중급

고사부의 기출 타파 

11 (가)에 들어갈 기사의 소제목으로 적절하지 <u>않은</u> 것은?

역사 신문

제△△호　　　　　　　　　○○○○년 ○○월 ○○일

을사늑약에 맞선 우리 민족의 대응

　1905년 일제는 고종 황제와 대신들을 위협하여 대한 제국의 외교권을 빼앗는 조약을 일방적으로 강요하고 고종의 승인 없이 공포하였다.
　을사늑약 이후 전개되었던 우리 민족의 대응을 취재하였다.

(가)

---

① 최제우, 동학을 창시하다.
② 민영환, 죽음으로 항거하다.
③ 신돌석, 의병장으로 활약하다.
④ 나철, 오적 암살단을 조직하다.
⑤ 고종, 헤이그에 특사를 파견하다.

꼼꼼 분석　① | (가)에는 을사늑약(1905) 이후 전개된 우리 민족의 대응이 들어가야 한다.
민영환, 조병세 등은 자결로써 일제의 침략에 항거하였으며 최익현, 신돌석 등은 을사의병을 일으켰다. 나철, 오기호 등은 오적 암살단을 조직하여 을사오적을 처단하려 하였고 이재명은 이완용을 처단하려다 실패하였다.
한편, 고종은 헐버트를 미국에 파견하고 헤이그에 이상설 등의 특사를 파견하여 국제 사회에 부당성을 알리려 하였다.

오답 분석　① 최제우가 동학을 창시한 것은 1860년이다.

고사부 깐깐정리 

■ 국권 피탈 과정

연도	조약	통치	내용
1904. 2	한·일 의정서		군사 시설 사용권
1904. 8	제1차 한·일 협약	고문 정치	외교(스티븐스)와 재정(메가타) 분야의 고문 파견
	열강의 묵인		가쓰라·태프트 밀약(1905. 7), 제2차 영·일 동맹(1905. 8), 포츠머스 조약(1905. 9)
1905. 11	을사조약	통감 정치	외교권 박탈, 통감부 설치
1907. 7	한·일 신협약	차관 정치	고종 퇴위 계기, 군대 해산, 통감의 권한 확대
1909. 7	기유각서		사법권 박탈, 감옥 사무 이관
1910. 8	한·일 병합	총독 정치	주권 박탈, 무단 통치(헌병 경찰 통치)

다음 조약의 체결 결과로 옳은 것은?

> 제1조　대한 정부는 대일본 정부가 추천한 일본인 1명을 재정 고문으로 하여 대한 정부에 용빙하고, 재무에 관한 사항은 일체 그 의견을 물어 시행할 것
>
> 제2조　대한 정부는 대일본 정부가 추천한 외국인 1명을 외무 고문으로 하여 외부에 용빙하고, 외교에 관한 중요한 업무는 일체 그 의견을 물어 시행할 것

① 서울에 통감부가 설치되었다.
② 일본이 사법권을 행사하였다.
③ 시위대와 진위대가 해산되었다.
④ 대한 제국의 외교권이 박탈되었다.
⑤ 메가타가 화폐 정리 사업을 추진하였다.

길잡이 ① 재정 고문과 외무 고문 파견을 결정한 조약을 파악한다.
② 재정 고문과 외무 고문의 활동을 파악한다.

더 알아보기
중급 255p ｜ 러 · 일 전쟁과 국권의 피탈

길잡이 ① 이준, 이상설, 이위종이 헤이그에 파견된 시기와 배경을 파악한다.

다음 자료의 외교 사절이 파견된 배경으로 옳은 것은?

① 명성황후가 시해되었다.
② 을사조약이 체결되었다.
③ 고종이 강제로 퇴위 당하였다.
④ 한반도 중립화론이 제기되었다.
⑤ 조 · 미 수호통상조약이 체결되었다.

더 알아보기
중급 255p ｜ 러 · 일 전쟁과 국권의 피탈

078 의병 전쟁

경향 분석 자주 출제되는 주제이므로 을사의병, 을미의병, 정미의병의 배경과 활동을 꼼꼼하게 정리하여 대비한다.

15회 중급

고사부의 기출 타파

12 다음 기행문과 관련된 인물로 옳은 것은?

쓰시마 섬을 답사하던 중 슈젠 사에 들렀다. 이 절은 을사조약에 반대하여 의병 투쟁을 주도하다가, 전라도 순창에서 일본군에게 체포된 의병장과 관련이 있는 곳이다. 그는 이 섬으로 끌려와 사망하였다. 그의 시신이 우리나라로 운구될 때, 이 절에서 하룻밤을 머물렀다고 한다.

쓰시마 섬의 슈젠 사

① 신돌석　　② 유인석　　③ 이인영
④ 이항로　　⑤ 최익현

꼼꼼 분석 ⑤ | 자료에서 언급하고 있는 인물은 을사의병을 일으켰다가 일제에 체포되어 대마도(쓰시마 섬)에서 순국한 최익현이다.

오답 분석 ① 신돌석은 을사의병 때 활약한 평민 의병장이다.
② 유인석은 제천에서 을미의병을 일으켰다.
③ 이인영은 1907년 의병을 일으키고 13도 연합 의병을 결성하였다.
④ 이항로는 흥선 대원군 집권기에 통상 수교를 반대하는 상소를 올렸다.

고사부 깐깐정리 

■ 항일 의병 운동

을미의병(1895)	• 원인 : 을미사변과 단발령 • 주도 : 위정척사파 유생(유인석, 이소응)
을사의병(1905)	최익현(순창), 민종식(충청 지방), 신돌석(울진, 평민 출신)
정미의병(1907)	• 원인 : 고종 퇴위와 군대 해산 • 주도 : 해산 군인 + 각계 각층 • 활동 : 서울 진공 직전(13도 연합 의병, 허위), 국내 진공(홍범도, 이범윤) • 위축 : 남한 대토벌(1909)

(가), (나) 자료와 관련된 의병에 대한 설명으로 옳지 <u>않은</u> 것은?

> (가) 국모의 원수를 생각하며 이를 갈았는데, 참혹함이 더욱 심해져 임금께서 머리를 깎으시는 지경에 이르렀다. …… 우리 부모에게 받은 머리카락을 풀 베듯이 베어 버리니 이 무슨 변고란 말인가?　　　　－ 유인석, 〈창의문〉 －
>
> (나) 아, 지난 10월의 소행은 실로 만고에 없었던 일이다. 하룻밤 사이에 종이 조각에 강제로 도장을 찍게 하여, 오백 년 종묘사직이 마침내 망하고 말았으니, 이 때문에 천지의 신명도 놀랐을 것이고 조종의 신령도 통곡하였을 것이다.　　　　－ 《면암집》 －

① (가) – 양반 유생들이 주도하였다.
② (가) – 단발령이 의병 발생의 원인이었다.
③ (나) – 일본의 외교권 강탈에 반발하였다.
④ (나) – 해산 이후 일부가 활빈당을 조직하였다.
⑤ (나) – 평민 의병장이 처음 등장하여 활약하였다.

길잡이 ① 유인석과 최익현이 활약한 의병을 파악한다.
② 을미의병과 을사의병의 활동을 구분한다.

더 알아보기
중급 259p ┃ 을미의병

길잡이 ① 군인들이 가담한 의병을 파악한다.
② 정미의병의 활동을 파악한다.

다음 자료의 의병과 관련된 설명으로 옳지 <u>않은</u> 것은?

의병 모습

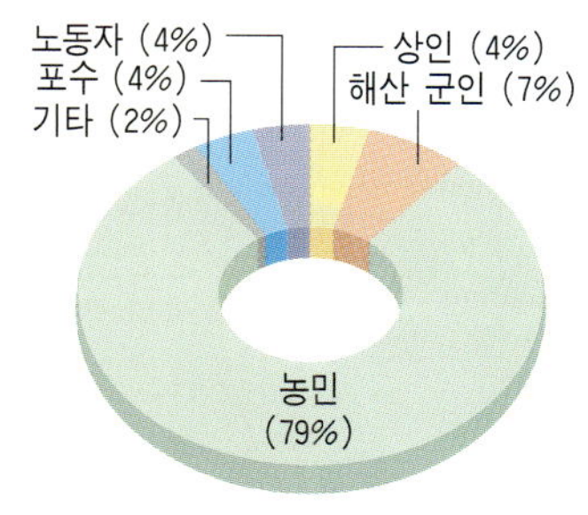

직업별 의병

① 서울 진공 작전을 시도하였다.
② 13도 연합 부대를 결성하였다.
③ 고종의 권고로 대부분 해산하였다.
④ 해산 군인의 합류로 전투력이 향상되었다.
⑤ 국제법상 교전 단체로 인정할 것을 요청하였다.

더 알아보기
중급 260p ┃ 정미의병

079 애국 계몽 운동

경향 분석 애국 계몽 운동은 의병 운동과 더불어 자주 출제되는 주제이며 신민회가 특히 자주 출제된다.

20회 중급

고사부의 기출 타파

13 (가)에 들어갈 단체에 대한 설명으로 옳은 것은?

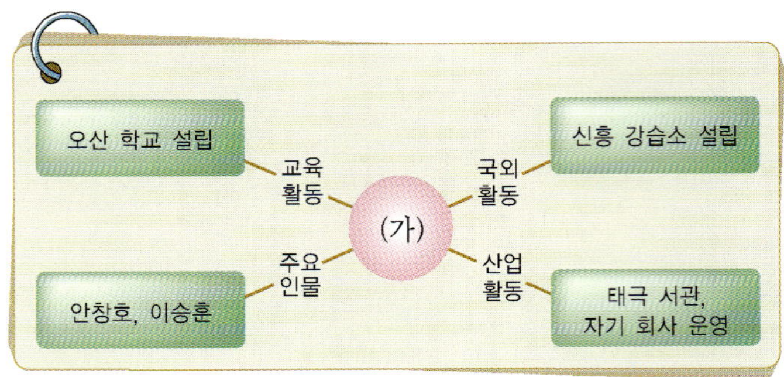

① 헌의 6조를 건의하였다.
② 3·1 운동을 계획하였다.
③ 잡지 한글을 간행하였다.
④ 105인 사건으로 해체되었다.
⑤ 정우회 선언을 계기로 결성되었다.

꼼꼼 분석 ④ | (가)는 애국 계몽 운동을 전개하면서 해외 독립 기지 건설에도 힘쓴 신민회(1907)이다. 신민회는 1911년 '105인 사건'으로 인해 해체당했다.

오답 분석 ① 독립협회
② 천도교 등 각계 단체
③ 조선어 연구회(조선어학회)
⑤ 신간회

고사부 깐깐정리

■ 애국 계몽 운동

보안회(1904)	황무지 개간권 반대 투쟁
헌정 연구회	입헌 정체 수립 요구, 일진회와 대립
대한 자강회 (1906)	• 25개 지회, 월보 발행 • 고종 퇴위 반대 운동 → 보안법에 의한 강제 해산
신민회(1907)	• 비밀 결사, 민주 공화정 지향 • 민족 교육(대성학교, 오산학교), 민족 산업(자기 회사, 태극서관) • 독립 전쟁론 : 독립 운동 기지 건설(삼원보, 한흥동), 신흥 무관 학교 설립 • 105인 사건으로 해체
교육 계몽 운동	서북학회, 호남학회, 기호흥학회
언론 활동	황성신문(시일야방성대곡), 대한매일신보(국채 보상 운동)

다음 자료의 단체에 대한 설명으로 옳은 것은?

우리 대한이 종전에 자강의 방도를 강구하지 않아 인민이 스스로 우매함에 묶여 있고 국력이 쇠퇴하게 되어, 드디어 오늘의 험난한 지경에 이르러 외국인의 보호를 받게 되었다. ……이것은 모두 자강의 방도에 뜻을 두지 않았기 때문이었다.

① 국채 보상 운동을 주도하였다.
② 일진회를 규탄하다가 해산되었다.
③ 고종 퇴위 반대 운동을 전개하였다.
④ 일제의 황무지 개간권 요구를 철회시켰다.
⑤ 만민 공동회를 개최하고 의회 설립을 추진하였다.

길잡이 ① 자강을 강조한 애국 계몽 운동 단체를 파악한다.
② 대한 자강회의 활동을 파악한다.

더 알아보기
중급 262p | 주요 단체

다음 자료와 관련된 단체의 활동으로 옳지 <u>않은</u> 것은?

길잡이 ① 105인 사건으로 와해된 단체를 파악한다.
② 신민회의 활동을 파악한다.

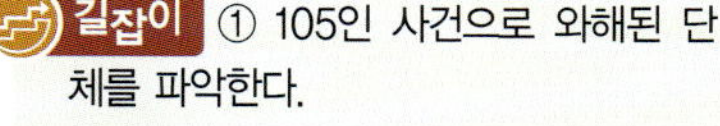

남만주로 집단 이주하려고 기도하고, 조선 본토에서 상당한 재력이 있는 사람들을 그곳에 이주시켜 토지를 사들이고, 학교를 세워 민족 교육을 실시하고, 나아가 무관 학교를 설립하여 문무를 겸하는 교육을 실시하면서, 기회를 엿보아 독립 전쟁을 일으켜 구한국의 국권을 회복하려고 하였다.   – 105인 사건 판결문 –

끌려가는 105인 사건 관련자들

① 태극 서관과 자기 회사를 운영하였다.
② 삼원보에 독립운동 기지를 건설하였다.
③ 광주 학생 항일 운동의 진상을 조사하였다.
④ 공화정체의 근대 국민 국가 수립을 지향하였다.
⑤ 대성학교와 오산학교를 세워 민족 교육에 힘썼다.

더 알아보기
중급 263p | 신민회

080 개항 이후의 경제와 사회

경향 분석  청과 일본의 상권 침탈 경쟁, 일본의 경제 침탈이 자주 출제된다.

21회 중급

고사부의 **기출 타파**

14 지도의 상황이 나타난 계기로 가장 적절한 것은?

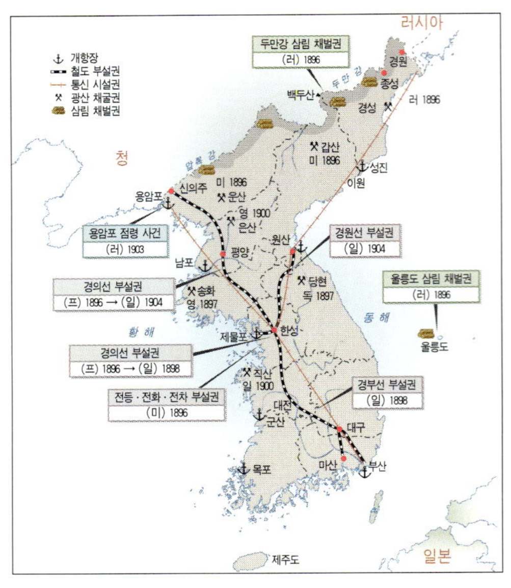

① 고종이 아관 파천을 단행했다.
② 신미양요가 강화도에서 일어났다.
③ 일본이 한 · 일 신협약을 강요하였다.
④ 흥선 대원군이 프랑스 신부를 처형하였다.
⑤ 오페르트가 남연군 묘를 도굴하려 하였다.

꼼꼼 분석 ① | 지도는 아관파천(1896) 이후 열강의 이권 침탈을 보여 준다. 서양 제국주의 열강은 왕실 보호를 명목으로 조선에서의 이권 침탈을 본격화하였다.

고사부 **깐깐정리**

■ **청 · 일간의 상권 침탈 경쟁**

개항 초기	일본 상인 주도의 거류지 무역(간행이정 10리)
상권 경쟁기 (1882~1895)	• 임오군란 이후 청 상인의 진출(조 · 청 상민수륙무역장정) • 조 · 일 수호조규속약 이후 일본 상인의 내륙 진출 허용 • 청 · 일 간의 상권 경쟁, 조선 상인의 몰락
청 · 일 전쟁 이후	일본 상인의 조선 시장 독점

■ **열강의 이권 침탈**

철도 부설권	경인선(미 → 일), 경의선(프 → 일), 경부선(일), 경원선(일)
광산 채굴권	운산 금광(미), 은산 금광(영), 직산 탄광(일)
삼림 채벌권	울릉도, 압록강 · 두만강 삼림 채벌권(러)

다음 조약이 조선의 경제 상황에 끼친 직접적인 영향으로 적절한 것을 |보기|에서 고른 것은?

> 제4조 조선 상인이 베이징에서 규정에 따라 물건을 팔고 사도록 하며 중국 상인이 조선의 양화진과 서울에 들어가 영업소를 차릴 수 있도록 하되 …… 상무 위원은 지방 관리와 함께 공동으로 날인하여 화물을 구입할 지방 이름을 밝힌 증명서를 발급해 준다.

┤ 보기 ├
ㄱ. 청과 일본의 상권 경쟁이 치열해졌다.
ㄴ. 청나라 상인의 내륙 통상권이 허용되었다.
ㄷ. 일본 상품이 무관세로 조선에 수입되었다.
ㄹ. 황국 중앙 총상회가 상권 수호 운동을 전개하였다.

① ㄱ, ㄴ   ② ㄱ, ㄷ   ③ ㄴ, ㄷ   ④ ㄴ, ㄹ   ⑤ ㄷ, ㄹ

길잡이 ① 중국 상인이 서울에 상점을 개설할 권리를 얻은 조약을 파악한다.
② 조·청 상민수륙무역장정 체결 이후의 경제 상황을 파악한다.

더 알아보기
중급 264p | 상권 피탈

다음 공고와 관련된 정책에 대한 설명으로 옳지 <u>않은</u> 것은?

> **공고**
> 백동화의 품질과 상태가 정식 화폐에 준할 수 있는 갑종은 각각 2전 5리의 비율로 새 화폐와 교환하고, 이에 맞지 않는 을종 백동화는 1전의 비율로 정부에서 매수하고, 형질이 거칠어서 화폐로 인정할 수 없는 병종은 매수하지 않는다.

① 일본인 재정 고문이 주도하였다.
② 은본위 화폐 제도가 시행되었다.
③ 일본으로부터 차관 도입이 증가하였다.
④ 일본의 제일 은행권을 법정 화폐로 하였다.
⑤ 조선인 상공업자들이 막대한 손실을 입었다.

길잡이 ① 백동화를 갑, 을, 병종으로 구분해 새 화폐와 교환한 정책을 파악한다.
② 화폐 정리 사업의 내용과 결과를 파악한다.

더 알아보기
중급 266p | 일본의 금융 지배

081 경제적 구국 운동

경향 분석 일제의 국권 침탈이 진행되던 시기의 경제적 구국 운동이 자주 출제되고 있다.

13회 중급

고사부의 기출 타파 

15 다음 그림과 같은 상황이 발생한 직접적 계기로 옳은 것은?

① 조ㆍ청 상민 수륙 무역 장정이 체결되었다.
② 미국에 파견되었던 보빙사가 귀국하였다.
③ 군국기무처를 중심으로 개혁 정책을 실시하였다.
④ 일본이 운요호 사건을 구실로 개항을 강요하였다.
⑤ 김홍집이 가지고 온 《조선책략》이 국내에 배포되었다.

꼼꼼 분석 ① | 외국 상인의 내륙 진출 허용을 반대하면서 이들의 퇴거를 요구했던 것은 1880년대 말의 상권 수호 운동의 모습이다. 1882년 조·청 상민수륙무역장정 체결을 계기로 청 상인의 내지 통상권이 확보 되었으며, 청과 일본 상인의 내륙 상권 침탈로 국내 상인들은 많은 타격을 입었다.

오답 분석 ② 보빙사는 1883년에 파견되었다.
③ 1894년 1차 갑오개혁에 관한 내용이다.
④ 1876년 일본과 최초의 근대 조약인 강화도 조약을 맺었다.
⑤ 《조선책략》은 1880년 일본 수신사로 파견된 김홍집이 가지고 왔다.

고사부 깐깐 정리

■ 경제적 구국 운동

방곡령	• 경과 : 함경도(1889), 황해도(1890)에서 지방관이 방곡령 선포 • 결과 : 일본의 압력으로 방곡령 철회, 배상금 지불(조ㆍ일 통상 장정 37조)
상권 수호 운동	• 1880년대 : 철시 투쟁 • 1890년대 : 철시와 더불어 황국 중앙 총상회(1898) 조직
이권 수호 운동	• 독립협회 주도, 러시아의 절영도 조차 요구 저지, 한러 은행 폐쇄 • 프랑스와 독일의 광산 채굴권 요구 저지
황무지 개간권 요구 반대 운동	• 농광회사 설립 • 보안회를 중심으로 반대 운동 전개
국채 보상 운동	• 전개 : 대구에서 국채 보상 기성회 조직(서상돈, 양기탁), 모금 운동 전개 • 결과 : 일제 통감부의 방해와 탄압으로 실패

자료에 나타난 민족 운동에 대한 설명으로 옳은 것을 |보기|에서 고른 것은?

> - 2천만 인이 3개월 동안 담배를 끊고 그 대금으로 매 1인마다 20전씩 거두면 거의 1,300만 원이 될 수 있습니다. 우리 2천만 동포 중에 애국 사상을 가진 이는 기어이 이를 실시해서 삼천리 강토를 유지하게 되기를 간절히 바라는 바입니다.
> - 대저 2천만 중 여자가 1천만이요, 1천만 중에 가락지가 있는 이가 반을 넘을 터이오니 가락지 매쌍에 2원씩만 셈하고 보면 1천만 원이 여인 수중에 있다 할 수 있습니다.
>   – 〈대한매일신보〉 –

| 보기 |

ㄱ. 보안회가 주도하였다.
ㄴ. 대한매일신보가 후원하였다.
ㄷ. 대구를 시작으로 전국적으로 퍼져나갔다.
ㄹ. 독립협회가 민중의 호응을 이끄는 데 앞장섰다.

① ㄱ, ㄴ   ② ㄱ, ㄷ   ③ ㄴ, ㄷ   ④ ㄴ, ㄹ   ⑤ ㄷ, ㄹ

길잡이 ① 나라 빚을 갚기 위한 민족 운동을 파악한다.
② 국채 보상 운동의 전개 과정을 파악한다.

더 알아보기
중급 270p | 국채 보상 운동

길잡이 ① 1885년부터 1892년까지의 경제 상황을 파악한다.

다음 자료의 시기에 전개된 경제적 구국 운동으로 옳은 것을 |보기|에서 고른 것은?

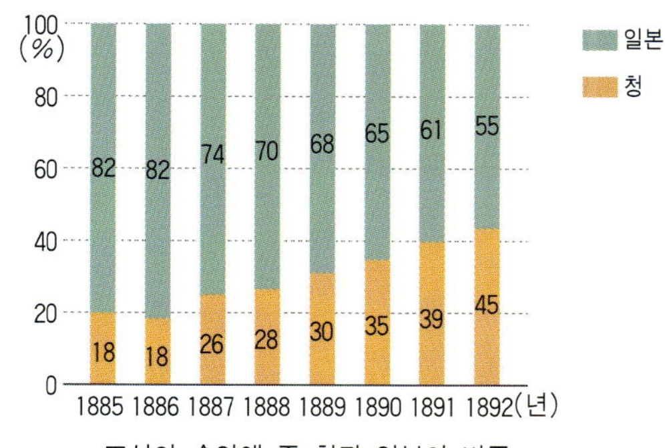

▲ 조선의 수입액 중 청과 일본의 비중

| 보기 |

ㄱ. 시전 상인들이 철시 투쟁을 전개하였다.
ㄴ. 일부 지방의 지방관들이 방곡령을 실시하였다.
ㄷ. 보안회가 일본의 황무지 개간권 요구를 저지시켰다.
ㄹ. 신민회가 자기 회사를 세워 경제적 자립을 꾀하였다.

더 알아보기
중급 268p | 상권 수호 운동

① ㄱ, ㄴ   ② ㄱ, ㄷ   ③ ㄴ, ㄷ   ④ ㄴ, ㄹ   ⑤ ㄷ, ㄹ

082 근대 문물의 수용

경향 분석 근대 건축과 근대 문물의 수용은 자주 출제되는 주제이다.

19회 중급

16 (가)에 해당하는 문화 유산으로 옳은 것은?

역사 탐구반 답사 보고서

• 한국 근·현대사 아픔이 서려 있는 　(가)

1. 일시 : 2013년 ○○월 ○○일
2. 소재지 : 서울시 중구 정동
3. 특징 : 전통 목조 건축과 서양식 건축이 함께 남아 있음
4. 궁궐과 관련된 주요 사건
　1897년 러시아 공사관에서 고종 환궁
　1905년 을사늑약 체결
　1946년 제1차 미·소 공동 위원회 개최

① 
경복궁

② 
경희궁

③ 
덕수궁

④ 
창경궁

⑤ 
창덕궁

고사부의 기출 타파

꼼꼼 분석 ③ | 고종은 러시아 공사관에서 머물다가 1897년 덕수궁(경운궁)으로 환궁하고, 이후로는 계속 덕수궁에서 머물렀다. 덕수궁에는 석조전, 중명전 등의 서양식 건축물이 들어섰다.

고사부 깐깐 정리

■ 근대 문물

통신	전신	경인전신(1885), 경의전신(1885)
	우편	갑신정변으로 중단, 을미개혁 때 우편 사무 재개
	전화	서울~인천(1896), 경운궁에 부설(1898)
의료 기관	광혜원	최초의 근대식 병원(1885, 알렌), 제중원으로 이름 바꿈
	광제원	1900년 설립, 종두법(지석영)
	세브란스	1904년 미국인 에비슨이 설립
교통 기관	철도	경인선(1899), 경부선(1905), 경의선(1906)
	전차	한성전기회사(1898, 콜브란과 황실의 합작)
건축		독립문(1896, 개선문 모방), 덕수궁 석조전(르네상스식 양식), 명동 성당(고딕 양식)

다음 설명에 해당하는 근대 건축물로 옳은 것은?

- 르네상스 양식의 석조 건물로 고종이 편전이나 침전으로 사용하였다.
- 1946년에 열린 미·소 공동위원회의 회의장으로 사용되었다.
- 6·25 전쟁 이후 국립 중앙 박물관, 궁중 유물 전시관으로 사용되기도 하였다.

① 
② 
③ 
④ 
⑤ 

길잡이 ① 고종이 편전으로 사용한 르네상스 양식의 건축물을 파악한다.
② 근대 건축물의 외형과 특징을 파악한다.

더 알아보기
중급 273p │ 의식주의 변화

길잡이 ① 서울과 인천 사이에 열차가 개통된 시기를 파악한다.
② 경인선 개통 이전에 수용된 근대 문물을 파악한다.

다음 기사가 작성된 시기에 볼 수 있었던 모습으로 적절한 것을 |보기|에서 고른 것은?

○○ 신문　　　○○○○년 ○월 ○일

80리나 되는 인천에 순식간에 도착

어제 개업 예식을 거행하는데 인천에서 화륜거가 떠나 삼개 건너 영등포로 와서 경성의 내외국인 빈객들을 수레에 영접하여 앉히고 오전 9시에 떠나 인천으로 향하였다. 화륜거 구르는 소리는 우레와 같아 천지가 진동하고 기관거의 굴뚝 연기는 하늘로 솟아오르더라.

| 보기 |

ㄱ. 이화 학당에서 수업을 받고 있는 여학생
ㄴ. 고종의 환궁을 요구하는 독립 협회 회원
ㄷ. 전차를 타고 종로 거리를 지나는 학생들
ㄹ. 노비제 폐지 소식을 듣고 기뻐하는 노비들

① ㄱ, ㄴ　　② ㄱ, ㄷ　　③ ㄴ, ㄷ　　④ ㄴ, ㄹ　　⑤ ㄷ, ㄹ

더 알아보기
중급 274p │ 근대 문물의 수용

083 근대 언론과 교육

경향 분석 개항 이후 간행된 근대 신문과 근대 교육 제도의 도입과 관련된 문제의 출제 비중이 높은 편이다.

20회 중급

고사부의 기출 타파 

17 다음 자료에 해당하는 신문으로 옳은 것은?

 일제가 민간 신문에 대한 사전 검열을 통해 언론 자유를 봉쇄하자 양기탁은 영국인 베델과 교섭해 신문을 창간하였다. 이 신문은 을사늑약의 무효를 주장하고, 의병 활동을 대대적으로 보도하는 등 항일 논조를 높여 민중의 지지를 받았다.

꼼꼼 분석 ② | 자료는 양기탁과 영국인 베델이 창간한 대한매일신보(1904)에 대한 설명이다. 양기탁은 영국인 베델을 신문 발행인으로 하여 일제의 탄압을 피했다.

① 
독립신문

② 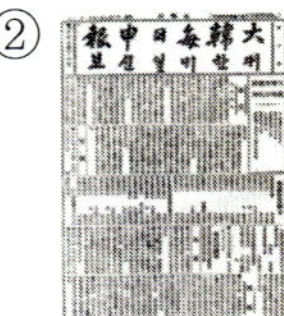
대한매일신보

③ 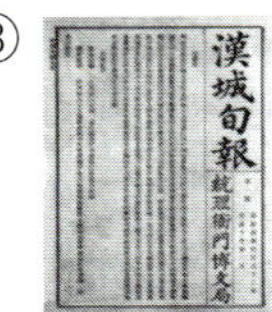
한성순보

④ 
황성신문

⑤ 
제국신문

고사부 깐깐정리 

■ 근대 신문

신문	발행	기간	활동과 성격
한성순보	박문국	1883~1884	최초의 관보(순한문)
한성주보	박문국	1886~1888	국한문 혼용, 최초의 상업 광고
독립신문	독립협회	1896~1899	근대적 일간지, 한글판과 영문판
황성신문	남궁억	1898~1910	유생층 대상, 국한문 혼용, 장지연의 시일야방성대곡 게재
제국신문	이종일	1898~1910	일반 서민과 부녀자층 대상, 순 한글
대한매일신보	베델, 양기탁	1905~1910	반일 성향, 국채 보상 운동 주도, 국문·국한문체

■ 근대 교육

1880년대	• 원산학사(1883) : 최초의 근대식 사립 학교, 근대 교육과 무술 교육 • 육영공원(1886) : 관립 학교, 상류층 자제와 젊은 관리들에게 근대 교육 실시
1890년대	갑오개혁 때 교육입국조서 반포, 각종 관립 학교(소학교, 사범학교) 설립
1900년대	애국 계몽 운동 계열의 사립 학교 설립 → 사립학교령(1908)

다음 자료에서 설명하고 있는 신문으로 옳은 것은?

- 최초의 민간 신문이다.
- 한글과 영문으로 발행하였다.
- 일반 대중들에게 근대적 지식과 국권·민권 사상을 고취시켰다.

① 박문국에서 발행하였다.
② 국채 보상 운동을 후원하였다.
③ 논설 〈시일야방성대곡〉을 게재하였다.
④ 일제의 민족 말살 정책으로 폐간되었다.
⑤ 독립협회와 함께 민중 계몽 운동을 전개하였다.

길잡이 ① 최초의 민간 신문을 파악한다.
② 독립신문의 활동을 파악한다.

더 알아보기
중급 276p │ 언론 기관의 발달

밑줄 친 '이 학교'에 대한 설명으로 옳은 것을 |보기|에서 고른 것은?

길잡이 ① 헐버트가 재직했던 교육 기관을 파악한다.
② 육영공원과 기타 근대 교육 기관의 특징을 파악한다.

이 학교에서는 알파벳을 가르친 뒤에 영어로 강의하고, 영어 원서를 강독하였다. 외부 세계를 잘 모르는 학생들을 위해, 헐버트는 세계의 역사와 지리를 간단히 정리해 '사민필지'라는 교과서를 한글로 만들었다.

영어 수업 장면

┤ 보기 ├
ㄱ. 최초의 근대적 관립 학교였다.
ㄴ. 교육 입국 조서 발표 후에 설립되었다.
ㄷ. 학생들에게 근대 학문과 무술을 가르쳤다.
ㄹ. 젊은 현직 관리와 상류층 자제를 가르쳤다.

① ㄱ, ㄴ   ② ㄱ, ㄷ   ③ ㄱ, ㄹ   ④ ㄴ, ㄷ   ⑤ ㄷ, ㄹ

더 알아보기
중급 278p │ 근대 교육

084 종교와 근대 문예

경향 분석 개항 이후 민족 종교의 활동과 신문학이 도입되는 과정을 묻는 문제가 자주 출제된다.

21회 중급

고사부의 기출 타파

18 밑줄 그은 '이 종교'에 대한 설명으로 옳은 것을 |보기|에서 고른 것은?

손병희에 의해 재정비된 <u>이 종교</u>는 "어린 아이를 때리지 마라. 이는 한울님을 때리는 것이니라."고 강조한 제2대 교주의 뜻을 이어 받아 1920년 초 어린이날을 제정하였다.

| 보기 |

ㄱ. 나철이 창시하였다.
ㄴ. 단군을 숭배하였다.
ㄷ. 인내천 사상을 강조하였다.
ㄹ. 개벽, 신여성 등을 발행하였다.

① ㄱ, ㄴ ② ㄱ, ㄷ ③ ㄴ, ㄷ ④ ㄴ, ㄹ ⑤ ㄷ, ㄹ

꼼꼼 분석 ⑤ | 동학 3대 교주 손병희가 동학을 재정비한 '이 종교'는 '천도교'이다. 손병희의 사위였던 방정환은 천도교 소년회를 이끌고 소년 운동을 주도하였다. 천도교는 과거 동학이 강조한 인내천 사상을 계승하면서, '개벽', '신여성' 등의 잡지를 발행하였다.

오답 분석 ㄱ, ㄴ. 대종교

고사부 깐깐 정리

■ 문예의 새경향

문학	• 신소설 : 혈의누(이인직), 자유종(이해조), 금수회의록(안국선) • 신체시 : 해에게서 소년에게(최남선)
예술	• 음악 : 창가 유행(권학가, 독립가 등) • 연극 : 신극 도입, 원각사(1908)에서 은세계, 치악산 공연

■ 종교계의 변화

외래 종교	개신교	근대 교육과 선교 활동에 기여 → 일제 시대 신사 참배 거부 투쟁 전개
	천주교	고아원 설립, 애국 계몽 운동(약현 학교, 경향 신문) → 일제 시대 무장 투쟁(의민단)
민족 종교	천도교	손병희, 만세보(신문) → 일제 시대 여성 · 소년 운동 주도, 잡지(개벽, 신여성)
	대종교	나철, 단군 신앙 → 일제 시대 무장 투쟁 주도(중광단, 북로 군정서군)
	유교	박은식의 유교 구신론(양명학 계승)

다음 자료와 관련된 종교 단체에 대한 설명으로 옳은 것은?

- 1909년 나철, 오기호 등이 창시하였다.
- 1910년 대종교로 이름을 바꾸었다.
- 1916년 나철이 죽자 김교헌이 2대 교주로 취임하였다.

왼쪽부터 서일, 나철, 김교헌의 무덤

┤ 보기 ├

ㄱ. 항일 운동 단체인 의민단을 조직하였다.
ㄴ. 단군 숭배 사상을 통해 민족의식을 높였다.
ㄷ. 중광단을 결성하여 무장 투쟁을 전개하였다.
ㄹ. 허례 폐지, 미신 타파 등 새생활 운동을 전개하였다.

① ㄱ, ㄴ ② ㄱ, ㄷ ③ ㄴ, ㄷ ④ ㄴ, ㄹ ⑤ ㄷ, ㄹ

길잡이 ① 나철이 창시한 대종교의 특징과 활동을 파악한다.
② 종교 단체들의 민족 운동을 파악한다.

더 알아보기
중급 282p ┃ 종교의 새 경향

다음 신문이 발행되던 시기의 모습으로 적절하지 <u>않은</u> 것은?

길잡이 ① 제국신문이 발행된 시기를 파악한다.
② 근대의 문화와 예술 활동을 파악한다.

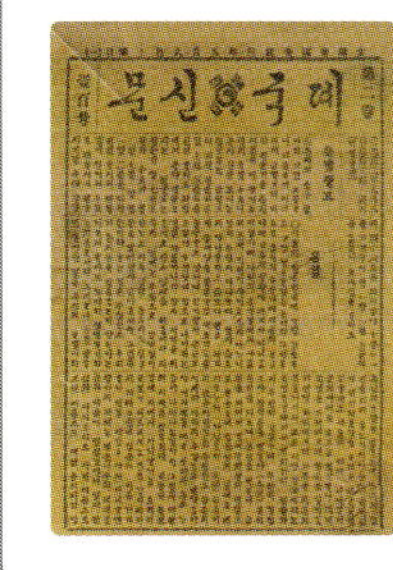

1898년에 이종일이 창간한 신문이다. 국민 계몽을 가장 중요한 목표로 삼고, 산업을 일으키는 것이 국권을 회복하는 방법이라고 주장했다. 제국신문은 한글 전용을 고수하여 일반 서민층과 부녀자들이 주요 독자층이었다.

① 개봉 영화 아리랑을 관람하는 여성
② 새로 나온 신소설 혈의 누를 읽는 학생
③ 국채 보상 운동 모금에 적극 참여하는 청년
④ 원각사에서 신극 치악산을 관람하는 관객들
⑤ 국문 연구소에서 한글 문법을 정리하는 학자

더 알아보기
중급 281p ┃ 문예의 새 경향

VII 독립운동사

085 헌병 경찰 통치

경향 분석 일제의 식민 통치 정책과 수탈 정책은 반드시 출제된다. 시대별 식민 통치 정책의 내용을 정리해 두어야 한다.

고사부의 **기출 타파** 

01 (가)에 들어갈 내용으로 가장 적절한 것은?

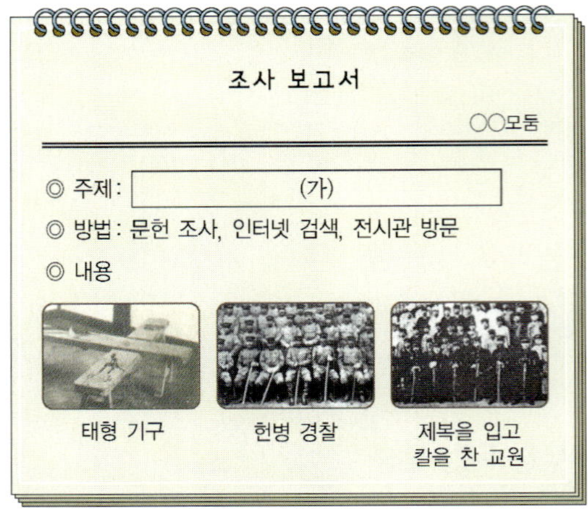

① 국권 강탈을 위한 통감 정치
② 민족 분열을 획책한 문화 통치
③ 폭력과 무력을 앞세운 무단 통치
④ 전쟁 수행을 위한 병참 기지화 정책
⑤ 민족 말살을 목표로 한 황국 신민화 정책

꼼꼼 분석 ③ | 태형, 헌병 경찰, 제복 등을 근거로 (가)는 헌병 경찰 통치(무단 통치, 1910~1919) 시기의 일제 통치를 다룬 내용임을 알 수 있다.

고사부 **깐깐 정리** 

■ 헌병 경찰 통치

헌병 경찰제	• 주요 업무 : 독립운동가 색출, 처단 • 권한 : 치안뿐만 아니라 사법 · 행정에도 관여(즉결 처분, 태형 처벌)
위협적인 통치	관리나 교원들까지 제복과 칼 착용
민족 운동 탄압	105인 사건

■ 토지 조사 사업

목적	근대적 토지 소유권 확립 → 실제로는 안정적인 지세 확보, 토지 약탈
방법	기한부 신고제, 증거주의, 개인으로 신고 주체 한정
결과	• 토지 약탈 : 미신고 토지, 공유지를 총독부 귀속 → 동척과 일본인에게 불하 → 일본인 이주민 증가 • 식민지 지주제 강화 : 지주권 강화, 도지권(영구 소작권) 부정 → 기한부 소작농으로 전락

다음 법령이 제정된 시기의 식민 정책으로 옳지 <u>않은</u> 것은?

공 고

- 3월 이하의 징역 또는 구류에 처할 자는 그 정상에 의하여 태형에 처할 수 있다.
- 태 30대 이하이면 이를 1회에 집행하고, 매 30대를 초과할 때마다 1회씩 가한다. 태형의 집행은 1일에 1회를 초과할 수 없다.
- 본령은 조선인에 한하여 이를 적용한다.

① 회사령이 공포되었다.
② 남면북양 정책이 추진되었다.
③ 토지 조사 사업이 시행되었다.
④ 제1차 조선 교육령이 공포되었다.
⑤ 헌병 경찰에게 즉결 처분권을 부여하였다.

길잡이 ① 조선 태형령이 실시된 시기를 파악한다.
② 1910년대의 식민 정책을 파악한다.

더 알아보기
중급 291p | 헌병 경찰 통치

(가), (나) 법령에 대한 설명으로 옳지 <u>않은</u> 것은?

길잡이 ① 토지 조사 사업과 회사령을 실시한 목적과 결과를 파악한다.

(가) 토지 소유자는 조선 총독이 정하는 기간 내에 주소, 씨명, 명칭 및 소유지의 소재, 지목, 자번호, 사표, 등급, 지적, 결수를 임시토지 조사 국장에게 신고해야 한다.
(나) 회사가 본령 또는 본령에 근거하여 발표된 명령, 허가의 조건에 위반하거나 또는 공공질서와 선량한 풍속에 위반하는 행위를 했을 때는 조선 총독이 사업의 정지, 금지, 지점의 폐쇄 또는 회사의 해산을 명할 수 있다.

① (가) – 총독부의 지세 수입이 증가하였다.
② (가) – 일본인의 토지 소유가 증가하였다.
③ (가) – 소작농의 경작권을 인정하지 않았다.
④ (나) – 동양 척식 주식회사가 추진하였다.
⑤ (나) – 민족 자본의 성장을 억제하고자 하였다.

더 알아보기
중급 291p | 토지 조사 사업

086 문화 통치

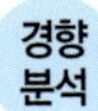

경향 분석 일제의 식민지 수탈 정책 중 산미 증식 계획은 토지 조사 사업과 함께 자주 출제된다.

21회 중급

고사부의 기출 타파 

02 일제의 통치 방식이 (가)에서 (나)로 바뀐 배경으로 옳은 것은?

> (가) 일본 제국의 군대를 각도 요처에 주둔시켜 시국의 변화에 대비하여, 헌병 경찰을 전국 각지에 배치하여 치안에 종사하게 한다. — 조선 총독 직무 대행 데라우치 발언 —
>
> (나) 정부는 관제를 개혁하여 총독 임용의 범위를 확장하고 경찰 제도를 개정하며, 또한 일반 관리나 교원 등의 복제를 폐지함으로써 시대의 흐름에 순응하고……
> — 조선 총독 사이토 훈시 —

① 3 · 1 운동이 일어났다.
② 일본군이 만주 사변을 일으켰다.
③ 일제가 치안 유지법을 제정하였다.
④ 해산된 군인들이 시가전을 벌였다.
⑤ 독립군이 봉오동에서 일본군을 물리쳤다.

꼼꼼 분석 ① | (가)는 무단 통치(헌병 경찰제, 1910년대), (나)는 문화 통치(1920년대)이다.
3 · 1 운동(1919)으로 국제 여론이 악화되자 일제는 한국인을 회유하면서 민족 분열을 유도하는 방향으로 통치 방침을 선회하고, 이에 입각한 이른바 문화 통치를 시행하였다.

오답 분석 ② 만주 사변(1931)
③ 치안 유지법 제정(1925)
④ 정미의병(1907~1908)
⑤ 봉오동 전투(1920)

고사부 깐깐정리

■ 문화 통치

배경	3 · 1 운동 이후 국제 여론 악화
목적	한국인 회유, 민족 분열 유도
내용	• 보통 경찰제 : 실제로는 경찰 병력과 장비, 예산 증가 • 문관 총독 임명 : 실행 안 됨 • 민족 언론 허용 : 검열과 기사 삭제 • 지방 행정 참여 : 선거권 제한, 상층 자산가만 참여
주요 법령	치안유지법(1925)

■ 산미 증식 계획

배경	일본의 공업화 정책으로 식량 부족 사태(쌀 폭동)
방식	토지 · 수리 시설 개량, 종자 개량을 통해 900만 석 증산 → 일본으로 쌀 반출
결과	• 증산량＜수탈량 → 조선의 식량 사정 악화(만주에서 잡곡을 수입하여 보충) • 증산 비용을 농민에게 전가 → 소작료 부담의 증가(소작 쟁의) • 농업 구조의 불균형(쌀 중심의 단작형 농업)

다음 자료를 발표한 시기의 일제의 정책이 <u>아닌</u> 것은?

> - 친일 분자를 귀족, 양반, 유생, 부호, 교육가에 침투시켜 각종 친일 단체를 조직하게 한다. …… 불교 종파의 관장, 회장에 친일 분자를 배치하여 우수한 청년을 친일 분자로 양성한다.
> - 나는 일시 동인(一視同仁)의 정신을 존중하고 동양 평화의 확보와 민중의 복리 증진을 조선 통치의 대원칙으로 삼는다. …… 이에 총독부 관제를 개혁하여 관리 임용을 확대하고 일반 관리나 교원 등의 무관 복제를 폐지한다.

① 회사령을 폐지하였다.
② 치안유지법을 제정하였다.
③ 헌병 경찰제를 실시하였다.
④ 산미 증식 계획을 실시하였다.
⑤ 한글 신문의 발행을 허가하였다.

길잡이 ① 친일 분자 양성을 중요시하고, 무관 복제를 폐지한 시기를 파악한다.
② 1920년대의 일제 식민 통치를 파악한다.

더 알아보기
중급 294p │ 문화 통치

다음 자료의 정책을 시행하면서 나타난 결과로 옳지 <u>않은</u> 것은?

> - 일본 내 쌀 소비량은 연간 6,500만 석이다. 일본 내 생산량은 약 5,800만 석을 넘지 못한다. …… 일본 제국의 식량 문제를 해결하는 데 도움을 주는 것은 진실로 국책상 급무라 믿는다.
> - 국내 쌀 생산량과 일본으로의 수출량

연도	생산량(천 석)	수출량(천 석)	1인당 소비량(석)
1922~1926 평균	14,501	4,342	0.59
1927~1931 평균	15,798	6,607	0.50
1932~1936 평균	17,002	8,757	0.40

① 만주로부터 잡곡 수입이 늘어났다.
② 농업 구조가 벼농사 중심으로 개편되었다.
③ 일본으로의 쌀 유출량이 크게 증가하였다.
④ 미곡 사정이 악화되어 식량 배급제를 실시하였다.
⑤ 수리 조합비의 부담 등으로 농민의 부담이 늘어났다.

길잡이 ① 일본의 식량 문제를 해결하기 위해 실시한 정책을 파악한다.
② 산미 증식 계획의 결과를 파악한다.

더 알아보기
중급 295p │ 산미 증식 계획

민족 말살 통치

 **경향 분석** 민족 말살 통치기에 관한 문제는 각종 사회 현상을 응용해 묻고 있는 추세가 강해지고 있다.

18회 중급

고사부의 기출 타파 

03 다음 자료와 같은 모습을 볼 수 있었던 시기의 사실로 옳은 것은?

조선어 과목 폐지 기사

황국 신민 서사 암송

① 회사령이 공포되었다.
② 신사 참배가 강요되었다.
③ 치안 유지법이 제정되었다.
④ 헌병 경찰 제도가 시행되었다.
⑤ 토지 조사 사업이 실시되었다.

꼼꼼 분석 ② | 제4차 조선교육령(1943)에서 일제는 조선어를 학교에서 교육하는 것을 금지하였다. 한편 일제는 이 무렵 모든 국민들에게 '황국 신민 서사' 암송, '신사 참배', '궁성 요배' 등을 요구하는 등 우리 민족의 민족 정체성을 훼손시켰다.

오답 분석 ① 회사령 공포(1910)
③ 치안 유지법 제정(1925)
④ 헌병 경찰 제도(1910~1919)
⑤ 토지 조사 사업(1912~1918)

고사부 깐깐정리

■ 민족 말살 통치

황국 신민화 정책	• 내선일체, 일선 동조론을 내세움 • 황국 신민 서사 암송 강요, 궁성 요배와 신사 참배 강요 • 일본식 성명 강요(창씨 개명), 애국반 조직(1938) • 우리말 · 역사 교육 금지
남면북양 정책	안정적이고 값싼 공업 원료 확보
병참 기지화 정책	군수 공업 위주의 공업화 추진(북부 공업 지대)
전시 수탈의 심화	• 국가 총동원령(1938) • 산미 증식 계획 재개, 식량 배급 제도, 미곡 공출 제도 • 전쟁 물자 수탈(놋그릇, 학교 종)
인적 수탈	지원병제(1938), 징용(1939), 학도 지원병제(1943), 징병(1944), 정신대 및 일본군 위안부

다음 자료와 같은 모습을 볼 수 있었던 시기의 사실로 옳지 <u>않은</u> 것은?

신사 참배

강제 공출된 금속류

① 일본식 성명을 강요하였다.
② 조선일보, 동아일보를 폐간하였다.
③ 동양 척식 주식회사가 설립되었다.
④ 미곡을 공출하고 식량을 배급하였다.
⑤ 국가 총동원령에 의해 수탈을 강화하였다.

길잡이 ① 신사 참배, 금속 공출이 이루어진 시기를 파악한다.
② 일제 말기의 식민 통치를 파악한다.

더 알아보기
중급 297p │ 황국 신민화 정책

밑줄 친 '이 법'이 시행된 시기에 볼 수 있는 사실로 옳지 <u>않은</u> 것은?

> 일제는 이 법에 따라 징용령을 제정해, 조선인을 미쓰비시 등 일본 전범 기업들의 작업장에 배치했다.
> 조선인 노무자들은 중노동과 구타 등에 시달렸고, 사고와 질병 등으로 숱하게 숨졌다.

① 신문을 검열하는 통감부 관리
② 몸뻬 바지를 입고 일하는 여성
③ 강제 징용으로 탄광에서 일하는 노동자
④ 공출 놋그릇을 정리하는 면사무소 관리
⑤ 학도병 출전 권고 연설을 하는 친일파 인사

길잡이 ① 조선의 물적·인적 자원을 수탈하기 위해 제정한 법을 파악한다.
② 국가 총동원법에 의해 실시된 정책을 파악한다.

더 알아보기
중급 298p │ 병참 기지화 정책

088 1910년대의 독립운동과 3·1 운동

경향 분석 1910년대 국내의 비밀 결사 운동과 국외 독립운동 기지 건설 활동을 정리해 두어야 한다.

21회 중급

고사부의 기출 타파

04 (가) 에 들어갈 인물로 옳은 것은?

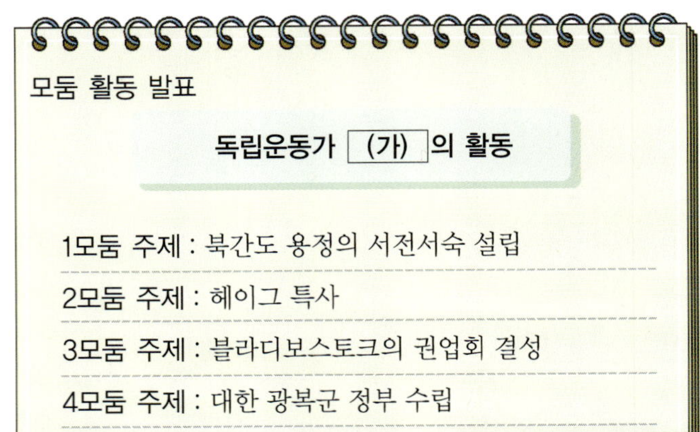

① 민영환

② 이동녕

③ 이동휘

④ 신채호

⑤ 이상설

꼼꼼 분석 ⑤ | (가)에 들어갈 인물은 '이상설'이다. 이상설은 이준, 이위종과 함께 헤이그 특사(1907)로 파견되었으며, 이후 간도와 연해주 블라디보스토크를 중심으로 독립운동에 힘썼다.

고사부 깐깐정리

■ 3·1 운동(1919)

배경	• 윌슨의 민족 자결주의, 레닌의 민족 해방 운동 지원 선언 • 대한 독립 선언(만주), 2·8 독립 선언(동경 유학생) • 독립 청원 : 신한 청년당(김규식 파견), 이승만(위임 통치 청원서)
전개	민족 대표는 태화관에서 독립 선언서 낭독, 학생들은 탑골 공원에서 선언식과 만세 시위 → 도시에서 농촌 지역으로 확산 → 국외 확산
영향	• 일제의 식민 통치 방식 변화(헌병 경찰 통치 → 문화 통치) • 대한민국 임시 정부 수립 • 아시아 각국의 반제 운동에 영향

다음 자료의 민족 운동과 관련된 사진 자료로 적절하지 <u>않은</u> 것은?

금일 오인의 이 거사는 정의, 인도, 생존, 존영을 위하는 민족의 요구이니, 오직 자유적 정신을 발휘할 것이요, 결코 배타적 감정으로 일주하지 말라.

① 
2 · 8 독립 선언서

② 
고종 장례 행렬

③ 
조선 혁명 선언

④ 
유관순 수형 기록표

⑤ 
3 · 1 독립 선언서

길잡이 ① 자료가 만세 시위가 벌어진 지역을 표시한 지도와 기미 독립 선언서임을 파악한다.
② 3·1 운동과 관련된 자료를 파악한다.

더 알아보기
중급 304p | 3·1 운동의 전개

길잡이 ① 자료가 기미 독립 선언서임을 파악한다.
② 3·1 운동의 전개 과정과 영향을 파악한다.

다음 자료와 관련된 민족 운동에 대한 설명으로 옳지 <u>않은</u> 것은?

오등(吾等)은 자(玆)에 아(我) 조선의 독립국임과 조선인의 자주민임을 선언하노라. 차(此)로써 세계 만방에 고하야 인류 평등의 대의를 극명하며 차로써 자손만대에 고하야 민족 자존의 정권을 영유케 하노라.
…(중략)…
1. 마지막 한 사람에 이르기까지, 마지막 한 순간에 다다를 때까지, 민족의 정당한 의사를 시원스럽게 발표하라.

① 중국의 5·4 운동에 영향을 주었다.
② 일제 통치 방식의 변화를 초래하였다.
③ 해외에서도 만세 시위가 전개되었다.
④ 순종의 장례일을 기회로 삼아 계획되었다.
⑤ 대한민국 임시 정부가 수립되는 계기가 되었다.

더 알아보기
중급 304p | 3·1 운동의 전개

089 대한민국 임시 정부

경향 분석 자주 출제되는 주제이므로 임시 정부의 활동을 시기별로 정리하여 출제에 대비하여야 한다.

15회 중급

05 (가) 정부의 활동으로 옳은 것을 보기에서 고른 것은?

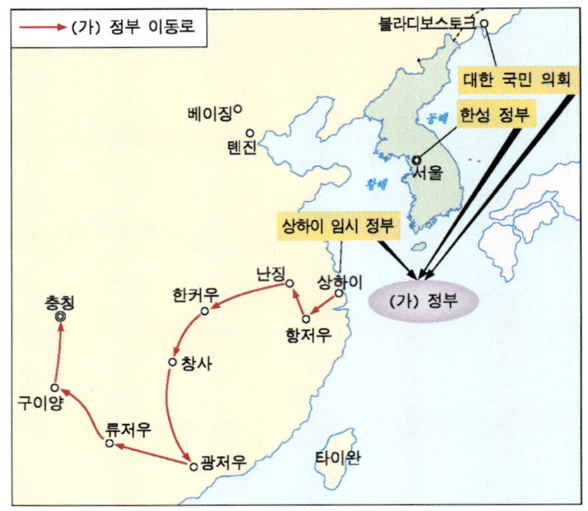

| 보기 |
ㄱ. 손병희를 대통령으로 선출하였다.
ㄴ. 미국에 구미 위원부를 설치하였다.
ㄷ. 연통제를 조직하고 교통국을 두었다.
ㄹ. 참의부, 정의부, 신민부를 조직하였다.

① ㄱ, ㄴ   ② ㄱ, ㄷ   ③ ㄴ, ㄷ
④ ㄴ, ㄹ   ⑤ ㄷ, ㄹ

고사부의 **기출 타파**

꼼꼼 분석 ③ | (가) 정부는 대한 국민의회와 한성 정부, 그리고 상하이 임시 정부가 통합한 대한민국 임시 정부이다.

임시 정부는 3권 분립의 헌정 체제를 갖추고, 외교 활동을 위해 파리 강화 회의에 김규식을 대표로 파견하고 미국에 구미 위원부를 두었다.

오답 분석 ㄱ. 손병희는 대한 국민 의회의 대통령으로 선출되었다.

ㄹ. 임시 정부는 만주 지역의 3부 중 참의부만을 직할 부대로 두었다.

고사부 깐깐정리

■ 대한민국 임시 정부

수립 과정	대한 국민의회(연해주), 대한민국 임시 정부(상하이), 한성 정부(국내) → 통합, 대한민국 임시 정부(3권 분립, 민주 공화정)
조직 체계	• 국내와의 연락 조직 : 연통제, 교통국 • 군자금 조달 : 백산상회, 이륭양행
주요 활동	• 파리 강화 회의에 김규식 파견, 구미 위원부 설치 • 독립신문(기관지), 사료 편찬소 설치
충칭 시대 (1940~45)	• 주석 중심제로 개편(1940), 한국 광복군 창설(1940) • 건국 강령 제정(1941), 조선 민족혁명당의 합류(1942)

다음과 같이 지도 체제가 변화된 독립운동 단체의 활동으로 옳지 <u>않은</u> 것은?

1차 개헌 (1919)	대통령 지도 체제
2차 개헌 (1925)	내각 책임 지도 체제
3차 개헌 (1927)	국무 위원 중심의 집단 지도 체제
4차 개헌 (1940)	주석 지도 체제
5차 개헌 (1944)	주석·부주석 지도 체제

① 미국에 구미 위원부를 설치하였다.
② 기관지인 독립신문을 발행하였다.
③ 비밀 행정 조직으로 연통제를 두었다.
④ 애국 공채를 발행하여 군자금을 모았다.
⑤ 무장 조직으로 동북 항일 연군을 조직하였다.

길잡이 ① 도표가 임시 정부의 지도 체제 개편 과정임을 파악한다.
② 임시 정부의 활동을 파악한다.

더 알아보기
중급 307p | 대한민국 임시 정부의 수립

길잡이 ① 충칭에서 결성된 부대를 파악한다.
② 한국 광복군의 활동을 파악한다.

다음 부대의 활동으로 옳은 것을 |보기|에서 고른 것은?

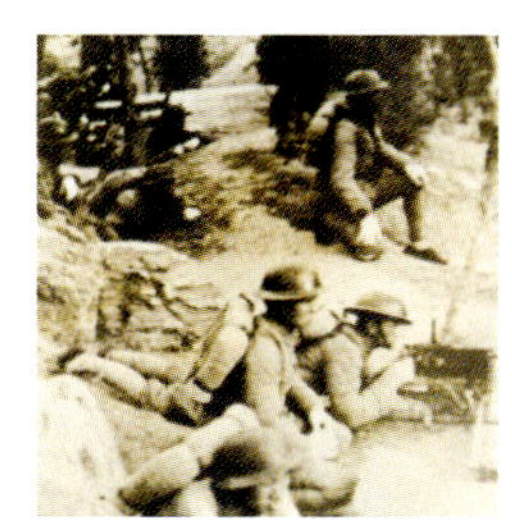

- 1940년 중국 충칭에서 창설되어 총사령에 지청천, 참모장에 이범석이 취임하였다.
- 1942년 조선 의용대 일부가 편입되어 군사력이 강화되었다.
- 미국 전략 정보국(OSS)과 합동 작전을 전개하였다.

| 보기 |
ㄱ. 신흥 무관 학교를 세워 독립군을 양성하였다.
ㄴ. 쌍성보 전투와 대전자령 전투를 승리로 이끌었다.
ㄷ. 미군의 지원을 받아 국내 진공 작전을 준비하였다.
ㄹ. 인도와 미얀마 전선에서 연합군의 일원으로 활동하였다.

① ㄱ, ㄴ　　② ㄱ, ㄷ　　③ ㄴ, ㄷ　　④ ㄴ, ㄹ　　⑤ ㄷ, ㄹ

더 알아보기
중급 308p | 대한민국 임시 정부의 활동

090 의거 활동

20회 중급

경향 분석 의열단의 의거 활동과 노선 변화, 한인 애국단의 의거 활동과 독립운동에 끼친 영향을 묻는 문제가 자주 출제된다.

고사부의 기출 타파

06 다음 의거를 일으킨 단체에 대한 설명으로 옳은 것을 |보기|에서 고른 것은?

보기
ㄱ. 6·10 만세 운동을 계획하였다.
ㄴ. 기관지인 만세보를 발행하였다.
ㄷ. 김원봉이 만주에서 조직하였다.
ㄹ. 조선 혁명 선언을 활동 지침으로 삼았다.

① ㄱ, ㄴ 　　② ㄱ, ㄷ 　　③ ㄴ, ㄷ
④ ㄴ, ㄹ 　　⑤ ㄷ, ㄹ

꼼꼼 분석 ⑤ | 김상옥, 나석주는 의열단의 단원이다. 의열단은 1919년 김원봉이 만주 길림(지린)에서 조직하였으며, 신채호가 작성한 '조선 혁명 선언'을 활동 지침으로 삼았다.

오답 분석 ㄱ. 천도교, 조선 공산당, 학생 단체 등에 대한 내용이다.
ㄴ. '만세보'는 1906년 창간된 천도교의 기관지이다.

고사부 깐깐 정리

■ 의거 활동

항일 단체	애국 지사	연도	의거 내용	
의열단 (김원봉)	김익상	1921년	조선 총독부에 투탄	• 조선 혁명 선언(1923) 채택 • 황포 군관학교에 입교(1926) • 혁명 간부 학교, 조선 의용대 설립 • 조선 민족 혁명당 주도
	김상옥	1923년	종로 경찰서에 투탄	
	김지섭	1924년	일본 왕궁에 투탄	
	나석주	1926년	동양 척식 주식회사에 투탄	
한인 애국단 (김구)	이봉창	1932년	• 일본 국왕 폭살 기도 • 일제가 상하이 사변을 일으키는 계기	
	윤봉길	1932년	• 상하이 홍커우 공원 투탄 • 중국의 장제스가 임시 정부의 활동을 지원하는 계기	

다음을 행동 지침으로 삼았던 단체에 대한 설명으로 옳은 것을 |보기|에서 고른 것은?

> 민중은 우리 혁명의 대본영이다. 폭력은 우리 혁명의 유일한 대무기이다. 우리는 민중 속에 가서 민중과 제휴하여 끊임없이 폭력·암살·파괴·폭동으로 강도 국가 일본의 통치를 타도하고 우리 생활에 불합리한 일체 제도를 개조하여 인류가 인류를 압박하고 사회가 사회를 수탈하지 않는 이상적인 나라를 건설할 것이다!
>
> – 신채호, 〈조선 혁명 선언〉 –

| 보기 |

ㄱ. 1919년 만주 길림에서 결성되었다.
ㄴ. 일제 식민 통치 기관을 공격 대상으로 삼았다.
ㄷ. 단원 장인환이 친일 미국인 스티븐스를 사살하였다.
ㄹ. 침체에 빠진 대한민국 임시 정부에 활기를 불어넣었다.

① ㄱ, ㄴ ② ㄱ, ㄷ ③ ㄴ, ㄷ ④ ㄴ, ㄹ ⑤ ㄷ, ㄹ

길잡이 ① 신채호의 조선 혁명 선언을 행동 지침으로 삼은 단체를 파악한다.
② 의열단의 활동을 파악한다.

더 알아보기
중급 317p | 의열단

길잡이 ① 홍커우 공원에서 일어난 의거를 파악한다.
② 윤봉길 의거가 끼친 영향을 파악한다.

다음 자료와 관련된 사건이 끼친 영향으로 옳은 것은?

> "자! 폭탄 2개를 주니 한 개로는 적장을 거꾸러뜨리고 또 한 개로는 그대의 목숨을 끊으라!"…… 나는 또 다시 말을 이어 "군이여! 군과 나는 지하에서나 만나세!" 이에 두 사람은 악수를 마치고 서로 갈리니 뜨거운 눈물이 하염없이 쏟아질 뿐이었다. …… 그는 뜻한 바를 기어이 성공하려고 4월 27일에 식장인 공원으로 가서 모든 것을 세밀하게 또 신중히 배치 수배하고 다시 홍구로 가서 백천 대장의 사진을 얻고 일본 국기 한 장을 사서 가슴 속에 품고 있다가 ……
>
> – 〈도왜실기〉 –

① 상하이에서 국민 대표 회의 개최
② 김원봉, 윤세주 등의 의열단 결성
③ 일본군의 보복으로 간도 참변 발생
④ 참의부, 정의부, 신민부의 통합 추진
⑤ 중국 국민당 정부의 대한민국 임시 정부 지원

더 알아보기
중급 318p | 한인 애국단

091

1920년대 무장 독립 전쟁

경향 분석 무장 독립 전쟁은 자주 출제되는 주제이며, 시기와 단체를 구분하여 알아두어야 한다.

17회 중급

07 (가)에 대한 설명으로 옳은 것을 |보기|에서 고른 것은?

(가) 일지

전투 일자	전투 지역
1920년 10월 21일	백운평, 완루구
10월 22일	천수평, 어랑촌
10월 23일	맹개골, 만기구
10월 24~25일	천보산
10월 25~26일	고동하

보기

ㄱ. 대한 국민 의회가 주도하였다.
ㄴ. 다수의 대종교도들이 참여하였다.
ㄷ. 한·중 연합 작전으로 전개되었다.
ㄹ. 김좌진, 홍범도 등이 부대를 지휘하였다.

① ㄱ, ㄴ   ② ㄱ, ㄷ   ③ ㄴ, ㄷ
④ ㄴ, ㄹ   ⑤ ㄷ, ㄹ

고사부의 기출 타파

꼼꼼 분석 ④ | 자료는 청산리 전투의 일지이다. 청산리 전투는 김좌진의 북로군정서를 주축으로, 홍범도의 대한 독립군 등 다수 독립군 부대가 참여하였다. 북로 군정서는 대종교 계통의 중광단이 확대 개편된 조직이었다.

오답 분석 ㄱ. 대한 국민 의회는 1919년 임시정부로 설립되었으며 대한민국 임시 정부 수립 이후 소멸되었다.

ㄷ. 1930년대에 있었던 한국 독립군과 조선 혁명군에 대한 내용이다.

고사부 깐깐 정리

■ 1920년대 무장 독립 투쟁

승리	봉오동 전투(1920)	대한 독립군(홍범도), 국민회군(안무) 등
	청산리 전투(1920)	• 북로군정서(김좌진)와 독립군 연합 부대 • 일본은 훈춘 사건을 조작하여 대규모 군대 파견 → 독립군 연합 부대가 백운평·어랑촌 등지에서 승리
시련	간도 참변(1920)	• 청산리 전투 패배에 대한 보복으로 간도의 한인 학살 • 독립군 부대는 밀산으로 이동하여 대한 독립군단 결성
	자유시 참변(1921)	대한독립군단은 자유시에서 소련 적색군에 의해 무장 해제
재정비	3부 성립	민정 기관과 군정 기관을 갖춘 참의부, 정의부, 신민부 결성
	미쓰야 협정(1925)	만주 군벌과 일제가 독립군 탄압을 위해 결탁
통합	혁신 의회(1928)	북만주, 한국 독립군 결성
	국민부(1929)	남만주, 조선 혁명군 결성

다음 인물의 연대기에서 (가)에 들어갈 내용으로 옳은 것은?

- 1868년　평안도 양덕에서 출생
- 1907년　함경도 갑산에서 포수를 이끌고 의병 활동
- 1910년　간도로 건너가 독립군 양성에 주력
- (가)
- 1937년　중앙아시아로 강제 이주 당함
- 1943년　카자흐스탄 크질오르다에서 사망

① 대한 독립군단의 총재로 선출되었다.

② 신민부를 조직하여 독립운동을 전개하였다.

③ 남만주 지역에서 한·중 연합 작전을 전개하였다.

④ 대한 독립군을 이끌어 봉오동 전투에서 승리하였다.

⑤ 북로 군정서군을 지휘하여 청산리 전투에서 승리하였다.

길잡이 ① 독립군으로 활동하다 카자흐스탄에서 사망한 인물을 파악한다.
② 홍범도의 활동을 파악한다.

더 알아보기
중급 310p | 봉오동 전투와 청산리 대첩

지도와 같이 이동한 독립군에 대한 설명으로 옳은 것을 |보기|에서 고른 것은?

길잡이 ① 밀산을 거쳐 자유시까지 이동한 독립군 부대를 파악한다.
② 대한 독립군단의 활동을 파악한다.

| 보기 |

ㄱ. 간도 참변이 이동의 배경이 되었다.

ㄴ. 자유시 참변으로 무장 해제를 당하였다.

ㄷ. 군정과 민정 조직을 갖춘 자치 기구였다.

ㄹ. 화북 지역으로 이동한 후 조선 의용군으로 개편되었다.

① ㄱ, ㄴ　　② ㄱ, ㄷ　　③ ㄴ, ㄷ　　④ ㄴ, ㄹ　　⑤ ㄷ, ㄹ

더 알아보기
중급 311p | 간도 참변과 자유시 참변

092 1930년대 이후의 무장 독립 전쟁

13회 중급

08 다음 자료의 단체에서 활동한 인물로 옳은 것을 |보기|에서 고른 것은?

> 1. 광복군은 우리 중국의 항일 작전 기간에 본회에 직할 예속하여 참모총장이 장악 운영함.
> ……
> 7. 광복군의 지휘·명령이나 혹은 관항과 군계를 조회하는 등의 일은 본회에서 지정한 관공청 군사처에서 책임지고 접수함.
> ……
> 9. 중·일 전쟁이 끝나고도 한국 임시 정부가 여전히 한국 지경으로 정진하지 못하였을 경우 광복군을 이후에 어떻게 운영할 것인가는 본회의 일관된 정책에 기본을 두고 당시의 정황에 비추어 책임지고 처리함.
>
> – 행동 준승 9개항 –

꼼꼼 분석 ③ | 행동 준승 9개항은 한국 광복군이 중국 국민당과 군사 협정을 맺으면서 규정한 행동 강령이다. 1940년에 충칭 임시 정부의 재정비 과정에서 지청천을 중심(이범석은 참모장)으로 조직된 한국 광복군은 중국의 지원을 받아 성장하였고, 이후에는 독자성을 확보하게 되었다. 1942년에는 김원봉의 조선 의용대 일부를 편입하여 전력을 강화하였다. 대일본, 대독 선전 포고를 하였으며 영국과 연합 작전을 전개하기도 하였다. 또한 미국 OSS와 연합해 국내 진공 작전을 준비하였으나, 일본이 일찍 항복하여 계획은 무마되고 말았다.

오답 분석 ㄱ. 이동휘는 대한 국민 의회를 조직하고 임시 정부의 국무총리를 지냈다.
ㄹ. 홍범도는 1920년 대한 독립군의 총사령관이었다.

| 보기 |

ㄱ.	ㄴ.	ㄷ.	ㄹ.
이동휘	이범석	지청천	홍범도

① ㄱ, ㄴ　② ㄱ, ㄷ　③ ㄴ, ㄷ　④ ㄴ, ㄹ　⑤ ㄷ, ㄹ

고사부 **깐깐정리**

■ 1930~40년대 무장 독립 전쟁

시기	독립군 부대	위치	지도자	주요 전투	관련 단체 및 활동
1930년대 초	한국 독립군	북만주 일대	지청천	쌍성보·대전자령 전투	한·중 연합 작전 전개
	조선 혁명군	남만주 일대	양세봉	영릉가·흥경성 전투	
1930년대 말	조선 의용대	중국 내륙(우한)	김원봉	우한 방위전	조선 민족 혁명당(1935)
1940년대	한국 광복군	중국 내륙(충칭)	김구·지청천	• 대일본 선전 포고(1941), 조선 의용대 일부를 편입(1942) • 인도, 미얀마 등지에서 영국군과 연합 작전 • 국내 정진군 편성	
	조선 의용군	중국 내륙(화북)	김두봉·김무정	• 조선 독립 동맹(김두봉) 산하 군사 조직 • 중국 공산당 팔로군과 함께 항일전 수행	

자료의 독립군 부대에 대한 설명으로 옳은 것을 |보기|에서 고른 것은?

창립 기념 사진

이 부대는 김원봉을 중심으로 한 조선 민족 혁명당이 중국 정부의 협조를 얻어 편성하였다. 중국 국민당의 정부군과 합세하여 양쯔 강 중류 일대에서 일본군의 진격을 막았으며 중국 각 지역에서 항일 투쟁을 전개하였다.

| 보기 |

ㄱ. 일부가 한국 광복군에 합류하였다.
ㄴ. 중국 관내에서 결성된 최초의 한국인 부대였다.
ㄷ. 영릉가와 흥경성 전투에서 일본군을 격파하였다.
ㄹ. 북로 군정서군과 함께 청산리에서 일본군을 크게 무찔렀다.

① ㄱ, ㄴ   ② ㄱ, ㄷ   ③ ㄴ, ㄷ   ④ ㄴ, ㄹ   ⑤ ㄷ, ㄹ

길잡이 ① 조선 민족 혁명당이 결성한 무장 조직을 파악한다.
② 조선 의용대의 활동을 파악한다.

더 알아보기
중급 314p | 조선 의용대

(가)~(마)의 활동에 대한 설명으로 옳지 <u>않은</u> 것은?

길잡이 ① 만주와 중국 본토에서 전개된 무장 독립 투쟁을 파악한다.

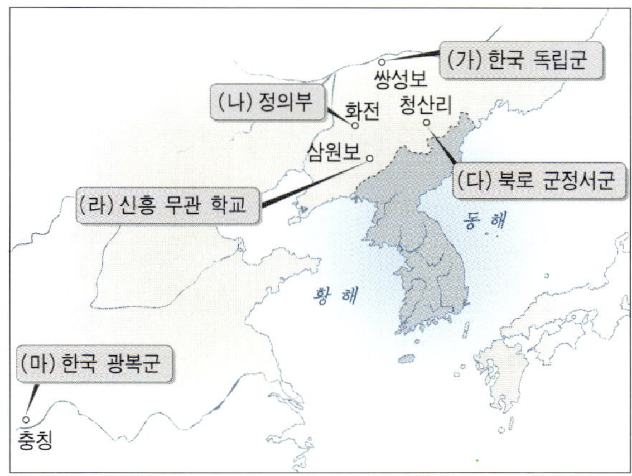

① (가) – 만주 사변 직후 한 · 중 연합 작전을 전개하였다.
② (나) – 군정 · 민정 기관을 갖추고 있었다.
③ (다) – 청산리에서 일본군을 크게 격파하였다.
④ (라) – 의열단 단원들이 입학하여 훈련을 받았다.
⑤ (마) – 태평양 전쟁이 발발한 직후 대일 선전 포고를 하였다.

더 알아보기
중급 316p | 조선 의용군

093 국외 이주민의 활동

경향 분석 간도, 연해주, 일본, 미주 지역으로 이주한 동포들의 활동과 시련을 묻는 문제는 여러 번 출제되었다.

22회 중급

고사부의 기출 타파 

09 밑줄 그은 '이 지역'을 지도에서 옳게 찾은 것은?

◆ 안 내 장 ◆

이번 전시회는 일제 강점기에 수난을 당했던 국외 동포들을 이해하기 위한 행사로, 이 지역 동포들의 삶과 역사를 사진과 그림, 영상을 통해 볼 수 있습니다.

• 전시관 1 : 신한촌에서의 고단한 타향살이
• 전시관 2 : 일제에 맞선 대한 광복군 정부
• 전시관 3 : 카레이스키의 과거와 현재

□ 기간 : 2014년 ○○월 ○○일 ~ ○○월 ○○일
□ 장소 : △△ 박물관 특별 전시실

① (가) ② (나) ③ (다) ④ (라) ⑤ (마)

꼼꼼 분석 ① | '신한촌'은 연해주 지역의 한인 집단 촌락이고, '광복군 정부'는 연해주 지역의 독립운동가들이 세운 독립운동 단체이다. 연해주 지역의 한인들은 1937년 중앙아시아로 강제 이주되었는데, 소련인들은 이들을 카레이스키(고려인)라 불렀다.

고사부 깐깐 정리

■ 국외 이주 동포의 활동

구분	근거지	활동	시련
만주	삼원보	신흥 무관 학교, 경학사, 서로 군정서	간도 참변(1920) 만보산 사건(1931)
	왕청	중광단(→ 북로 군정서)	
	용정	서전서숙(이상설), 명동학교	
연해주	블라디보스토크	• 권업회, 대한 광복군 정부(1914) • 대한 국민 의회(1919)	자유시 참변(1921) 중앙아시아 이주(1937)
일본	동경	2 · 8 독립 선언	관동 대학살(1923)
중국	상하이	신한 청년당(1918)	
미주	하와이	• 대한인국민회, 흥사단(안창호) • 대조선 국민군단(박용만)	

다음 자료에 해당하는 국외 이주 지역을 지도에서 옳게 찾은 것은?

답사 보고서
- 주제 : 해외 항일 독립운동 유적지를 찾아서
- 지역 : (가)
- 보고서 내용 : 헤이룽 강, 용두레 우물(용정)을 지나니 대성 중학교가 나온다. 이 학교는 많은 애국지사와 독립운동가를 배출했으며, '서시'를 지었던 윤동주 시인이 다녔던 곳이다.

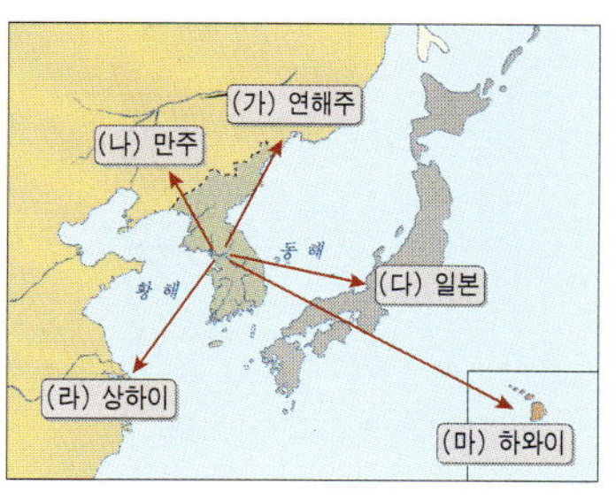

① (가)　　② (나)　　③ (다)　　④ (라)　　⑤ (마)

길잡이 ① 용정, 대성 중학교와 관련된 지역을 파악한다.

더 알아보기
중급 319p | 만주 이주 동포

길잡이 ① 사진 결혼, 대조선 국민군단과 관련된 지역을 파악한다.
② 미주 지역의 한인들이 전개한 민족운동을 파악한다.

다음 자료의 지역에서 일어난 사실로 옳은 것은?

- 박용만이 대조선 국민군단을 조직하였다.
- 여러 애국 단체가 결성되어 대한민국 임시 정부를 비롯한 독립운동 단체에 재정 지원을 하였다.
- 1910년~1924년에 낡은 사진 한 장만을 가지고 고향을 떠나 결혼한 부녀자 이민은 약 1,100명에 달하였다.

① 청산리 전투가 벌어졌다.
② 자유시 참변이 발생하였다.
③ 윤봉길의 의거가 일어났다.
④ 구미 위원부가 창설되었다.
⑤ 2·8 독립 선언이 발표되었다.

더 알아보기
중급 320p | 미주 이주 동포

094 사회적 민족 운동

경향 분석 국내에서 전개된 사회적 민족 운동은 여러 번 출제되었다.

고사부의 **기출 타파**

19회 중급

10 다음 행동 강령을 내건 단체가 발행한 자료로 옳은 것은?

> **〈행동 강령〉**
> 1. 여성에 대한 사회적 · 법률적 일체 차별 철폐
> 2. 일체 봉건적 인습과 미신 타파
> 3. 조혼 폐지 및 결혼의 자유
> 4. 인신 매매 및 공창 폐지
> 5. 농민 부인의 경제적 이익 옹호
> 6. 부인 노동의 임금 차별 철폐 및 산전 산후 임금 지불
> 7. 부인 및 소년공의 위험 노동 및 야업폐지

① 
제국신문

② 
대한 자강회 월보

③ 
횡성신문

④ 
근우

⑤ 
어린이

꼼꼼 분석 ④ | 자료는 일제 강점기의 여성 운동 단체 '근우회'(1927~1931)의 행동 강령이다. 신간회의 자매 단체로 활동한 근우회는 기관지로 〈근우〉를 발간하였다.

고사부 **깐깐정리**

■ 사회적 민족 운동

소년 운동	방정환 중심, 어린이날 제정(천도교 소년회), 잡지 '어린이' 발간
여성 운동	근우회(1927) : 신간회 자매 단체, 여성계 민족 협동 전선
형평 운동	백정에 대한 사회적 차별 철폐 주장, 조선 형평사 조직(1923, 진주)

■ 학생 운동

6 · 10 만세 운동 (1926)	• 배경 : 식민지 교육 정책, 순종의 인산 • 전개 : 조선 공산당과 천도교에서 시위 계획 → 학생 주도 만세 시위 • 의의 : 민족주의계와 사회주의계의 갈등 극복 계기
광주 학생 항일 운동 (1929)	• 배경 : 일제의 민족 차별과 식민지 교육 • 전개 : 한 · 일 학생간의 충돌 → 학생 비밀 결사와 신간회 등의 지도로 전국 규모의 항일 투쟁으로 발전 • 의의 : 3 · 1 운동 이후 최대의 항일 민족 운동

다음 글과 관련된 민족 운동의 사진 자료로 가장 적절한 것은?

공평은 사회의 근본이고 사랑은 인간의 본성이다. 고로 우리는 계급을 타파하고 모욕적인 칭호를 폐지하여 교육을 장려하고 우리도 참다운 인간으로 되고자 함이 본사(本社)의 중요한 뜻이다. 지금까지 조선의 백정은 어떠한 지위와 압박을 받아 왔던가? 과거를 회상하면 종일 통곡하고도 피눈물을 금할 수 없다.

①  ② ③

④ ⑤

더 알아보기
중급 324p | 형평 운동

다음 자료를 통해 알 수 있는 단체에 대한 설명으로 옳은 것은?

〈 행동 강령 〉
• 여성에 대한 사회적 · 법률적 일체 차별 철폐
• 일체 봉건적인 인습과 미신 타파
• 조혼 방지 및 결혼의 자유
      …
• 부인 및 소년공의 위험 노동 및 야업 폐지

① 방정환, 조철호 등이 주도하였다.
② 민립 대학 설립 운동을 전개하였다.
③ 6·10 만세 운동을 적극 지원하였다.
④ 우리말 큰사전 편찬 사업을 추진하였다.
⑤ 근우를 발행하여 여성의 권익을 옹호하였다.

더 알아보기
중급 324p | 여성 운동

095 민족 유일당 운동

경향 분석 민족 유일당으로 조직된 신간회는 매 시험마다 출제되는 주제이다.

17회 중급

고사부의 기출 타파 

11 다음 자료에 해당하는 민족운동에 대한 설명으로 옳은 것은?

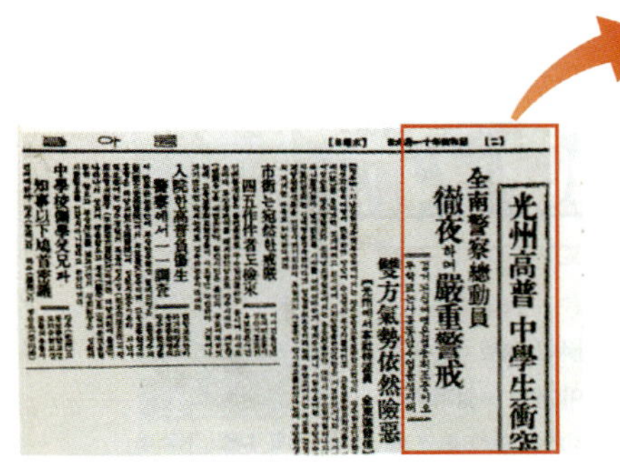

① 순종의 인산일에 일어났다.
② 탑골 공원에서 시작되었다.
③ 단발령에 대한 반발로 일어났다.
④ 2 · 8 독립 선언의 도화선이 되었다.
⑤ 식민지 교육 제도의 철폐를 요구하였다.

꼼꼼 분석 ⑤ | 자료는 광주 학생 항일 운동(1929)과 관련된 신문 기사이다. 이 운동은 광주에서 있었던 조선인과 일본인 학생 사이의 충돌을 계기로 하여 발생하였다.

오답 분석 ① 6 · 10 만세 운동(1926)
② 3 · 1 만세 운동(1919)
③ 을미의병(1895)
④ 2 · 8 독립 선언(1919)은 3 · 1 운동의 도화선이 되었다.

고사부 깐깐정리

■ 신간회

배경	• 민족 운동의 분열, 자치 운동론의 대두 • 치안유지법 제정 이후 사회주의계의 변화 모색 → 정우회 선언
해외	한국 독립 유일당 북경 촉성회(1926), 3부 통합 운동(만주)
신간회 활동 (1927~31)	• 창립 : 이상재(회장) · 홍명희(부회장), 서울에 본부, 지방과 해외에 지회 설치 • 강령 : 민족 대단결, 정치 · 경제적 각성 촉구, 기회주의 배격 • 활동 : 대중 운동 지도(원산 노동자 총파업, 광주 학생 항일 운동)
해체(1931. 5)	• '진상 보고 대회' 사건 이후 집행부의 우경화 • 코민테른의 노선 변화(통일 전선 강화 → 계급 투쟁 강화)

다음 자료에 해당하는 민족 운동에 대한 설명으로 옳은 것을 |보기|에서 고른 것은?

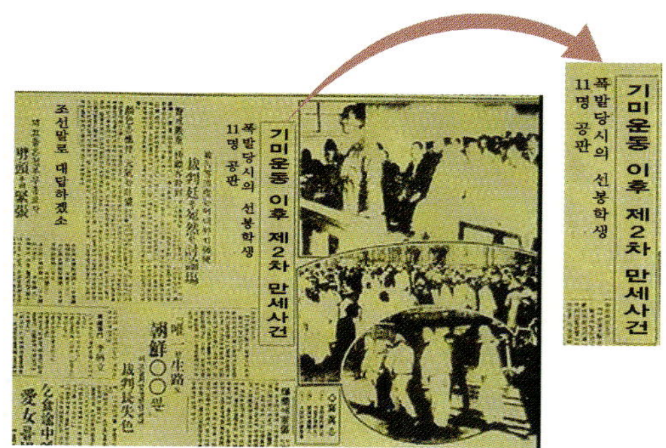

| 보기 |

ㄱ. 광주에서 시작되어 전국으로 확산되었다.
ㄴ. 일제의 헌병 경찰 통치에 반발하여 일어났다.
ㄷ. 민족주의 계열과 사회주의 계열이 함께 추진하였다.
ㄹ. 순종의 인산일을 계기로 대규모 만세 시위가 전개되었다.

① ㄱ, ㄴ　　② ㄱ, ㄷ　　③ ㄴ, ㄷ　　④ ㄴ, ㄹ　　⑤ ㄷ, ㄹ

길잡이 ① 제2차 만세 시위를 파악한다.
② 6·10 만세 운동의 전개 과정과 영향을 파악한다.

더 알아보기
중급 325p | 6·10 만세 운동

길잡이 ① 기회주의 배격을 강조한 단체를 파악한다.
② 신간회의 활동을 파악한다.

다음 강령을 내건 단체의 활동으로 옳지 <u>않은</u> 것은?

강 령

• 우리는 정치적·경제적 각성을 촉진한다.
• 우리는 단결을 공고히 한다.
• 우리는 기회주의를 일체 부인한다.

① 전국에 지회를 두고 활동하였다.
② 암태도 소작 쟁의를 지원하였다.
③ 기회주의자들을 배격할 것을 주장하였다.
④ 농민·노동 운동 등의 사회 운동을 지원하였다.
⑤ 광주 학생 항일 운동에 진상 조사단을 파견하였다.

더 알아보기
중급 326p | 신간회

096 실력 양성 운동

경향 분석 일제 강점기 국내에서 전개된 민족 운동은 다양한 형태로 출제된다. 특히 물산 장려 운동이 자주 출제된다.

21회 중급

고사부의 기출 타파 

12 다음 자료의 사회 운동에 대한 설명으로 옳은 것은?

> ○○일보
>
> 제 △△호　　　　　　　　1923년 ○○월 ○○일
>
> **토산 장려 행진을 허가하라**
>
> 종로 경찰서는 조선인의 토산 장려 행진 계획을 금지하고 이를 어길 시에는 경찰과 충돌할 것을 각오하라고 경고하였다.
>
> 그 이유가 무엇인가. 조선인의 토산 장려가 불법이라면 경찰은 일본인의 일본 상품 애용도 금지해야 할 것이다.

① 보안회 결성에 영향을 주었다.
② 민족 산업의 육성을 내세웠다.
③ 학생 단체의 주도로 시작되었다.
④ 일제의 회사령 제정이 계기가 되었다.
⑤ 광주에서 시작되어 전국으로 확산되었다.

꼼꼼 분석　② | 자료의 '조선인의 토산 장려 행진'은 물산 장려 운동을 가리킨다.

일제가 회사령을 폐지하고 이어 관세를 철폐하려 한다는 소식이 전해지자, 평양에서 조만식 등이 주도하여 물산 장려 운동을 시작하였다.

물산 장려 운동은 민족 자본의 육성을 명분으로 내세웠으나 사회주의자들은 자본가의 이익만을 추구하는 이기적 운동이라고 비판하였다.

오답 분석　① 황무지 개간권 반대 운동(1904)
③ 6 · 10 만세 운동
④ 회사령은 1910년 제정되었다.
⑤ 광주 학생 항일 운동(1929)

고사부 깐깐정리

■ 실력 양성 운동

민립 대학 설립 운동	• 민립 대학 기성회 조직(1923, 이상재) → 전국적인 모금 운동 전개 • 실패 : 자연재해, 총독부의 방해 등으로 중단, 경성 제국 대학 설립 발표
문맹 퇴치 운동	• 문자 보급 운동(1929~34) : 조선일보 주도, 한글 교재 배부, 순회 강연 • 브나로드 운동(1931~34) : 동아일보 주도, 농촌 계몽 운동, 상록수(심훈)
물산 장려 운동	• 배경 : 회사령 폐지 이후 민족 기업 증가, 관세 철폐의 움직임 • 단체 : 조선 물산 장려회(1922, 평양, 조만식), 자작회, 토산 애용 부인회 등 • 쇠퇴 : 토산물 가격의 상승 초래, 사회주의 세력의 반대

다음 내용과 관련된 민족 운동의 사진 자료로 가장 적절한 것은?

> 최용신은 1931년 YWCA 파견 교사로 경기도 화성군 반월면 샘골에 파견되었다. 그는 예배당을 빌려 한글·산술·재봉·수예·가사·노래·성경 등을 가르쳤다. 1934년부터 학원의 운영이 어려워지자 다방면으로 노력하다가 이듬해 1월 26세의 나이에 과로로 사망하였다. 농촌을 살리기 위한 눈물겨운 그의 행적은 1935년에 《상록수》로 소설화되었다.

① 

② 
③ 

④ 
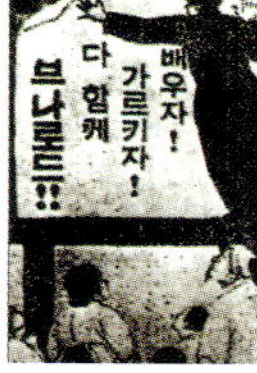
⑤ 

길잡이 ① 지식인들이 농촌에서 전개한 민족 운동을 파악한다.
② 한글 보급, 문맹 퇴치와 관련된 운동의 포스터를 파악한다.

더 알아보기
중급 329p | 문맹 퇴치 운동

(가)에 들어갈 내용으로 가장 적절한 것은?

> (가)
>
> 우리들의 운명을 어떻게 개척할 것인가? 정치냐, 외교냐, 산업이냐? 물론 이러한 사업들이 모두 다 필요하도다. 그러나 그 기초가 되고 요건이 되며 가장 급무가 되고, 가장 선결의 필요가 있으며 가장 힘 있고 가장 필요한 수단은 교육이 아니면 불가능하도다. 민중의 보편적 지식은 보통 교육으로도 가능하지만 심오한 지식과 학문은 고등 교육이 아니면 불가하며……

① 가갸날을 제정하자   ② 내 살림 내 것으로
③ 배우자 가르치자 다함께   ④ 백정도 똑같은 인간이다.
⑤ 한민족 일천만이 한 사람 일 원씩

길잡이 ① 고등 교육 기관 설립을 위한 민족 운동을 파악한다.
② 일제 강점기 민족 운동의 구호를 구분한다.

더 알아보기
중급 329p | 민립 대학 설립 운동

097 노동 운동과 농민 운동

20회 중급

경향 분석 노동 운동과 농민 운동은 1920년대와 1930년대의 투쟁 양상을 비교하는 문제가 자주 출제된다.

고사부의 기출 타파

13 다음 사건이 일어난 시기 농민·노동 운동의 공통점으로 옳은 것은?

암태도 소작 쟁의

원산 총파업

① 사회주의 사상의 영향을 받았다.
② 토지 조사 사업의 배경이 되었다.
③ 회사령이 제정되는 계기가 되었다.
④ 형평 운동이 실패하는 원인이 되었다.
⑤ 치안 유지법이 폐지되는 계기가 되었다.

꼼꼼 분석 ① | 암태도 소작 쟁의(1923), 원산 노동자 총파업(1929)은 1920년대의 대표적인 농민·노동 운동이다.

1920년대에 유입되기 시작한 사회주의 사상이 노동자, 농민들의 계급의식을 고취시키고 조직적 쟁의를 촉구하였기 때문에 1920년대에 농민·노동 운동이 활성화되었다.

고사부 깐깐정리

■ 노동 운동과 농민 운동

구분	농민 운동(소작 쟁의)	노동 운동(노동 쟁의)
1920년대	• 생존권 투쟁(소작료 인하, 소작권 이동 반대) • 암태도 소작 쟁의(1923) • 조선 농민 총동맹 조직(1927)	• 생존권 투쟁(임금 인상, 노동 조건 개선 요구) • 조선 노동 총동맹 결성(1927) • 원산 노동자 총파업(1929)
1930년대	• 항일 민족 운동으로 발전(식민지 지주제 철폐와 일제 타도 주장) • 1930년대 후반 일제의 통제로 활동 침체	• 반제·반일 투쟁으로 발전 • 일제의 통제 강화로 합법적 노동 운동까지 불가능 → 사회주의와 연결된 지하 조직화

(가) 시기의 사회 모습에 대한 설명으로 옳은 것을 |보기|에서 고른 것은?

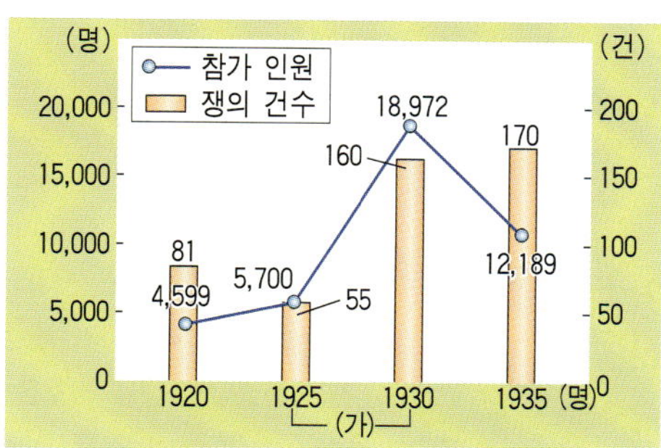

| 보기 |

ㄱ. 사회주의 사상이 확산되었다.
ㄴ. 농촌 진흥 운동이 추진되었다.
ㄷ. 원산 노동자 총파업이 일어났다.
ㄹ. 노동자들이 비합법적인 노동 조합을 결성하였다.

① ㄱ, ㄴ　　② ㄱ, ㄷ　　③ ㄴ, ㄷ　　④ ㄴ, ㄹ　　⑤ ㄷ, ㄹ

길잡이 ① 1920년대 후반에 노동 쟁의가 급증한 배경을 파악한다.
② 1920년대 후반에 전개된 사건을 파악한다.

더 알아보기
중급 331p | 노동 운동

길잡이 ① 암태도 소작 쟁의가 일어난 시기를 파악한다.
② 1920년대의 농촌 상황을 파악한다.

다음 사건이 발생한 시기의 농촌 상황으로 옳은 것은?

지주 문재철이 7할 내지 8할의 소작료를 징수하였다. 이에 암태도의 소작인들은 서태석의 주도하에 소작인회를 조직하고, 문재철과 이를 비호하는 일제에 대항하여 약 1년간 소작 쟁의를 벌였다.

① 미곡 공출제가 실시되었다.
② 토지 조사 사업이 실시되었다.
③ 농촌 진흥 운동이 추진되었다.
④ 혁명적 농민 조합이 조직되었다.
⑤ 수리 조합비 등 농민 부담이 가중되었다.

더 알아보기
중급 330p | 농민 운동

098 민족 문화 수호 운동

22회 중급

경향 분석 일제에 대항해 우리 문화를 지키려는 노력에 관한 문제가 자주 출제된다.

고사부의 기출 타파

14 다음 책을 저술한 인물에 대한 설명으로 옳은 것은?

> 우리 조선의 역사적 발전의 전 과정은 가령 지리적 조건. 인종학적 골상, 문화 형태의 외형적 특징 등 다소의 차이는 인정되더라도, 외관적인 소위 특수성은 다른 문화 민족의 역사적 발전 법칙과 구별되어야 하는 독자적인 것이 아니며, 세계사적인 일원론적 역사 법칙에 의하여 다른 민족과 거의 같은 궤도로 발전 과정을 거쳐 온 것이다.
>
> – 「조선사회경제사」 –

① 민족정신을 혼으로 파악하였다.
② 식민 사관의 정체성론을 반박하였다.
③ 역사를 아와 비아의 투쟁으로 설명하였다.
④ 삼한 정통론으로 우리 역사를 체계화하였다.
⑤ 진단학회를 창립하여 우리 역사를 연구하였다.

꼼꼼 분석 ② | 《조선사회경제사》는 유물 사관에 바탕을 두고 한국사가 세계사의 보편 법칙에 따라 발전하였다는 점을 강조한 백남운의 저술이다. 백남운은 《조선사회경제사》에서 일제가 주장한 정체성론을 반박하며, 우리나라가 서양 여러 나라와 비슷하게 자본주의 발전 과정을 걸어왔다고 밝혔다.

오답 분석 ① 박은식
③ 신채호
④ 안정복
⑤ 이병도, 손진태 등

고사부 깐깐정리

■ **조선어 연구**

조선어 연구회(1921)	한글 잡지 간행, '가갸날' 제정
조선어 학회(1931~42)	한글 맞춤법 통일안과 표준어 제정, 우리말 큰 사전 편찬 시도 → 조선어학회 사건으로 해체(1942)

■ **한국사 연구**

민족주의 역사학	• 신채호 : 낭가 사상, "조선상고사", "조선사연구초" 저술 • 박은식 : 국혼, "한국통사", "한국독립운동지혈사" 저술 • 정인보, 안재홍 등이 계승
사회경제사학	백남운 : 유물 사관, 식민 사관의 정체성론 비판, "조선사회경제사" 저술
실증주의 사학	진단학회 조직(1934, 이병도·손진태)

다음 자료에서 설명하는 인물로 옳은 것은?

> 그는 언론인으로 〈황성신문〉과 〈대한매일신보〉 논설 기자로 활동하였으며, 애국 계몽 운동에 앞장섰다. 또한 사학자로 《조선상고사》와 《조선사연구초》를 집필하였으며, 독립운동에 헌신하다가 1936년 뤼순 감옥에서 순국하였다.

① 
문일평

② 
박은식

③
백남운

④ 
신채호

⑤ 
정인보

길잡이 ① 《조선상고사》를 집필한 인물을 파악한다.

더 알아보기
중급 336p | 한국사 연구

길잡이 ① 《한국통사》, 《한국독립운동지혈사》를 집필한 민족주의 사학자를 파악한다.
② 박은식의 활동을 파악한다.

다음 자료에서 설명하는 인물의 활동으로 옳은 것은?

> • 일제의 역사 왜곡에 맞서 민족주의 사학을 발전시켰다.
> • 민족 정신을 '혼'으로 파악하여 '혼'이 담겨 있는 역사의 중요성을 강조하였다.
> • 저서로는 《한국통사(韓國痛史)》, 《한국독립운동지혈사(韓國獨立運動之血史)》 등이 있다.

① 유교 구신론을 주장하였다.
② 조선 불교 유신론을 제창하였다.
③ 역사 발전의 보편성을 강조하였다.
④ 〈시일야방성대곡〉을 써서 을사조약을 비판하였다.
⑤ 역사를 '아(我)'와 '비아(非我)'의 투쟁으로 이해하였다.

더 알아보기
중급 336p | 한국사 연구

099 문학과 예술 활동

경향 분석 일제 강점기의 문학과 예술은 여러 번 출제된 주제이므로, 작품의 특성을 파악해 두는 것이 좋다.

19회 중급

15 다음 영화가 개봉된 시기의 문화계 동향으로 가장 적절한 것은?

① 신체시 '해에게서 소년에게'가 발표되었다.
② 영국인 베델이 대한매일신보를 창간하였다.
③ 최초의 신극 공연장인 원각사가 개관되었다.
④ 경부철도가와 같은 계몽적 성격의 창가가 등장하였다.
⑤ 사회주의 영향을 받은 신경향파 작가들이 활동하였다.

고사부의 기출 타파

꼼꼼 분석 ⑤ | 나운규가 감독과 주연을 맡은 영화 〈아리랑〉은 1926년에 개봉되었다.
1920년대에는 사회주의가 국내에 유입되면서 사회주의 계열의 문학 작품이 나타나기 시작하였다.

오답 분석 ① 해에게서 소년에게(1908)
② 대한매일신보 창간(1904)
③ 원각사 개관(1908)
④ 경부철도가(1908)

고사부 깐깐 정리

■ 문학과 예술 활동

1910년대	이광수의 무정(1917, 최초의 근대 소설)
1920년대	• 문학 : 저항 문학(한용운, 심훈), 신경향파 문학(사회주의 영향) • 영화 : 나운규의 아리랑(1926) • 연극 : 토월회(1923)
중·일 전쟁 이후	창작 활동 위축, 친일 문학의 등장

다음은 역사 인물 카드의 앞뒷면이다. (가)에 들어갈 내용으로 옳은 것은?

〈앞면〉

〈인물 소개〉
• 북간도 명동촌에서 출생
• 연희 전문학교 진학
• 1943년 독립 선동 혐의로 체포
• 1945년 후쿠오카 형무소에서 순국

〈인물의 문학 작품〉
서시, 또 다른 고향,　(가)

〈뒷면〉

① 광야
② 상록수
③ 진달래 꽃
④ 별 헤는 밤
⑤ 빼앗긴 들에도 봄은 오는가

길잡이 ① 서시를 남기고 옥중에서 사망한 시인을 파악한다.
② 일제 강점기의 작품과 작자를 구분한다.

더 알아보기
중급 338p | 문학 활동

길잡이 ① 님의 침묵의 작자를 파악한다.
② 한용운의 활동을 파악한다.

다음 작품과 관련된 인물에 대한 설명으로 옳은 것을 |보기|에서 고른 것은?

님의 침묵

님은 갔습니다. 아아, 사랑하는 나의 님은 갔습니다.
　……
날카로운 첫 키스의 추억은 나의 운명의 지침을 돌려 놓고 뒷걸음쳐서 사라졌습니다.
나는 향기로운 님의 말소리에 귀먹고, 꽃다운 님의 얼굴에 눈멀었습니다.
　……

| 보기 |
ㄱ. 유교의 혁신 운동을 전개하였다.
ㄴ. 조선 불교 유신론을 저술하였다.
ㄷ. 시일야방성대곡을 황성신문에 기고하였다.
ㄹ. 기미 독립 선언서의 공약 3장을 기초하였다.

① ㄱ, ㄴ　　② ㄱ, ㄷ　　③ ㄴ, ㄷ　　④ ㄴ, ㄹ　　⑤ ㄷ, ㄹ

더 알아보기
중급 338p | 문학 활동

VIII 한국 현대사

100 광복과 좌우 대립의 심화

경향 분석 광복 이후 정부 수립을 위한 활동은 빠지지 않고 출제되는 주제이다. 주요 인물과 단체, 사건을 반드시 정리한다.

19회 중급

고사부의 기출 타파

01 다음 자료에 해당하는 인물의 활동으로 옳은 것은?

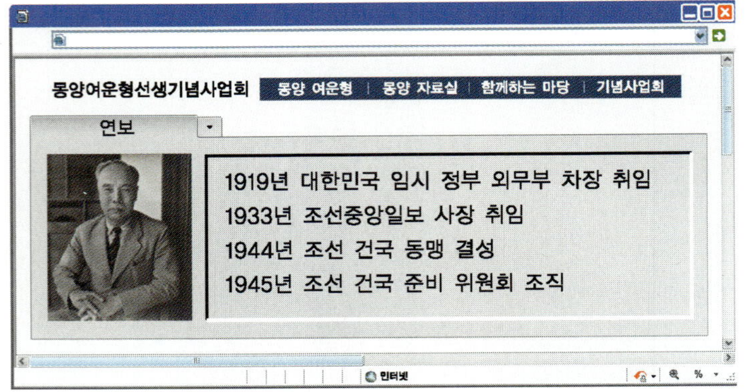

① 한인 애국단을 결성하였다.
② 좌우 합작 위원회를 구성하였다.
③ 조선어학회 사건으로 구속되었다.
④ 남한 만의 단독 정부 수립을 주장하였다.
⑤ 반민족 행위 특별 조사 위원회에서 활동하였다.

 **꼼꼼 분석** ② | 자료의 몽양 여운형은 중도 좌파 성향의 민족 독립운동가이다.

여운형은 광복을 전후해서 조선 건국 동맹(1944), 조선 건국 준비 위원회(1945), 좌우 합작 위원회(1946) 등을 조직하였다.

오답 분석 ① 김구
③ 이극로, 최현배 등
④ 이승만

고사부 깐깐 정리

■ 광복 직후의 정세

조선 건국 준비위원회	• 여운형·안재홍 주도, 전국에 지부 설치, 질서 유지를 위해 치안대 조직 • 좌익 주도에 반발하여 우익 세력 이탈, 조선 인민 공화국 선포
미군정	현상 유지 정책(조선 총독부의 관료와 경찰 유지), 건준과 인민 공화국 부정

■ 신탁 통치 문제와 좌우 합작 운동

모스크바 3국 외상 회의	• 임시 민주 정부 수립, 미·소 공동 위원회 설치, 최고 5년간 신탁 통치 결정 • 우익(김구, 이승만, 한민당)은 신탁 통치 반대 운동, 좌익은 협정 지지
미·소 공동 위원회	• 1차(1946.3) : 미국과 소련의 입장 차이로 휴회 • 2차(1947.5) : 트루먼 독트린 이후 냉전이 심화되며 완전 결렬
좌우 합작 운동	• 배경 : 미·소 공동 위원회 휴회, 이승만의 정읍 발언(1946.6) • 전개 : 여운형, 김규식이 주도하여 좌우 합작 위원회 결성, 좌우 합작 7원칙 발표 (1946.10) • 실패 : 한민당과 남로당의 불참, 미군정의 지원 철회, 여운형 암살

다음 강령을 발표한 기구에 대한 설명으로 옳은 것을 |보기|에서 고른 것은?

> 1. 우리는 완전한 독립 국가의 건설을 기함.
> 2. 우리는 전 민족의 정치적·사회적 기본 요구를 실현할 수 있는 민주주의 정권의 수립을 기함.
> 3. 우리는 일시적 과도기에 있어 국내 질서를 자주적으로 유지하여 대중 생활의 확보를 기함.

| 보기 |

ㄱ. 광복 직후 치안과 행정을 담당하였다.
ㄴ. 미 군정청의 인준을 받아 활동하였다.
ㄷ. 좌익과 우익 인사들이 함께 결성하였다.
ㄹ. 모스크바 3국 외상 회의의 결과 조직되었다.

① ㄱ, ㄴ   ② ㄱ, ㄷ   ③ ㄴ, ㄷ   ④ ㄴ, ㄹ   ⑤ ㄷ, ㄹ

길잡이 ① 조선 건국 준비 위원회의 강령임을 파악한다.
② 조선 건국 준비 위원회의 활동을 파악한다.

더 알아보기
중급 345p | 8·15 광복

길잡이 ① 좌우 합작 7원칙을 발표한 단체를 파악한다.
② 좌우 합작 운동을 파악한다.

다음 원칙을 발표한 기구에 대한 설명으로 옳은 것을 |보기|에서 고른 것은?

> 1. 조선의 민주 독립을 보장한 3상 회의의 결정에 의하여 남북을 통한 좌우 합작으로 민주주의 임시 정부를 수립할 것
> 2. 미·소 공동 위원회 속개를 요청하는 공동 성명을 발할 것
> 3. 토지 개혁에 있어서 몰수, 유조건 몰수, 체감 매상 등으로 농민에게 분여하며, …… 민주주의 건국 과업 완수에 매진할 것
> ……
> 7. 전국적으로 언론, 집회, 결사, 출판, 교통, 투표 등의 자유가 절대 보장되도록 노력할 것

| 보기 |

ㄱ. 남북 협상을 제안하였다.
ㄴ. 좌우 합작 운동을 전개하였다.
ㄷ. 여운형, 김규식이 주도하여 조직되었다.
ㄹ. 남한만의 단독 정부 수립을 주장하였다.

① ㄱ, ㄴ   ② ㄱ, ㄷ   ③ ㄴ, ㄷ   ④ ㄴ, ㄹ   ⑤ ㄷ, ㄹ

더 알아보기
중급 348p | 좌우 합작 운동

101 대한민국의 수립

경향 분석 대한민국의 정부 수립 과정에서 발생한 사건을 알아보는 문제는 자주 출제된다.

고사부의 **기출 타파**

20회 중급

02 다음 대화 이후에 전개된 정치적 상황으로 옳은 것은?

① 모스크바 3국 외상 회의가 개최되었다.
② 제2차 미·소 공동 위원회가 결렬되었다.
③ 김구와 김규식 등이 남북 협상에 참여하였다.
④ 여운형이 조선 건국 준비 위원회를 조직하였다.
⑤ 이승만이 독립 촉성 중앙 협의회를 결성하였다.

꼼꼼 분석 ③ | 미·소 공동 위원회 결렬 이후 한반도 정부 수립 문제는 UN(국제 연합)에 이관되었다(1947). UN은 한반도에 즉각적인 정부 수립을 결정하고 선거 시행을 위해 임시 위원단을 한국에 파견하였다(1948. 1.).

그러나 소련은 총선거를 반대하고 위원단의 입북을 거부하였다. 이에 UN 소총회는 선거가 가능한 지역에 한해 5월에 총선거를 시행하기로 결정하였다(1948. 2.).

이에 반발한 김구, 김규식 등은 통일 정부 수립을 위한 남북 협상을 추진하였으나 실패하였다(1948.4).

오답 분석 ① 모스크바 3국 외상 회의(1945.12)
② 2차 미·소 공동 위원회 결렬(1947.10)
④ 건국 준비 위원회 결성(1945.8)
⑤ 독립 촉성 중앙 협의회(1945.10)

고사부 **깐깐 정리**

■ 대한민국의 수립

한국 문제의 UN 상정	• UN 총회(1947. 11) : 남북한 자유 총선거 실시와 UN 한국 임시 위원단 설치 결정 • 소련의 거부로 UN 소총회는 남한 단독 총선거 결정(1948. 2)
남북 협상	• 김구와 김규식이 남북 정치 회담 제의 → 북측 수용 • 남북 지도자 회의 (1948. 4) : '단독 정부 수립 반대, 외국 군대 즉시 철수' 결의
정부 수립을 둘러싼 갈등	• 제주 4·3 사건 : 단독 총선거 반대를 주장하는 좌익 주도의 민중 봉기 • 여수 순천 10·19사건 : 제주 4·3 사건 진압 명령을 거부한 군부대의 반란
대한민국 정부의 수립	• 5·10 총선거 실시 : 최초의 보통 선거, 남북 협상파와 좌익 불참 • 제헌 헌법 제정(대통령 중심제) → 대한민국 정부의 수립
친일파 청산 시도	반민족 행위 처벌법 : 반민족 행위 특별 조사 위원회(반민 특위) 설치
	반민 특위의 활동 : • 이승만 정부는 반공주의를 내세워 친일파 청산에 소극적 • 친일 세력은 반민 특위 활동 방해(국회 프락치 사건, 반민 특위 습격 사건)

다음 글이 발표된 시기를 연표에서 옳게 고른 것은?

> 현실에 있어서 나의 유일한 염원은 3천만 동포와 손을 잡고 통일된 조국의 달성을 위하여 공동 분투하는 것뿐이다. 이 육신을 조국이 요구한다면 당장에라도 제단에 바치겠다. 나는 통일된 조국을 건설하려다 38도선을 베고 쓰러질지언정, 일신의 구차한 안일을 취하여 단독 정부를 세우는 데에는 협력하지 아니하겠다.

1945. 8	1945. 12	1946. 3	1946. 7	1947. 11	1948. 8
(가)	(나)	(다)	(라)	(마)	
8·15 광복	모스크바 3개국 외상 회의 개최	제1차 미·소 공동 위원회 개최	좌·우 합작 위원회 구성	유엔에 한국 문제 이관	대한민국 정부 수립

① (가) 　② (나) 　③ (다) 　④ (라) 　⑤ (마)

길잡이 ① 김구가 남북 협상을 추진하면서 발표한 글임을 파악한다.
② 남북 협상이 추진된 시기를 파악한다.

더 알아보기
중급 351p | 남북 협상

다음 법률에 의해 설치된 기구에 대한 설명으로 옳은 것을 |보기|에서 고른 것은?

> 제 1조　일본 정부와 통모하여 한·일 합병에 적극 협력한 자, 한국의 주권을 침해하는 조약 또는 문서에 조인한 자와 모의한 자는 사형 또는 무기 징역에 처하고, 그 재산과 유산의 전부 혹은 2분지 1 이상을 몰수한다.
>
> 제 3조　일본 치하 독립운동자나 그 가족을 악의로 살상·박해한 자 또는 이를 지휘한 자는 사형·무기 또는 5년 이상의 징역에 처하고 그 재산의 전부 혹은 일부를 몰수 한다.

| 보기 |
ㄱ. 기한을 연장하여 활동하였다.
ㄴ. 정부의 적극적인 지원을 받았다.
ㄷ. 제헌 국회에서 관련 법이 제정되었다.
ㄹ. 반민족 행위자의 처벌을 목표로 하였다.

① ㄱ, ㄴ 　② ㄱ, ㄷ 　③ ㄴ, ㄷ 　④ ㄴ, ㄹ 　⑤ ㄷ, ㄹ

길잡이 ① 반민족 행위자를 처벌하기 위해 설치한 기구를 파악한다.
② 반민 특위의 활동을 파악한다.

더 알아보기
중급 353p | 친일파 청산을 위한 노력

102 6·25 전쟁

경향 분석 6·25 전쟁의 전개 과정과 영향을 알아보는 문제가 주로 출제된다.

6회 중급

03 (가) 사건이 전개될 시기에 있었던 사실로 옳지 <u>않은</u> 것은?

　(가)　 발발 50주년 기념 사업의 일환으로 유해 발굴 사업이 2000년에 시작되었다. 이 활동은 북한의 남침으로 시작된 　(가)　 기간 동안 나라를 위해 목숨을 바친 전사자들의 유해를 찾아 그들의 넋을 위로하고 유가족의 한을 해소하기 위한 것이다.

　낙동강 유역의 다부동(경북 칠곡) 지역 발굴을 시작으로 2011년까지 6천여 구의 유해를 수습하였다.

① 이승만 정부는 반공 포로를 석방하였다.
② 나이 어린 학도병들이 국군과 함께 싸웠다.
③ 국군과 유엔군은 인천 상륙 작전에 성공하였다.
④ 중국군의 참전으로 서울을 다시 빼앗기게 되었다.
⑤ 김구, 김규식 등은 북한에 남북 협상을 제의하였다.

꼼꼼 분석 ⑤ | (가)는 북한의 남침으로 시작된 6·25 전쟁이다. 전쟁 초기에는 북한군의 우세 속에 국군은 낙동강 저지선까지 후퇴하였다. 그러나 인천 상륙 작전을 계기로 전황은 역전되어 국군과 유엔군은 압록강 일대까지 북진하였다.
하지만 중국군의 개입으로 국군과 UN군은 1·4 후퇴를 하였고, 전황은 현재의 휴전선 부근에서 교착 상태에 빠졌다. 이후 휴전 회담이 진행되어 1953년 양군은 휴전에 합의하였다.

오답 분석 ⑤ 남북 협상(1948)

고사부 **깐깐정리**

■ 6·25 전쟁

전쟁 전야	• 애치슨 선언(1950. 1), 소련의 무기 지원·조선 의용군의 북한군 편입 • 38선 부근의 잦은 무력 충돌, 좌익 세력의 게릴라 활동
전개 과정	• 북한의 전면 남침(1950. 6. 25) → UN군 참전과 낙동강 전선의 교착 • 인천 상륙 작전(1950. 9. 15) → 압록강변까지 진출(1950. 10. 26) • 중국군의 참전(1·4후퇴) → 서울 재수복(1951. 3) → 38도선 일대에서 전선 교착
휴전 회담	• 군사 분계선 설정, 전쟁 포로 문제로 난항(자유 송환 vs 자동 송환) • 휴전 반대 운동 : 이승만 정부의 휴전 반대 범국민 운동, 반공 포로 석방(1953. 6) • 휴전 협정 체결(1953. 7. 27) : 미국과 북·중 간의 협상 • 한·미 상호 방위 조약(1953. 10)

6·25 전쟁 당시 (나)에서 (가)로 전선이 바뀌는 과정의 사실로 옳은 것은?

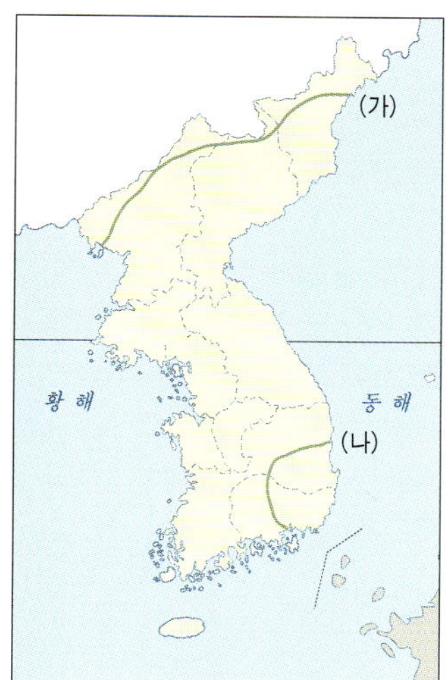

① 한강대교가 폭파되었다.
② 인천 상륙 작전이 감행되었다.
③ 중국군과 소련 공군이 참전하였다.
④ 중국군의 개입으로 서울이 다시 함락되었다.
⑤ 한국이 불참한 가운데 정전 협정이 체결되었다.

길잡이 ① (가), (나) 전선이 형성된 시기를 파악한다.
② 낙동강 방어선에서 압록강까지 진출한 시기의 사실을 파악한다.

더 알아보기
중급 355p | 6·25 전쟁의 전개 과정

길잡이 ① 농지 개혁법의 내용과 영향을 파악한다.

다음 법률에 의해 추진된 정책에 대한 설명으로 옳지 <u>않은</u> 것은?

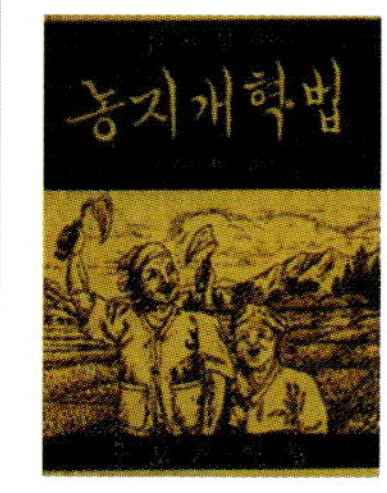

1949년 6월 21일에 공포된 이 법률은 농지를 농민에게 적절히 분배함으로써, 농민 생활을 향상시키고 국민 경제를 발전시키는 것을 목적으로 제정되었다.

① 경자유전의 원칙을 내세웠다.
② 자작농이 늘어나는 계기가 되었다.
③ 3정보까지 농지를 소유할 수 있었다.
④ 친일파, 일본인의 토지가 몰수되었다.
⑤ 유상 매입, 유상 분배 방식으로 진행되었다.

더 알아보기
중급 354p | 농지 개혁

103 이승만 정부

 **경향 분석** 이승만 정부 시기의 헌법 개정과 독재 체제의 강화를 위한 시도를 묻는 문제가 자주 출제된다.

19회 중급

고사부의 기출 타파

04 (가) 인물이 집권하고 있던 시기의 상황으로 옳은 것은?

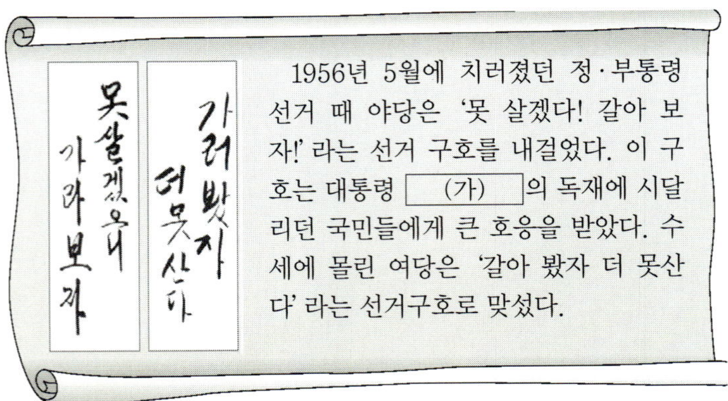

1956년 5월에 치러졌던 정·부통령 선거 때 야당은 '못 살겠다! 갈아 보자!' 라는 선거 구호를 내걸었다. 이 구호는 대통령 ___(가)___ 의 독재에 시달리던 국민들에게 큰 호응을 받았다. 수세에 몰린 여당은 '갈아 봤자 더 못산다' 라는 선거구호로 맞섰다.

① 유신 헌법을 제정하였다.
② 중국 및 소련과 수교하였다.
③ 남북 정상 회담을 개최하였다.
④ 한·일 간의 국교를 정상화하였다.
⑤ 사사오입 개헌으로 정권 연장을 시도하였다.

꼼꼼 분석 ⑤ | '못 살겠다! 갈아 보자', '갈아 봤자 더 못산다' 는 1956년 정·부통령 선거에서 나온 선거 구호로, 당시의 집권자는 이승만이었다. 이승만은 발췌 개헌(제1차 개헌), 사사오입 개헌(제2차 개헌) 등을 통해 민주주의 제도를 무시하고 임의적으로 자신의 정권을 연장하였다.

오답 분석 ①, ④ 박정희
② 노태우
③ 김대중

고사부 깐깐정리

■ 이승만 정부의 장기 집권

발췌 개헌 (1952)	• 2대 총선(1950)에서 이승만 지지 세력 대거 낙선 • 대통령 직선제와 양원제 개헌안을 국회 기립 표결로 통과
사사오입 개헌 (1954)	• 초대 대통령의 연임 제한 규정 철폐 • 국회 표결에서 부결되었으나 사사오입 논리로 통과
독재 체제의 강화	• 진보당 사건(1958) : 1956년 대통령 선거에서 평화통일을 주장한 조봉암 사형 • 보안법 파동(1958), 경향신문 폐간(1959)

밑줄 친 '개헌안'의 내용으로 옳은 것을 |보기|에서 고른 것은?

> 대통령은 계엄령을 선포하고, 국회 해산을 요구하였으며, 다음 날 헌병대는 견인차로 국회 통근 버스를 통째로 끌고 가, 야당 국회의원 10명을 국제 공산당의 자금을 받았다는 혐의로 연행하는 등 국회의원들을 압박해 나갔다. 군경들이 국회의사당을 포위한 가운데 국회의원들은 기립하는 방식으로 투표하여 발췌 개헌안을 통과시켰다.

┤ 보기 ├
ㄱ. 대통령의 중임 제한을 철폐하였다.
ㄴ. 국회를 단원제로 운영하기로 하였다.
ㄷ. 대통령 선출 방식을 직선제로 바꾸었다.
ㄹ. 국회를 민의원, 참의원으로 구성하기로 하였다.

① ㄱ, ㄴ　　② ㄱ, ㄷ　　③ ㄴ, ㄷ　　④ ㄴ, ㄹ　　⑤ ㄷ, ㄹ

길잡이 ① 발췌 개헌이 추진된 시기와 배경을 파악한다.
② 발췌 개헌안의 내용을 파악한다.

더 알아보기
중급 358p | 반공 체제와 독재의 강화

밑줄 친 '헌법 개정안'의 내용으로 옳은 것은?

> 이승만 정부가 제출한 헌법 개정안이 국회에서 재적 203명에 202명이 표결에 참여하여 135명이 찬성하였지만, 2/3에 미치지 못하여 부결되었다. 그러나 이틀 뒤 정부는 사사오입 논리를 내세워 헌법 개정안이 가결되었다고 선포하였다.

① 양원제 의회와 의원 내각제
② 대통령 직선제에 의한 5년 단임제
③ 대통령 선거인단에 의한 7년 단임제
④ 통일 주체 국민 회의에서 대통령 선출
⑤ 초대 대통령에 한하여 중임 제한 규정 폐지

길잡이 ① 사사오입 개헌의 목적을 파악한다.

더 알아보기
중급 358p | 반공 체제와 독재의 강화

104 4·19 혁명과 장면 정부

경향
분석

4·19 혁명의 배경과 전개 과정, 장면 정부 시기의 정치 상황을 잘 정리하여 출제에 대비한다.

18회 중급

고사부의 기출 타파 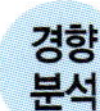

05 다음 사건이 끼친 영향으로 옳은 것은?

> 선거 당일에 마산 시민들은 거리를 가득 메우고 "정·부통령 선거 다시 하라."를 외치며 부정 선거를 규탄하는 시위를 전개하였다.

① 제헌 국회 구성
② 남북 협상 개최
③ 4·19 혁명 발생
④ 사사오입 개헌안 가결
⑤ 반민족 행위 처벌법 제정

꼼꼼 분석 ③ | 3·15 부정 선거(1960)에 맞서 마산 시민들은 선거 당일 부정 선거 규탄 시위를 전개하였다. 이 때 시위에 참여한 학생 김주열이 실종되었는데, 4월에 그는 최루탄이 눈에 박혀 사망한 시신으로 마산 앞바다에서 발견되었다. 이에 분노한 학생, 시민들이 부정 선거 규탄과 반정부 가두시위를 전개하였고 이는 전국적으로 확대되어 4·19 혁명으로 발전하였다.

오답 분석 ① 제헌 국회(1948)
② 남북 협상(1948)
④ 사사오입 개헌(1954)
⑤ 반민족 행위 처벌법(1948)

고사부
깐깐 정리 

■ 4·19 혁명

배경	3·15 부정 선거 → 마산 의거(부정 선거 규탄 시위, 김주열의 죽음)
전개	부정 선거 규탄 시위의 확산 → 유혈 사태, 교수단 시위, 미국의 퇴진 권유 → 이승만의 하야(4·26)와 허정 과도 정부 수립
의의	학생과 시민들이 힘을 합쳐 독재 정권을 타도한 민주주의 혁명

■ 제2공화국

과도 정부	• 제3차 개헌 (1960) : 내각 책임제와 양원제 • 7·29 총선에서 민주당 압승 → 대통령에 윤보선, 총리에 장면 선출
장면 정부 (제2공화국)	• 각계각층의 민주화 요구 분출(학원 민주화 운동, 노동 운동, 청년 운동 등) • 중립화 통일론, 남북 협상론 등 통일 운동 대두 • 민주당 정부의 개혁 의지 미약, 민주당 신·구파 간의 파쟁

다음 자료와 관련된 민주화 운동에서 등장한 구호로 적절하지 <u>않은</u> 것은?

| 학생 시위 | 대학 교수 시위 | 이승만 대통령 망명 |

① 대통령 직선제 실시하라.
② 정·부통령 선거 다시 하라.
③ 부정 선거 책임자를 처벌하라.
④ 죽은 학생 책임지고 대통령 물러나라.
⑤ 우리의 누나와 형들에게 총을 쏘지 말라.

길잡이 ① 이승만이 하야한 민주화 운동을 파악한다.
② 4·19 혁명이 일어난 배경과 시민들의 요구를 파악한다.

더 알아보기
중급 359p ｜ 3·15 부정 선거와 4·19 혁명

자료와 같이 국회가 구성되었던 시기의 역사적 사실로 옳지 <u>않은</u> 것은?

길잡이 ① 민주당이 민의원과 참의원의 다수를 차지한 시기를 파악한다.
② 장면 정부 시기의 정치 체제와 활동을 파악한다.

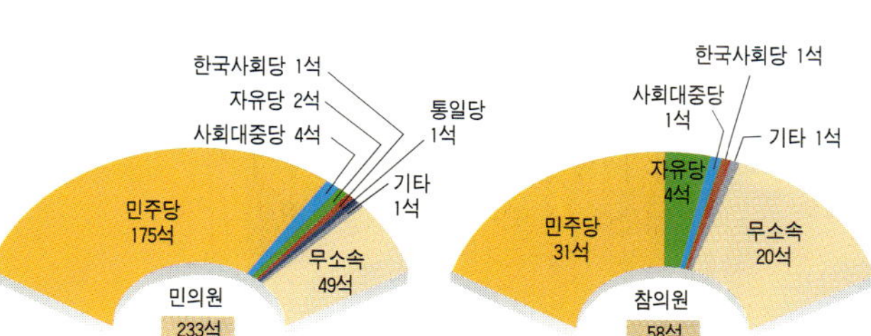

① 내각 책임제가 실시되었다.
② 경제 개발 계획이 수립되었다.
③ 국회에서 대통령을 선출하였다.
④ 한·일 간 국교가 정상화되었다.
⑤ 행정 수반은 국회에서 선출한 국무총리였다.

더 알아보기
중급 361p ｜ 장면 정부의 수립

105 박정희 정부

경향 분석 박정희 정부 시기의 민주주의 탄압과 경제 성장은 빠지지 않고 출제되는 주제이다.

15회 중급

06 자료가 선포된 시기의 '대한민국 헌법'에 대한 설명으로 옳은 것은?

> **긴급 조치 1호**
> 1. 대한민국 헌법을 부정, 반대, 왜곡 또는 비방하는 일체의 행위를 금한다.
> 2. 대한 민국 헌법의 개정 또는 폐지를 주장, 발의, 제안 또는 청원하는 일체의 행위를 금한다.
> 3. 유언비어를 날조, 유포하는 일체의 행위를 금한다.
> ⋮
> 6. 이 조치에 위반한 자와 이 조치를 비방한 자는 비상 군법 회의에서 심판, 처단한다.

① 10월 유신 단행 후 공포되었다.
② 최초로 내각 책임제를 명시하였다.
③ 대통령 선출을 직선제로 규정하였다.
④ 대통령의 임기는 7년 단임제로 하였다.
⑤ 민의원, 참의원의 양원제를 규정하였다.

꼼꼼 분석 ① | 긴급 조치는 유신 헌법에 규정되어 있던 대통령의 권한이다.

오답 분석 ②, ⑤ 내각 책임제와 민의원, 참의원의 양원제는 장면 정부 시기의 헌법에 반영된 내용이다.
③ 이승만 정부의 발췌 개헌, 박정희 군사 정권의 직선제 개헌, 6월 민주 항쟁에 의한 직선제 개헌 등이 해당된다.
④ 7년 단임제의 대통령 임기는 전두환 정부 시기의 헌법이다.

고사부 **깐깐 정리**

■ 5·16 군사 정변과 박정희 정부

	1961	1963		1972	1979
5·16 군사 정변	군정기	제 3 공 화 국		유신 체제	
	Ⓐ Ⓑ	㉮ ㉯	㉰	10월 유신	10·26 사태

군정기		Ⓐ 제5차 개헌, Ⓑ 경제 개발 5개년 계획 시작
제3공화국		㉮ 한·일 협정(1965), ㉯ 베트남 파병(1964~73), ㉰ 제6차 개헌(3선 개헌)
유신 체제	유신 헌법	• 통일 주체 국민 회의에서 대통령 선출, 대통령 중임 제한 철폐 • 대통령의 권한 강화 : 국회의원 1/3 임명, 긴급 조치권
	저항	민청 학련 사건(1974), 3·1 민주 구국 선언(1976)
	붕괴	• YH 무역 사건, 김영삼 의원 제명 사건 • 부·마 항쟁 → 10·26 사태

다음 주장이 제기된 시기를 연표에서 옳게 고른 것은?

> • 매판적 외교를 결사반대한다!
> • 사죄와 배상 없는 경제 협력, 웬말이냐!
> • 총칼로 정권 뺏고 나라 파는 외교 말라!

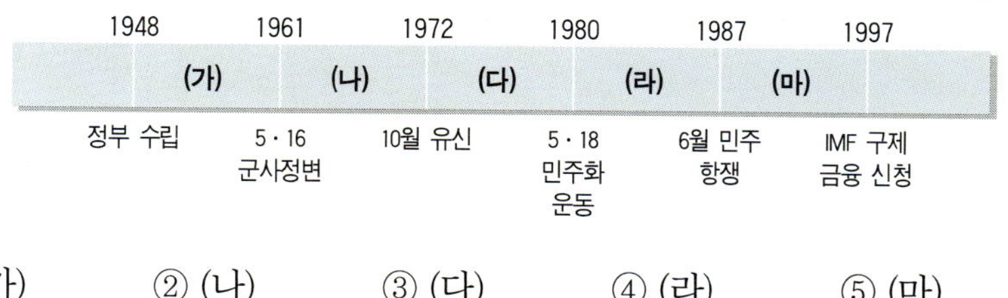

① (가)　② (나)　③ (다)　④ (라)　⑤ (마)

길잡이 ① 경제 협력을 구실로 추진된 외교 회담을 파악한다.
② 한일 회담 추진의 배경과 국민의 반응을 파악한다.

더 알아보기
중급 364p | 제3공화국

다음 헌법 체제가 유지된 시기의 정치 상황으로 옳은 것은?

> • 대통령은 통일 주체 국민 회의에서 토론 없이 무기명 투표로 선거한다.
> • 대통령은 천재지변 또는 중대한 재정 경제상의 위기에 처하거나, 국가의 안전 보장 또는 공공의 안녕 질서가 중대한 위협을 받거나 받을 우려가 있어, 신속한 조치를 할 필요가 있다고 판단할 때에는 내정, 외교, 국방, 경제, 사법 등 국정 전반에 걸쳐 필요한 조치를 할 수 있다.
> • 대통령은 국회를 해산할 수 있다.

① 진보당이 해체되었다.
② 소련, 중국과 수교가 이루어졌다.
③ 대통령이 국회의원의 3분의 1을 추천하였다.
④ 공직자 재산 등록, 지방 자치제 등이 시행되었다.
⑤ 총선 결과 야당이 절반 이상의 의석을 차지하였다.

길잡이 ① 대통령을 통일 주체 국민 회의에서 선출한 헌법을 파악한다.
② 유신 헌법의 내용을 파악한다.

더 알아보기
중급 356p | 유신 체제

106 민주주의의 발전

경향 분석 5·18 광주 민주화 운동과 6·10 민주 항쟁은 자주 출제되는 주제이다. 전개 과정과 영향, 의의를 정리해 두어야 한다.

17회 중급

고사부의 기출 타파 

07 (가)~(라)에 대한 설명으로 옳지 <u>않은</u> 것은?

(가) 6·3 시위

(나) 4·19 혁명

(다) 5·18 민주화 운동

(라) 6월 민주 항쟁

① (가)는 굴욕적인 한·일 회담을 반대하였다.
② (나)는 3·15 부정 선거가 발단이 되었다.
③ (다)는 신군부에 저항하여 광주에서 일어났다.
④ (라)는 대통령 중임 제한 철폐를 반대하였다.
⑤ (나) – (가) – (다) – (라)의 순서로 일어났다.

꼼꼼 분석 ④ | (가) 6·3시위(1964), (나) 4·19혁명(1960), (다) 5·18 민주화 운동(1980), (라) 6월 민주 항쟁(1987)
6월 민주 항쟁은 박종철 고문 치사 사건과 전두환의 호헌 발표를 계기로 전개되었으며, 직선제 개헌을 주장하였다.

고사부 깐깐 정리

■ 1980년대 이후 민주주의의 발전

신군부의 등장	• 12·12 군사 쿠데타 → 5·18 광주 민주화 운동 • 국보위 설치, 8차 개헌(7년 단임제, 간선제)
제5공화국 (전두환 정부)	• 독재 정치(민주주의와 인권 탄압) • 6월 민주 항쟁 (1987) → 6·29 선언 → 9차 개헌 (5년 단임제, 직선제)
노태우 정부	• 여소야대 국회(5공 청문회) → 3당 합당(민자당) • 북방 외교, 남북한 UN 동시 가입
김영삼 정부	• 금융 실명제 실시, 지방 자치 단체장 선거 부활 • 하나회 해산, 역사 바로 세우기 운동, 외환 위기

밑줄 친 '이 운동'에 대한 설명으로 옳은 것은?

2011년 유네스코는 <u>이 운동</u>과 관련된 정부 기록 문서, 시민군의 성명서, 시민들의 5월 일기, 피해자들의 병원 치료 기록 등 총 4,200여 권, 필름 2,000여 컷, 사진 1,700여 점 등을 세계 기록 유산에 등재하였다. 유네스코는 <u>이 운동</u>이 대한민국의 민주화는 물론 필리핀, 타이, 베트남 등 아시아 여러 나라의 민주화 운동에 큰 영향을 주었다고 평가하였다.

① 3선 개헌을 반대하였다.
② 3·15 부정 선거를 규탄하였다.
③ 한·일 협정 체결에 반발하였다.
④ 신군부 세력의 퇴진을 요구하였다.
⑤ 박종철 고문치사 사건을 계기로 일어났다.

길잡이 ① 관련 기록물이 유네스코 세계 기록 유산으로 등재된 민주화 운동을 파악한다.
② 광주 민주화 운동의 배경과 영향을 파악한다.

더 알아보기
중급 369p | 5·18 광주 민주화 운동

다음 자료에 나타난 민주화 운동에 대한 설명으로 옳은 것은?

길잡이 ① 박종철 고문 사건과 4·13 호헌 조치를 배경으로 일어난 민주화 운동을 파악한다.
② 6·10 민주 항쟁의 의의를 파악한다.

국가의 미래요 소망인 꽃다운 젊은이를 야만적인 고문으로 죽여 놓고, 그것도 모자라 뻔뻔스럽게 국민을 속이려 했던 현 정권에게 국민의 분노가 무엇인지를 분명히 보여 주고, 국민적 여망인 개헌을 일방적으로 파기한 4·13 호헌 조치를 철회시키기 위해 민주 장정을 시작한다.

① 부산과 마산을 중심으로 일어났다.
② 대통령 직선제 개헌을 이루어냈다.
③ 긴급 조치권이 발동되어 탄압받았다.
④ 유신 체제를 종식시키는 계기가 되었다.
⑤ 대통령이 물러나고 과도 정부가 수립되었다.

더 알아보기
중급 370p | 전두환 정부의 성립과 6월 민주 항쟁

107 경제 성장

경향 분석 1960년대 이후 경제 발전의 양상을 묻는 문제는 빠지지 않고 출제되고 있다.

19회 중급

고사부의 기출 타파

08 (가)~(라) 시기의 경제 상황으로 옳은 것을 〈보기〉에서 고른 것은?

(가)	(나)	(다)	(라)
박정희 정부 제1차~제4차 경제 개발 5개년 계획 추진	**전두환 정부** 3저 호황으로 무역 흑자 기록	**김영삼 정부** 경제 협력 개발 기구(OECD) 가입	**김대중 정부** 기업 · 금융 · 공공 · 노동의 4대 부문 개혁 추진

┌ 보기 ┐

ㄱ. (가) – 농지 개혁을 처음 실시하였다.
ㄴ. (나) – 베트남 파병으로 경기가 활성화되었다.
ㄷ. (다) – 금융 실명제를 실시하였다.
ㄹ. (라) – 국제 통화 기금(IMF) 관리 체제를 극복하였다.

① ㄱ, ㄴ ② ㄱ, ㄷ ③ ㄴ, ㄷ
④ ㄴ, ㄹ ⑤ ㄷ, ㄹ

꼼꼼 분석 ⑤ | 금융 실명제는 김영삼 정부에서 실시하였으며, 우리나라가 국제 통화 기금(IMF)의 관리 체제를 극복한 것은 김대중 정부 시기이다.

오답 분석 ㄱ. 농지 개혁(1950)은 이승만 정부 때이다.

ㄴ. 베트남 파병(1964)은 박정희 정부 때이다.

고사부 깐깐 정리

■ **한국 경제사**

1950년대	• 농지 개혁(1950) : 유상 매입 · 유상 분배 방식 • 원조 경제 : 생활필수품, 소비재 원료(면방직, 설탕, 밀), 잉여 농산물의 무상 원조 → 삼백 산업 발달
1960년대	• 제 1, 2차 경제 개발 5개년 계획(수출 주도형 경제 성장, 경공업 중심) • 일본의 경제 협력 자금, 베트남 특수
1970년대	• 제 3, 4차 경제 개발 5개년 계획(중화학 공업으로 산업 구조 재편) • 두 번의 석유 파동으로 위기, 중동 건설 진출
1980년대	경제 안정화 정책, 3저 호황(저유가, 저금리, 저달러)
1990년대	• 시장 개방, OECD 가입 • 외환 위기 → IMF의 구제 금융 지원 → 구조 조정으로 위기 극복

다음 시기의 경제 상황으로 옳은 것은?

1962년	제1차 경제 개발 5개년 계획 추진(~1966년)
	제2차 화폐 개혁 실시
1967년	제2차 경제 개발 5개년 계획 추진(~1971년)
1970년	경부 고속 국도 개통

① 제2차 석유 파동으로 큰 어려움을 겪었다

② 저유가, 저금리, 저달러의 3저 호황기였다.

③ 농축산물 시장 개방 반대 운동이 전개되었다.

④ 경공업 중심의 수출 주도형 경제 정책이 시행되었다.

⑤ 미국의 경제 원조를 바탕으로 한 삼백 산업이 발달하였다.

길잡이 ① 1960년대의 경제 상황을 파악한다.

더 알아보기
중급 367p | 경제 개발 5개년 계획

(가) 시기의 경제 상황으로 옳은 것은?

길잡이 ① 외환 보유가 감소하여 발생한 사건을 파악한다.
② 외환 위기를 극복하기 위한 노력을 파악한다.

연도별 외환 보유액 현황

① 새마을 운동이 시작되었다.

② 금 모으기 운동이 전개되었다.

③ 중공업 중심 정책이 본격화되었다.

④ 경제 협력 개발 기구(OECD)에 가입하였다.

⑤ 제2차 석유 파동으로 국제 수지가 악화되었다.

더 알아보기
중급 373p | 1990년대 이후의 한국 경제

108 해방 이후 사회와 문화

경향 분석 급속한 경제 성장 과정에서 비롯된 노동 문제, 도시화, 농촌 문제 및 새마을 운동이 자주 출제되고 있다.

20회 중급

09 (가)~(라)를 일어난 순서대로 옳게 나열한 것은?

(가)

경부 고속 도로 준공

(나)

100억 달러 수출 달성

(다)

IMF 구제 금융 지원 요청

(라)

고속 철도 개통

① (가) - (나) - (다) - (라)
② (가) - (나) - (라) - (다)
③ (나) - (가) - (다) - (라)
④ (나) - (가) - (라) - (다)
⑤ (다) - (나) - (가) - (라)

꼼꼼 분석 ① | (가) 경부 고속 도로 준공(1970), (나) 100억 달러 수출 달성(1977), (다) IMF 구제 금융 지원 요청(1997), (라) 고속 철도 개통(2004)

고사부 **깐깐 정리**

■ 교육과 언론, 노동

교육	이승만 정부	초등 교육 의무 교육 실시
	박정희 정부	국가주의적 교육(국민 교육 헌장), 중·고교 평준화
	전두환 정부	과외 전면 금지, 본고사 폐지, 졸업 정원제 실시
언론	이승만 정부	경향신문 폐간
	박정희 정부	• 언론 통폐합, 프레스 카드제(기자 등록제) • 언론 자유 수호 운동(동아 사태) : 광고 중단 압력 → 시민들의 유료 격려 광고
	전두환 정부	언론 기본법(1980), 보도 통제(보도 지침), 언론 통폐합
노동	1970년대	전태일 분신 사건(1970), YH 사건(1979)
	1990년대	민주 노총 설립(1995), 외환 위기 직후 노사정 위원회 설치(1998)

(가)~(라)를 일어난 순서대로 옳게 나열한 것은?

(가)	(나)	(다)	(라)

YH 무역 사건	전태일 분신 자살	서울 하계 올림픽	금 모으기 운동

① (가) – (나) – (다) – (라)
② (가) – (나) – (라) – (다)
③ (나) – (가) – (다) – (라)
④ (나) – (가) – (라) – (다)
⑤ (다) – (나) – (가) – (라)

길잡이 ① 현대사의 중요한 사건들이 일어난 시기를 파악한다.

더 알아보기
중급 372p | 민주주의의 발전

길잡이 ① 노태우 정부 시기의 사실을 파악한다.

(가) 시기에 있었던 사실로 옳은 것은?

전두환 정부	(가)	김영삼 정부	김대중 정부	노무현 정부	

① 교복 자율화가 시행되었다.
② 언론사 통폐합이 추진되었다.
③ 야간 통행 금지가 해제되었다.
④ 경부 고속 국도가 개통되었다.
⑤ 남북한이 유엔에 동시 가입하였다.

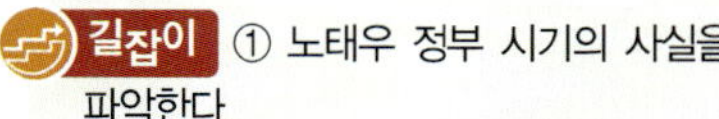

더 알아보기
중급 372p | 민주주의의 발전

109 통일 정책과 평화 통일의 과제

10 (가)~(라) 시기의 통일 노력으로 옳은 것을 〈보기〉에서 고른 것은?

┤ 보기 ├
ㄱ. (가) – 7·4 남북 공동 성명을 발표하였다.
ㄴ. (나) – 남북 기본 합의서를 체결하였다.
ㄷ. (다) – 6·15 남북 공동 선언에 합의하였다.
ㄹ. (라) – 남북 정상 회담을 개최하였다.

① ㄱ, ㄴ   ② ㄱ, ㄷ   ③ ㄴ, ㄷ
④ ㄴ, ㄹ   ⑤ ㄷ, ㄹ

꼼꼼 분석 ⑤ | 노태우 정부는 남북 기본 합의서를 채택하고 한반도 비핵화 공동 선언에 합의하였다. 김영삼 정부는 민족 공동체 통일 방안을 제시하였다. 김대중 정부는 남북 정상 회담을 개최하고 6·15 남북 공동 선언에 합의하였다. 노무현 정부는 두 번째 남북 정상 회담을 개최하고 10·4 선언을 발표하였다.

오답 분석 ㄱ. 박정희 정부
ㄴ. 노태우 정부

고사부 **깐깐 정리**

■ 남북 관계

1970년대(박정희)	1980년대(전두환)	1990년대 초(노태우)
• 7·4 남북 공동 성명(1972) • 6·23 평화 통일 선언(1973)	남북 이산가족 고향 방문 (1985, 최초)	• 남북한 UN 동시 가입(1991) • 남북 기본 합의서(1991) • 한반도 비핵화 공동 선언(1992)

1990년대(김영삼)	2000년대 초(김대중)
• 민족 공동체 통일 방안(1994) • 남북 정상 회담 합의, 김일성 사망으로 불발	• 남북 정상 회담과 6·15 공동 선언(2000) • 경의선 복구 사업, 개성 공단 설치, 이산가족 정례 상봉

다음 합의서에 대한 설명으로 옳은 것은?

> 첫째, 통일은 외세에 의존하거나 외세의 간섭을 받음이 없이 자주적으로 해결하여야 한다.
> 둘째, 통일은 서로 상대방을 반대하는 무력행사에 의거하지 않고 평화적 방법으로 실현하여야 한다.
> 셋째, 사상과 이념, 제도의 차이를 초월하여 우선 하나의 민족으로서 민족적 대단결을 도모하여야 한다.

① 평양에서 남북 정상 회담 후 발표되었다.
② 개성 공단 사업이 시작되는 계기가 되었다.
③ 한반도 비핵화 공동 선언도 함께 발표하였다.
④ 남북한 유엔 동시 가입을 배경으로 채택되었다.
⑤ 남북한이 처음으로 통일 원칙에 합의하고 발표하였다.

길잡이 ① 자료에서 자주, 평화, 민족 대단결의 통일 원칙을 확인한다.
② 7·4 남북 공동 성명의 내용과 의의를 파악한다.

더 알아보기
중급 376p | 7·4 남북 공동 성명

다음 선언에 따라 추진된 통일 노력으로 옳은 것은?

> 1. 남과 북은 나라의 통일 문제를 그 주인인 우리 민족끼리 서로 힘을 합쳐 자주적으로 해결해 나가기로 하였다.
> 2. 남과 북은 나라의 통일을 위한 남측의 연합제 안과 북측의 낮은 단계의 연방제 안이 서로 공통성이 있다고 인정하고, 앞으로 이 방향에서 통일을 지향시켜 나가기로 하였다.

① 남북 조절 위원회 구성
② 개성 공단 건설 사업 추진
③ 남북한 유엔 동시 가입 추진
④ 최초로 이산가족 고향 방문단의 상봉
⑤ 한반도 에너지 개발 기구(KEDO) 구성

길잡이 ① 남북한이 서로의 통일 방안에 대해 공통성을 인정한 합의를 파악한다.
② 6·15 공동 선언에서 합의한 내용을 파악한다.

더 알아보기
중급 378p | 6·15 공동 선언

110 지역의 역사

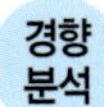

경향 분석 역대 왕조의 영역, 지방 행정 구역의 변화 및 특정 지역에서 발생한 역사적 사건을 정리해 둔다.

22회 중급

고사부의 기출 타파

11 다음 답사가 이루어진 지역을 지도에서 옳게 찾은 것은?

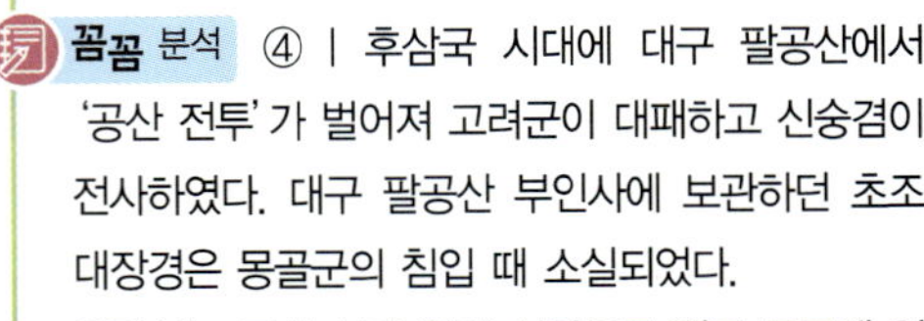

순서	답사 장소	답사 주제
1	신숭겸 장군 유적	견훤과 왕건의 대결
2	부인사지	초조대장경 소실
3	약령시	조선 후기 상업 발달
4	광문사 터	서상돈과 국채 보상 운동

① (가)
② (나)
③ (다)
④ (라)
⑤ (마)

꼼꼼 분석 ④ | 후삼국 시대에 대구 팔공산에서 '공산 전투'가 벌어져 고려군이 대패하고 신숭겸이 전사하였다. 대구 팔공산 부인사에 보관하던 초조대장경은 몽골군의 침입 때 소실되었다.

약령시는 조선 시대 약재 시장으로 전국 곳곳에 있었는데 그 중 대구 약령시가 유명하였다.

구한말 서상돈 등은 대구를 거점으로 국채 보상 운동을 추진하여 이를 전국으로 확산시킨 바 있다.

고사부 깐깐 정리

■ 역사 속의 그곳 : 제주도
- 신석기 시대인 거주(고산리 유적)
- 고려 시대 – 삼별초의 항쟁, 원 간섭기 탐라총관부 설치
- 조선 시대 – 벨테브레이와 하멜의 표착
- 광복 후 4·3 사건

■ 역사 속의 그곳 : 의주
- 고려 초 서희의 활약으로 고려의 영토로 복속
- 고려 말 이성계가 위화도 회군 단행
- 임진왜란 당시 선조가 피난
- 조선 후기 만상의 활동 근거지

자료의 지역과 관련된 역사적 사실로 옳은 것을 |보기|에서 고른 것은?

오랜 역사를 간직한 도시 ○○

- 427년   장수왕이 수도로 정하고 적극적으로 남하 정책을 추진하였다.
- 1135년   묘청이 도읍지를 옮기려다 김부식 등의 반대에 부딪치자 난을 일으켰다.
- 1866년   미국 상선 제너럴 셔먼호가 관민에 의해 불살라졌다.

| 보기 |

ㄱ. 망이·망소이가 난을 일으켰다.
ㄴ. 조만식이 조선 물산 장려회를 조직하였다.
ㄷ. 프랑스군이 천주교 탄압을 구실로 침입하였다.
ㄹ. 고려 태조가 추진한 북진 정책의 전진 기지였다.

① ㄱ, ㄴ   ② ㄱ, ㄷ   ③ ㄴ, ㄷ   ④ ㄴ, ㄹ   ⑤ ㄷ, ㄹ

길잡이 ① 장수왕 천도, 서경 천도 운동, 제너럴 셔먼호 사건과 관련된 지역을 파악한다.
② 평양에서 일어난 역사적 사건을 파악한다.

길잡이 ① 참성단, 강화학파, 운요호 사건과 관련된 지역을 파악한다.

다음 자료에서 설명하는 지역을 지도에서 바르게 고른 것은?

- 단군이 하늘에 제사를 지냈다고 전해지는 참성단이 있다.
- 조선 후기에 정제두를 비롯한 양명학자들이 학파를 형성하였다.
- 운요호 사건 이후 최초의 근대적 조약이 체결되었다.

① (가)
② (나)
③ (다)
④ (라)
⑤ (마)

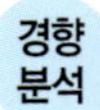

111

독도와 간도

경향 분석 독도와 간도에 관한 문제 등 시사 문제는 근래 들어 출제 비중이 높아지고 있다.

16회 중급

고사부의 기출 타파

12 밑줄 그은 ㉠, ㉡ 인물에 대한 설명으로 옳은 것을 〈보기〉에서 고른 것은?

> 2011년 6월부터 독도에 '독도 이사부길', '독도 안용복길' 이라는 새로운 도로 명칭이 부여되었다. 이 명칭은 독도와 관련된 인물인 ㉠이사부, ㉡안용복의 이름을 따서 만든 것이다.

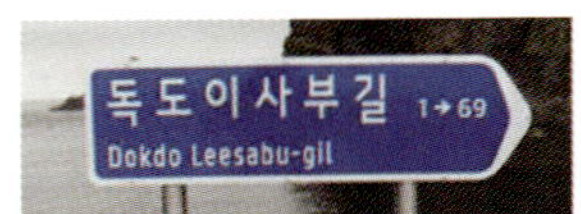

| 보기 |

ㄱ. ㉠ – 울릉 군수로 임명되어 독도를 관할하였다.
ㄴ. ㉠ – 신라 지증왕 때 우산국을 점령하여 복속시켰다.
ㄷ. ㉡ – 독도를 지키기 위해 독도 의용 수비대를 결성하였다.
ㄹ. ㉡ – 숙종 때 일본으로 건너가 울릉도·독도가 조선의 영토임을 주장하였다.

① ㄱ, ㄴ　　　② ㄱ, ㄷ　　　③ ㄴ, ㄷ
④ ㄴ, ㄹ　　　⑤ ㄷ, ㄹ

꼼꼼 분석 ④ | 이사부는 신라의 장군으로, 지증왕 13년(512)에 우산국(울릉도)을 점령하여 신라 영토로 귀속시켰다.

안용복은 조선 숙종 때 일본에 건너가 울릉도와 독도가 조선 영토임을 역설하여 그 사실을 일본 막부로부터 인정받고 돌아왔다.

오답 분석 ㄱ. 대한 제국에서 칙령 41호(1900)를 통해 울릉도를 군으로 승격시켜 독도를 관할하게 하였다.

ㄷ. 독도 의용 수비대(1953)

고사부 깐깐정리

■간도와 독도

간도	• 1883년 국경 회담(토문강의 해석을 둘러싸고 간도 귀속 문제 발생)
	• 대한 제국 : 간도 관리사 파견(1902, 이범윤), 간도를 함경도 영토에 편입
	• 간도 협약(1909) : 일본이 남만주 철도 부설권 획득 대가로 간도를 청의 영토로 인정
독도	• 대한제국 칙령 41호(1900) : 울릉군으로 승격, 독도 관리
	• 러·일 전쟁 중 일제는 독도를 일본 영토에 편입(1905, 시마네현 고시)

밑줄 친 '두 섬'에 대한 탐구 활동으로 적절하지 <u>않은</u> 것은?

> 우산(于山)과 무릉(武陵) <u>두 섬</u>이 현의 정동(正東) 바다 가운데에 있다. <u>두 섬</u>이 서로 거리가 멀지 아니하여, 날씨가 맑으면 가히 바라볼 수 있다.
>
> – 《세종실록 지리지》 –

① 두 섬이 표기된 고지도를 조사한다.
② 안용복의 활동과 관련한 사료들을 찾아본다.
③ 일본의 남만주 철도 부설권 획득 과정을 알아본다.
④ 대한 제국 정부가 반포한 칙령의 내용을 조사한다.
⑤ 일본 정부에서 작성한 태정관 문서의 내용을 조사한다.

길잡이 ① 독도가 우리 영토임을 확인시켜 주는 자료를 확인한다.

다음 비석에 대한 탐구 활동으로 가장 적절한 것은?

길잡이 ① 백두산 정계비가 세워진 배경을 파악한다.
② 백두산 정계비의 해석을 둘러싸고 벌어진 갈등을 파악한다.

> 이 비석은 백두산 일대의 국경선을 표시하기 위해 세운 것이다. "서쪽은 압록강으로 하고, 동쪽은 토문강으로 한다. 이에 분수령 위에 돌에 새겨 기록한다."라는 내용이 새겨져 있다.

① 기유약조의 내용을 분석한다.
② 러·일 전쟁의 원인을 파악한다.
③ 청과의 국경 분쟁 내용을 조사한다.
④ 청·일 전쟁이 일어난 배경을 알아본다.
⑤ 미국과의 통상 조약 체결 배경을 찾아본다.

112 민속놀이와 세시 풍속

경향 분석 세시 풍속과 민속놀이에 관련된 문제는 거의 해마다 꾸준히 출제되고 있다.

고사부의 기출 타파

13 (가)에 들어갈 내용으로 가장 적절한 것은?

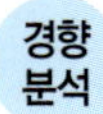

① 강강술래를 하였습니다.
② 팥죽을 쑤어 먹었습니다.
③ 어른들께 세배를 드렸습니다.
④ 창포 삶은 물로 머리를 감았습니다.
⑤ 호두나 밤 같은 부럼을 깨물어 먹었습니다.

꼼꼼 분석 ④ | 자료의 그림은 풍속화가 신윤복의 '단오풍정'이다.

단오는 음력 5월 5일로, 여자들은 창포 삶은 물에 머리를 감고, 수리떡을 만들어 먹었다.

오답 분석 ① 추석, ② 동지, ③ 설날, ⑤ 정월 대보름

고사부 깐깐 정리

■ 4대 명절과 세시 풍속

풍속명	시절 음식	관련 풍속
설날 (음력 1월 1일)	떡국, 시루떡, 식혜	차례와 성묘, 새해인사
한식 (4월 5일 경)	찬 음식	성묘와 산소 돌보기
단오 (음력 5월 5일)	수리취떡, 쑥떡, 창포주	씨름, 그네뛰기, 창포물에 머리 감기
추석 (음력 8월 15일)	송편	차례와 성묘, 강강술래
대보름 (음력 1월 15일)	오곡밥, 부럼, 귀밝이술	쥐불놀이, 지신밟기, 별신굿 등
삼짇날 (음력 3월 3일)	화전(花煎), 화면, 쑥떡	화전놀이, 각시놀음, 활쏘기대회
백중 (음력 7월 15일)		백중놀이, 들돌들기, 호미걸이
동지 (12월 22일 경)	팥죽	동지고사

밑줄 친 '이날'의 명칭과 행사가 옳게 연결된 것은?

> 왕이 신라 6부를 둘로 나누어 왕녀 2인이 각 부의 여자들을 통솔하여 무리를 만들게 하였다. 그들은 매일 일찍 모여서 길쌈을 늦도록 하였다. 이날이 되면 그 성과의 많고 적음을 살펴, 진 쪽에서 술과 음식을 내놓아 승자를 축하하고 가무를 하며 각종 놀이를 하였는데 이를 가배(嘉俳)라 하였다.　－《삼국사기》－

① 동지 – 팥죽 먹고 액운을 막다.
② 한식 – 찬 음식 먹고 성묘 가다.
③ 추석 – 풍성한 수확에 감사하다.
④ 설 – 새해 첫 인사, 세배를 올리다.
⑤ 정월 대보름 – 둥근 달에 소원을 빌다.

길잡이 ① 신라 시대 가배에서 유래한 명절을 파악한다.

길잡이 ① 명절과 관련된 세시풍속을 파악한다.

(가)에 들어갈 내용으로 가장 적절한 것은?

한국의 세시 풍속 행사에 초대합니다!
- 행사명 : 　(가)
- 장소 : 한국 민속촌
- 내용 : 부럼 깨기, 달집 태우기, 연날리기, 쥐불놀이

① 단오　　　② 칠석　　　③ 동지
④ 한식　　　⑤ 정월 대보름

113 문화유산

경향 분석 우리의 궁궐을 비롯한 전통 문화유산과 유네스코 문화유산은 종종 출제되고 있는 주제이다.

22회 중급

고사부의 기출 타파

14 지도에 표시된 문화유산에 대한 설명으로 옳은 것은?

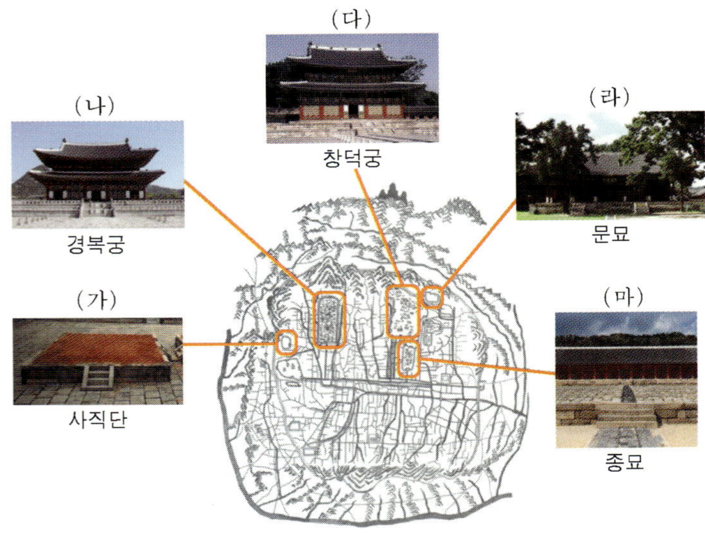

① (가) - 공자와 여러 성현들의 위패가 모셔져 있다.
② (나) - 정조 때 학술 연구 기관이었던 규장각이 있다.
③ (다) - 르네상스 양식의 석조전이 있다.
④ (라) - 토지와 곡식의 신에게 제사를 지낸 곳이다.
⑤ (마) - 조선 시대 역대 국왕과 왕비의 신주가 모셔져 있다.

꼼꼼 분석 ⑤ | (가) 사직단은 토지와 곡식의 신에게 제사를 지냈다.
(나) 경복궁은 조선의 법궁으로 임진전쟁 때 불탄 것을 흥선 대원군이 재건하였다.
(다) 창덕궁은 조선 후기에 법궁 역할을 하였다.
(라) 성균관 내에 있었던 문묘는 공자와 여러 성현들의 위패를 모신 곳이다.
(마) 종묘는 조선 왕조의 역대 왕과 왕비의 신주를 모시고 제사를 지낸 곳이다.

오답 분석 ① (라)에 대한 설명이다.
② 규장각은 창덕궁에 있다.
③ 덕수궁의 석조전이 르네상스 양식으로 만들어졌다.
④ 사직단에서 토지와 곡식의 신에게 제사를 지냈다.

고사부 깐깐 정리

■유네스코 등재 문화유산(2014년 7월 현재)

문화유산	석굴암과 불국사	종묘	창덕궁
	수원 화성	경주 역사 유적 지구	고창·화순·강화 고인돌 유적
	조선 왕릉	해인사 장경판전	하회마을, 양동마을
	남한산성		
기록 유산	훈민정음	조선왕조실록	직지심체요절
	승정원일기	조선왕실의궤	해인사 대장경판 및 제경판
	난중일기	동의보감	일성록
	5·18 민주화 운동 기록물	새마을운동 기록물	

(가)에 해당하는 문화유산으로 옳은 것은?

| (가) 은(는) 조선 왕조의 역대 제왕과 왕후의 신주를 모신 곳으로, 1995년에 유네스코 세계 문화유산으로 등재되었다. 조선 시대에는 매년 춘하추동과 섣달에 대제를 지냈으나, 현재는 매년 5월 첫째 일요일에 제향 의식을 거행하고 있다. |

① 
조선 왕릉

② 
종묘

③ 
해인사 장경판전

④
창덕궁

⑤
강화 고인돌 유적

밑줄 친 '이 책'으로 옳은 것은?

| 유네스코 사무국은 이 책의 초간본을 세계 기록 유산으로 등재하는 것을 승인하였다. 유네스코 한국 위원회 측은 등재 사유를 "당시 동아시아 의학 서적 1,000여 권을 집대성한 의학 백과사전으로, 세계 최초의 공중 보건 안내서라는 점이 인정됐다."라고 밝혔다. 이 책은 내경과 외경 등 5편으로 구성되어 있으며, 병이 생기기 전에 치료한다는 양생 의학 개념으로 질병의 원인 및 처방 등을 소개하고 있다. |

① 
동의보감

② 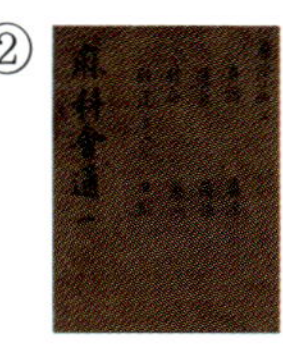
마과회통

③ 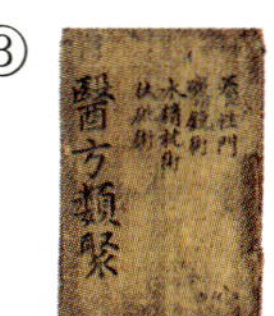
의방유취

④ 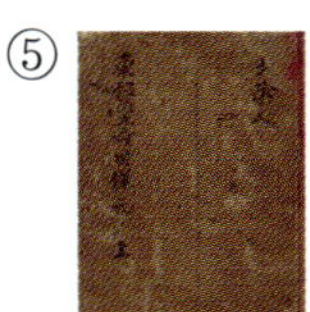
향약집성방

⑤
동의수세보원

114 근현대 주요 인물

경향 분석 근현대사에서 한 획을 그었던 김구, 이승만, 안창호, 김규식 등을 묻는 문제는 종종 출제되고 있다.

22회 중급

46 (가)에 들어갈 내용으로 옳은 것은?

① 조선 의용군을 창설하였다.
② 한인 애국단을 조직하였다.
③ 파리 강화 회의에 파견되었다.
④ 조선 혁명 선언을 작성하였다.
⑤ 경성 방직 주식회사를 창립하였다.

고사부의 기출 타파

꼼꼼 분석 ③ | (가)는 김규식이다. 김규식은 1919년 신한 청년당 대표로 파리 강화회의에 파견되었다. 충칭 임시 정부에서 부주석을 역임했으며 광복 후에는 좌우 합작 운동을 주도하고 남북 협상을 위해 김구와 함께 평양을 방문하였다.

오답 분석 ① 김두봉, ② 김구, ④ 신채호, ⑤ 김성수

고사부 깐깐정리

■ **근현대 주요 인물**

안창호	• 신민회 조직, 대성학교 설립, 흥사단 결성(1913) • 대한민국 임시정부 각료 역임
김구	• 한인 애국단 조직(윤봉길 의거 지휘), 충칭 임시 정부 주석 역임 • 신탁 통치 반대 운동 주도, 남북 정치 협상 주도
김규식	• 파리 강화 회의에 임시 정부 대표로 참가, 충칭 임시 정부 부주석 역임 • 좌우 합작 운동 주도, 남북 정치 협상 주도
여운형	• 조선 건국 동맹 조직, 해방 직후 건국 준비위원회 결성 • 좌우 합작 운동 주도

(가)에 들어갈 내용으로 옳은 것을 |보기|에서 고른 것은?

| 보기 |

ㄱ. 조선 건국 동맹을 조직하였다.
ㄴ. 신탁 통치 반대 운동을 주도하였다.
ㄷ. 좌우 합작 운동을 주도하다 피살되었다.
ㄹ. 남한 단독 선거를 반대하고 남북 협상을 추진하였다.

① ㄱ, ㄴ　　② ㄱ, ㄷ　　③ ㄴ, ㄷ　　④ ㄴ, ㄹ　　⑤ ㄷ, ㄹ

길잡이 ① 김구가 광복 후에 전개한 활동을 파악한다.

다음 설명에 해당하는 인물로 옳은 것은?

• 양기탁 등과 신민회를 조직하고, 대성학교를 설립하여 민족 교육을 실시하였다.
• 1913년 미국 샌프란시스코에서 흥사단을 설립하였다.
• 한국 독립 유일당 북경 촉성회 선언을 발표하였다.

길잡이 ① 흥사단을 설립한 인물을 파악한다.
② 안창호의 활동을 파악한다.

① 
신채호

② 
안창호

③ 
이동휘

④ 
이상설

⑤ 
조소앙

정답과 해설

I 고조선과 초기 국가

001 구석기 시대 13쪽

| 적중 예상 문제 | **01** ② | **02** ③ |

01 자료의 유물은 슴베찌르개와 주먹도끼로 구석기 시대의 유물이다. 구석기 시대 유물은 공주 석장리, 연천 전곡리, 제천 창내, 청원 두루봉 동굴, 단양 상시개 등의 유적에서 발견된다.
구석기 시대 사람들은 짐승과 물고기를 잡아먹었으며, 식물의 열매나 뿌리도 채취하여 먹었다. 또 계절에 따라 이동 생활을 하면서 동굴에서 살거나 강가에 막집을 짓고 살았다.
오답 분석 ② 신석기 시대

02 약 4만 년 전에 살았던 흥수 아이는 구석기인이고, 청원 두루봉 동굴은 구석기 유적이다. 구석기 시대에는 주먹도끼와 같은 뗀석기가 사용되었으며, 후기에는 슴베찌르개와 같은 도구가 사용되기도 했다.
오답 분석 ① 빗살무늬 토기는 신석기 시대의 토기이다.
② 철기 시대에 사용된 철제 무기이다.
④ 신석기 시대에 농경이 시작되어 갈판과 갈돌이 사용되었다.
⑤ 반달 돌칼은 청동기 시대 곡물 수확에 사용된 석기이다.

002 신석기 시대 15쪽

| 적중 예상 문제 | **03** ① | **04** ② |

03 빗살무늬 토기, 간석기, 그리고 조개껍데기 가면과 같은 유물은 신석기 시대에 처음 제작되었다.
신석기 시대에는 처음으로 농경이 시작되었고 토기를 제작하였다. 또한 신석기 시대에는 가락바퀴나 뼈바늘을 사용하여 옷이나 그물 등을 만들었다.
오답 분석 ① 벼를 수확할 때 반달 돌칼을 사용한 시기는 청동기 시대이다.

04 농사를 짓기 시작하였고, 주로 강가나 바닷가에 움집을 지어 정착 생활을 하게 된 것은 신석기 시대이다.
신석기 시대 사람들은 토기를 만들어 음식물을 저장하거나 조리하였으며, 갈판과 갈돌로 곡물을 가공하였다. 또한 가락바퀴와 뼈바늘로 실을 뽑아 옷이나 그물을 만들기도 하였다.
오답 분석 ② 반달 돌칼은 청동기 시대의 유물이다.

003 청동기 · 철기 시대 17쪽

| 적중 예상 문제 | **05** ① | **06** ⑤ |

05 자료는 청동기 시대의 집터와 고인돌, 그리고 미송리식 토기이다.
청동기 시대에는 잉여 생산이 가능해져 계급이 분화되고 사유 재산이 발생하였다. 그리고 권력을 가진 지배자, 즉 군장이 등장하였는데 고인돌은 당시 지배자의 무덤으로 추정된다. 또한 토기 제작 기술이 발달해 미송리식 토기, 민무늬 토기 등이 만들어졌다.
오답 분석 ① 철기 시대 이후에 철제 농기구가 제작 · 사용되었다.

06 우리나라는 기원전 5세기경에 철기 시대가 시작되었으며 청동기 문화도 발달해 한반도 안에서 독자적인 발전을 이룩하였다. 이로써 비파형 동검은 세형 동검(한국식 동검)으로, 거친무늬 거울은 잔무늬 거울로 발달하였다. 거푸집은 한반도 안에서 독자적으로 청동기를 제작하였음을 알려주는 유물이다.
오답 분석 ㄱ. 청동기 시대에 제작된 동검이다.
ㄴ. 중국에서 만들어진 명도전은 철기 시대에 이미 중국과 교류가 있었음을 보여 주는 유물이다.

적중 예상 문제   **07** ①   **08** ⑤

07 자료는 고조선에서 사회 질서를 유지하기 위해 실시한 8조금법이다. 오늘날까지 전해지는 3개 조항을 보면, 고조선 사회는 사람들의 생명(노동력)과 재산을 중시하고, 사회 질서를 유지하는 데에 힘썼음을 알 수 있다.
고조선은 기원전 4세기경에는 만주와 한반도 북부를 잇는 넓은 지역을 통치하는 국가로 발전하였으며, 통치 조직이 확립되어 왕 밑에는 상, 대부, 장군 같은 여러 관직이 마련되기도 하였다.

🔍 **오답** 분석   ㄷ. 고구려
ㄹ. 부여

08 (가)는 위만이 고조선으로 망명한 것을 다룬 사료이고, (나)는 위만의 손자인 우거왕 때 고조선이 멸망한 것을 다룬 사료이다. 따라서 (가)와 (나) 사이는 위만 조선 시기이다.
준왕을 몰아내고 왕이 된 위만은 중국의 우수한 철기 문화를 적극적으로 수용하였고, 지리적 이점을 이용한 중계 무역으로 많은 이익을 얻었다.

🔍 **오답** 분석   ㄱ. 삼국 시대
ㄴ. 고조선 멸망 이후

적중 예상 문제   **09** ④   **10** ①

09 (가)는 함경도 지역에 위치한 옥저, (나)는 강원도 북부에 위치한 동예이다.
옥저에는 어린 며느리를 맞이하는 풍속(민며느리제)이 있었고, 한 가족의 뼈를 함께 매장하는 가족 공동묘 관습이 있었다.
동예는 무천이라는 제천 행사를 열었으며, 같은 씨족끼리는 혼인을 하지 않았다. 다른 부족의 생활권을 침범하면 소, 말, 노비 등으로 배상해야 했는데, 이를 책화라 한다.

🔍 **오답** 분석   ④ 상가, 고추가는 고구려의 지배층이다. 옥저와 동예는 각 부족을 읍군, 삼로라고 불리는 군장들이 다스렸다.

10 제사를 주관하는 천군이 있고, 신성 지역으로 소도가 있었던 나라는 한반도 남부에 있었던 삼한이다.
삼한에서는 특히 벼농사를 중심으로 한 농업이 발달하였으며, 변한에서는 철을 많이 생산하여 한의 군현, 일본 등으로 수출하였다.

🔍 **오답** 분석   ②, ③ 부여
④, ⑤ 고구려

---

006 고구려의 발전   25쪽

적중 예상 문제   **01** ②   **02** ④

01 자료는 고구려 고국천왕이 굶주리는 백성을 보고 진대법을 시행하였다는 내용이다.

진대법은 봄에 농민에게 곡식을 빌려 주고 가을에 갚도록 한 진휼 제도로, 가난한 농민을 구제하여 국가 재정과 국방력을 유지하고, 귀족 세력이 커지는 것을 막기 위한 정책이었다.

고국천왕 때에는 부족적 전통을 가진 5부족을 동, 서, 남, 북, 중의 5부로 바꾸었다. 그리고 왕위 계승도 형제 상속에서 부자 상속으로 바꾸어 왕권을 강화하였다.

오답 분석 ① 태조왕, ③ 소수림왕, ④ 태조왕, ⑤ 소수림왕

02 자료는 5만의 군사를 신라에 보내어, 당시 신라를 침입한 왜군을 물리쳤다는 광개토 대왕 비문의 내용이다.

광개토 대왕은 중국의 연호를 사용하지 않고 최초로 독자적인 연호인 '영락'을 사용하였다. 또한 활발한 정복 활동으로 백제 아신왕에게 영원한 노객이 되겠다는 항복을 받아내고, 백제와 가야 및 왜의 연합군이 신라에 침입하자 원군을 보내 신라를 도와주었다. 이로써 고구려의 영토를 북으로는 요동을 포함한 만주까지, 남으로는 한강 이북까지 확대하였다.

오답 분석 ④ 장수왕

---

007 백제의 발전   27쪽

적중 예상 문제   **03** ④   **04** ②

---

03 사진은 무령왕릉의 내부 모습과 왕릉에서 출토된 금관 장식이다. 무령왕릉은 중국 양나라 양식을 모방하여 만든 벽돌무덤으로, 무덤의 주인공을 알려주는 묘지석과 함께 많은 유물이 발견되었다.

백제는 무령왕 때 중국 남조의 양과 국교를 맺고 문화 교류에 힘썼다. 또 지방의 요지인 담로에 왕족을 파견하여 지방 통제를 강화하고, 고구려에 대한 적극적인 공세를 펴 국력을 점차 회복하였다.

오답 분석 ㄱ. 근초고왕, ㄷ. 침류왕

04 신라와 연합하여 한강 유역을 일시 탈환한 것은 백제 성왕의 업적이다. 성왕은 웅진에서 사비로 천도하고 백제의 중흥을 꾀하였으나 554년 관산성 전투에서 사망하여 뜻을 이루지 못하였다.

오답 분석 ㄴ. 근초고왕 시기에 해외로 진출하였다. ㄹ. 문주왕이 웅진으로 천도하였다.

---

008 신라의 발전   29쪽

적중 예상 문제   **05** ⑤   **06** ③

05 단양 적성비와 북한산 순수비는 진흥왕 때 세워진 비석이다. 진흥왕은 한강 유역을 장악하는 등 활발한 정복 활동을 하였고, 이를 기념하기 위해 순수비를 세웠다. 국력 팽창의 자부심으로 진흥왕은 거칠부에게 《국사》를 편찬하게 하였으며, 화랑도를 정비해 국력을 키웠다.

오답 분석 ㄱ, ㄴ, ㅂ. 법흥왕

06 우경을 권장하고, '신라 국왕'이라는 칭호를 통해 나라 이름과 왕호를 새로 정한 국왕은 지증왕이다.

지증왕 때에는 지금의 울릉도인 우산국을 정복하였으며, 지방 제도인 주·군 제도를 정하고 관리를 파견하여 다스렸다. 또한 순장을 금지하고 시전을 감시하는 동시전을 설치하였다.

오답 분석 ③ 내물마립간

---

07 자료에 나타난 '북쪽 구지', '알 여섯이 모두 어린애', '수로'를 통해 금관가야의 건국 신화임을 알 수 있다. 알에서 태어난 김수로는 금관가야의 시조가 되었다.
금관가야는 낙동강 하류 지역에 위치하여 해상 활동에 유리한 입지 조건과 철의 생산 및 교역 활동을 기반으로 성장하였다. 특히, 김해 지방에는 질 좋은 철이 많이 나서 덩이쇠를 만들어 화폐와 같은 교환 수단으로 이용하기도 하였다.

🔍**오답 분석** ㄱ, ㄴ. 모두 대가야에 대한 설명이다.

08 자료의 금동관, 판갑옷, 수레 토기는 옛 가야 지역에서 출토되었다. 가야는 풍부한 철 생산을 바탕으로 해상 교통을 이용해 낙랑, 왜와 교류하였다. 가야 문화는 뒤에 신라 문화에 영향을 주었으며, 가야의 일부 세력이 일본에 진출하여 일본의 고대 문화 발전에 이바지하였다.

🔍**오답 분석** ② 가야 연맹은 각 소국이 독자적인 정치 기반을 유지했으므로 통일된 중앙 집권 국가로 발전하지 못하였다.

09 (가)는 백제의 전성기였던 근초고왕 시기, (나)는 고구려의 전성기였던 장수왕 시기의 형세를 나타내는 지도이다.
백제 근초고왕의 침략을 받으며 고구려는 국가적 위기를 맞았다. 이에 소수림왕은 불교를 받아들이고 율령을 반포하여 중앙 집권 체제를 더욱 강화하였다.
광개토왕은 영토를 크게 넓혀 고구려의 전성 시대를 열었으며, 신라를 침입한 왜·백제·가야 연합군을 격퇴하였다.

장수왕은 국내성에서 대동강 유역의 평양성으로 수도를 옮기고(427), 남진 정책을 적극적으로 추진하여 아산만에서 영일만을 연결하는 지역에까지 이르렀다. 한편 고구려의 남진 정책에 대항하기 위해 백제와 신라는 동맹을 맺었다.

🔍**오답 분석** ⑤ (나) 시기 이후인 성왕 때의 사실이다.

10 지도는 6세기 중엽 진흥왕 시기의 형세를 보여 준다. 진흥왕은 백제 성왕과 연합하여 한강 유역에 진출하였고, 대가야를 정복하여 가야 세력을 통합하였다.

🔍**오답 분석** ㄴ. 중원 고구려비는 5세기 말에 세워졌다. ㄷ. 백제는 4세기 말 침류왕 때 불교를 수용하였다.

11 자료는 〈여수장우중문시〉로 을지문덕이 수나라 장군 우중문에게 보낸 한시이다. 중국을 통일한 수나라는 동북아시아의 패권을 장악하기 위해 고구려를 세 번에 걸쳐 침략하였다. 이 시를 지은 을지문덕은 살수(청천강)에서 수나라 별동대를 크게 물리쳤다(살수대첩, 612).

🔍**오답 분석** ① 기벌포 전투(676)를 계기로 신라는 삼국을 통일하였다.
② 안시성 전투(645)에 대한 설명이다.
④ 백제 부흥 운동에 대한 설명이다.
⑤ 신라가 백제를 멸망시키기 직전의 상황이다.

12 나·당 연합군의 공격으로 사비성이 함락되면서 백제가 멸망하였다. 이후 백제인들은 침략자들을 몰아내려는 백제 부흥 운동을 전개하였다.
왕족 복신과 승려 도침은 주류성에서, 흑치상지는 임존성에서 각각 군사를 일으켜 일본에 가 있던 왕자 부여풍을 왕으로 삼고, 사비성에 주둔하고 있던 당군과 신라군을 공격하였다. 그러나 백제 부흥 운동은 지도층의 내분으로 실패하였고, 이를 도우러 왔던 일본 세력도 백강

(금강 하류)에서 격퇴되었다.

🔍 **오답 분석** ㄱ. 고구려 멸망 이후 신라는 고구려 부흥 운동을 지원해 안승에게 보덕국왕의 칭호를 내렸다. ㄷ. 675년 나·당 전쟁에서 신라가 승기를 잡은 전투이다.

012 통일 신라의 발전 37쪽

적중 예상 문제 13 ④   14 ②

13 자료는 김부식의 《삼국사기》에 따라 신라사를 시기적으로 구분한 것이다. 김부식은 혁거세~진덕여왕 시기를 상대로, 무열왕~혜공왕 시기를 중대로, 선덕왕~경순왕 시기를 하대로 구분하였다.

중대에는 무열왕의 직계 후손이 왕위를 계승하면서 전제 왕권을 강화하였다. 상대등보다 집사부 시중의 권한이 강화되었고, 6두품 세력이 실무 능력을 바탕으로 전제 왕권 강화에 기여하였다.

🔍 **오답 분석** ④ 독서삼품과는 신라 하대에 원성왕이 실시한 관리 등용 정책이다.

14 자료는 만파식적 고사의 내용이고, 밑줄 그은 '왕'은 신문왕이다. 신문왕은 반란을 꾀한 김흠돌 등 귀족 세력을 숙청하고, 중앙 정치 기구를 정비하였으며, 9주 5소경으로 지방 행정 조직을 정비하였다. 그리고 유교 정치 이념의 확립을 위하여 국학을 설립하고, 관료들의 경제 기반을 약화시키는 정책(관료전 지급, 녹읍 폐지)을 시행하였다.

🔍 **오답 분석** ② 선덕여왕 때 첨성대가 건립되었다.

013 신라 하대의 정치 39쪽

적중 예상 문제 15 ⑤   16 ⑤

15 선덕왕의 즉위를 시작으로 내물왕의 후손들이 왕위에 오른 시기를 보통 신라 하대로 구분한다. 신라 하대에는 진골 귀족들의 왕위 다툼이 심해져서 150여 년 동안에 20명의 왕이 바뀌는 혼란이 지속되었다.

또한 청해진은 흥덕왕 때(828) 완도에 설치되었다. 장보고는 청해진을 근거로 하여 중앙 정계에 영향력을 행사하기도 하였다.

또한 9세기에는 선종과 풍수지리 사상이 유행하여 호족들의 사상적 기반이 되기도 하였다.

🔍 **오답 분석** ㄱ. 신라 중대 신문왕, ㄴ. 신라 중대 경덕왕

16 선종이 널리 확산된 '이 시기'는 신라 하대이다. 선종은 통일 전후에 전래되었으나 크게 확산되지 못하다가, 신라 하대에 호족들의 이념적 기반이 되어 각 지방에 근거지를 마련하게 되었다.

신라 하대에는 중앙 집권이 약화되어 진골 귀족들 간의 왕위 쟁탈전이 치열해지면서 10년 이상 재위한 왕이 거의 없었다. 이에 따라 각지에서 스스로 장군, 성주라고 칭하는 호족들이 성장하였고 귀족들의 사치도 심해졌다. 이들의 횡포로 땅을 잃은 농민들이 증가하고 일부는 초적이 되기도 하였다.

🔍 **오답 분석** ⑤ 신라 중대의 모습이다.

014 발해의 발전 41쪽

적중 예상 문제 17 ②   18 ②

17 대조영의 아들로 인안을 연호로 쓴 왕은 발해의 2대 무왕이다.

당은 신라와 말갈을 이용하여 발해를 견제했기 때문에, 발해 무왕은 당의 산둥 지방을 공격하기도 하였으며 적극적인 영토 확장 정책을 펼쳐 북만주 일대를 장악하였다.

🔍 **오답 분석** ① 문왕, ③ 선왕, ④ 문왕, ⑤ 고왕(대조영)

18 자료는 발해의 중앙 관제를 정리한 도표이다. 발해의 중앙 정치 조직은 당의 3성 6부를 모방하였지만, 명칭과 운영 방식을 당과 달리하였다. 3성은 정당성을 중심으로 운영하였고, 정당성 아래에 좌사정과 우사정을 두어 6부를 이원적인 통치 체제로 구성하였다.

발해는 '인안', '대흥' 등의 독자적 연호를 사용하며 황제국의 권위를 과시하였다. 발해는 문왕 때에는 당과 친선 관계를 맺고 당의 발달한 문물제도를 받아들이는 데 힘을 기울였으며, 선왕 이후에는 '동쪽의 융성한 나라'라는 뜻을 가진 '해동성국'이라고 불렸다

🔍**오답** 분석 ② 통일 신라의 군사 제도이다.

<table>
<tr><td>**015**</td><td>**고대의 경제 정책**</td><td>43쪽</td></tr>
<tr><td>적중 예상 문제</td><td>**19** ④</td><td>**20** ②</td></tr>
</table>

19 신라의 통일 이후 즉위한 신문왕은 각 분야에서 전제 왕권을 강화시키기 위한 정책들을 시행하였다. 경제 정책으로는 귀족에게 지급하던 녹읍을 폐지하고, 관등에 따라 차등을 두어 관료전을 지급하였다.

🔍**오답** 분석 ㄱ. 성덕왕, ㄷ. 지증왕

20 관료전 지급과 녹읍 혁파, 정전 지급은 신라 중대의 강화된 왕권을 바탕으로 진행되었다. 이렇게 토지 제도를 개혁하고 더불어 농민들에게 정전을 지급한 것은 국가의 수입을 늘리고 귀족들의 경제적 기반을 약화시키기 위해서였다.

🔍**오답** 분석 ㄴ. 신라 하대 흥덕왕이 사치를 금지하는 명령을 내렸다.
ㄹ. 농민에 대한 국가의 지배력을 강화시키려 하였다.

<table>
<tr><td>**016**</td><td>**고대의 경제 활동**</td><td>45쪽</td></tr>
<tr><td>적중 예상 문제</td><td>**21** ③</td><td>**22** ①</td></tr>
</table>

21 (가)는 발해이다. 발해의 농업은 밭농사 중심이었으며, 목축이 발달하여 솔빈부의 말은 중요한 수출품이 되었다. 발해도, 신라도, 거란도 등이 있을 정도로 발해는 다른 국가와 활발한 무역 활동을 하였다.
(나)는 삼국을 통일한 신라이다. 통일 후 산업의 급속한 발전과 무역량의 비약적인 증가로 신라의 경제생활에도 큰 변화가 일어났다.

🔍**오답** 분석 ③ 동경을 통해 일본과 교역을 한 것은 발해이다.

22 자료는 통일 신라 시기의 사회상을 보여 주는 사료이다.

🔍**오답** 분석 ① 금·은 세공품, 인삼 등이 통일 신라의 주된 수출품이었다. 담비 가죽은 발해의 주요 수출품이었다.

<table>
<tr><td>**017**</td><td>**삼국 시대의 사회**</td><td>47쪽</td></tr>
<tr><td>적중 예상 문제</td><td>**23** ①</td><td>**24** ④</td></tr>
</table>

23 자료는 백제의 건국 신화이다.

🔍**오답** 분석 ① 1책 12법은 부여와 고구려에 있었던 법률이다.

24 자료는 원광의 세속 5계로 화랑도의 행동 규범이었다. 화랑들은 세속 5계를 지키며, 산천을 널리 돌아다니면서 무술과 도의를 닦고, 전쟁에서는 나라를 위하여 목숨을 바쳐 싸웠다. 원시 사회의 청소년 집단에서 기원한 화랑도는 진흥왕 때 국가적인 조직으로 확대되었다. 화랑도는 귀족은 물론 평민까지 소속되어 계층 간의 대립과 갈등을 조절하는 구실도 하였다.

🔍**오답** 분석 ④ 화백 회의에 관한 설명이다.

 남북국 시대의 사회 49쪽

적중 예상 문제 **25** ② **26** ④

25 자료는 통일 신라 시대에 활동한 최치원의 연보이다. 최치원은 6두품 출신으로 당에 유학하여 빈공과(외국인을 대상으로 실시한 당의 과거)에 합격했다. 귀국 후 진성 여왕에게 시무책을 올렸지만 받아들여지지 않자 은거 생활을 하였다.
6두품 세력은 학문과 종교 분야에서 활발하게 활동하였다. 그러나 관직 승진에 한계가 있었기 때문에 진골 귀족 위주의 사회 체제에 불만을 가지고 있었다.
🔍 **오답** 분석 ㄴ, ㄹ. 모두 진골 귀족에 대한 설명이다.

26 자료의 '그'는 후고구려(태봉)를 세운 궁예이다. 미륵 신앙을 근거로 왕권을 강화하려 하였다.
🔍 **오답** 분석 ① 군진 세력을 기반으로 한 견훤은 완산주에서 후백제를 건국하였다.
② 고려를 건국한 왕건은 신라 경순왕과 우호적인 관계를 맺었다.
③ 6두품 출신 최치원에 대한 설명이다.
⑤ 청해진 대사 장보고는 신무왕의 즉위에 간여하였다.

 불교의 수용과 발전 51쪽

적중 예상 문제 **27** ④ **28** ③

27 밑줄 친 '그'는 신라의 원효이다. 원효는 일심 사상을 바탕으로 종파 간의 대립과 분파 의식을 극복하려 했고, 아미타 신앙을 전도하며 불교 대중화에 공헌하였다.
🔍 **오답** 분석 ① 김대성, ② 의상, ③ 고려 시대 의천, ⑤ 혜초

28 자료는 신라 말 선종의 유행을 설명하는 글이다. 교종이 경전과 교리를 중시하여 왕실과 귀족들의 후원을 받으며 발전한 데 비하여, 선종은 교리보다는 각 개인의 마음속에 있는 불성을 깨닫는 것이 중요하다고 하며 정신 수양을 통한 해탈을 강조하였다. 선종의 확산과 함께 승려의 사리를 봉안하는 승탑과 승려의 일대기를 기록한 탑비가 유행하였다.
🔍 **오답** 분석 ③ 교종에 대한 설명이다.

 사상과 학문의 발달 53쪽

적중 예상 문제 **29** ④ **30** ③

29 사신도, 산수무늬 벽돌, 금동대향로는 공통적으로 도교 사상을 반영하고 있다.
도교 사상은 불로장생과 현세의 구복을 추구하는 것을 특징으로 하는데, 여러 가지 신을 모시면서 재앙을 물리치고 복을 빌며 나라의 안녕과 왕실의 번영을 기원하였다. 궁중에서는 하늘에 제사 지내는 초제(醮祭)가 성행하였으며, 여러 곳에서 하늘과 별들에 제사를 지내는 행사가 개최되었다.
🔍 **오답** 분석 ④ 유학

30 '이것'은 산세, 지세, 수세 등을 인간의 길흉화복과 연관시키는 풍수지리설이다. 도선은 전 국토의 자연환경을 유기적으로 파악하는 인문지리적 지식에다 경주 중앙 귀족의 부패와 무능, 지방 호족의 대두, 오랜 전란에 지쳐서 안정된 사회를 염원하는 일반 백성의 인식을 종합하여 체계적인 풍수 도참설을 만들었다.
🔍 **오답** 분석 ③ 풍수지리설은 신라 하대 도선에 의해 도입되었다. 백제의 5경 박사는 유학 교육을 담당하였다.

 고분과 벽화 55쪽

적중 예상 문제 **31** ⑤ **32** ②

31 (가)는 고구려의 장군총(돌무지무덤)이다.

(나)는 석촌동의 계단식 돌무지무덤이다. 백제의 건국 세력이 고구려와 밀접한 관계에 있었음을 보여 준다.

(다)는 공주 송산리 고분군에서 발견된 무령왕릉(벽돌무덤)이다.

🔍**오답** 분석 ① 사신도 등의 벽화는 굴식 돌방무덤에 그려졌다.

② 통일 신라 시대 무덤에서 나타난 양식이다.

③ 백제 초기에 만들어진 고분이다.

④ 무령왕릉에서는 묘지, 진묘수, 금제 관식 등 많은 껴묻거리가 발견되었다.

32 자료는 신라의 돌무지덧널무덤의 구조이다. 호우명 그릇이 발견된 호우총, 천마도가 발견된 천마총은 모두 돌무지덧널무덤이다.

🔍**오답** 분석 ㄴ. 발해의 정혜공주 무덤에서 발견된 돌사자상이다. 정혜공주 무덤은 굴식 돌방무덤이다.

ㄹ. 무령왕릉에서 발견된 돌로 만든 동물상이다. 무령왕릉은 벽돌무덤이다.

<table><tr><td>**022**</td><td>**불탑**</td><td>57쪽</td></tr></table>

적중 예상 문제　**33** ⑤　　　**34** ①

33 (가) 익산 미륵사지 석탑, (나) 분황사지 모전 석탑, (다) 불국사 3층 석탑(석가탑)이다.

미륵사지 석탑은 무왕 때 세워졌다고 알려져 있으며, 목탑의 양식을 계승한 석탑이다.

분황사지 모전 석탑은 선덕여왕 때 세워졌으며, 원형이 많이 훼손되어 현재 3층만 남아 있다.

불국사 3층 석탑은 이중 기단 위에 3층으로 쌓는 통일 신라 석탑 양식의 전형을 보이고 있다.

🔍**오답** 분석 ⑤ 이중 기단은 불국사 3층 석탑에만 해당하는 설명이다.

34 신라 말기에는 석탑에서 다양한 변화가 나타났는데, 양양 진전사지 3층 석탑은 기단과 탑신에 부조로 불상을 새긴 것으로 이름이 나 있다. 또, 선종이 널리 퍼지면서 승려의 사리를 봉안하는 승탑과 탑비가 유행하였다.

🔍**오답** 분석 ① 신라 시대에 만들어진 승탑에 대한 설명이다.

<table><tr><td>**023**</td><td>**고대의 문화와 예술**</td><td>59쪽</td></tr></table>

적중 예상 문제　**35** ②　　　**36** ④

35 (가)는 석굴암 본존불상, (나)는 연가 7년명 금동 여래입상에 대한 설명이다.

🔍**오답** 분석 ㄴ. 삼국 시대의 미륵보살 반가사유상

ㄷ. 발해의 이불병좌상

36 성덕대왕 신종은 신라 중대 경덕왕과 혜공왕 재위 시기에 제작되었다. 경덕왕 때 김대성이 불국사를 크게 개수하고 석굴암을 새로 지었다.

🔍**오답** 분석 ㄱ. 정림사지 5층 석탑은 백제 시대에 세워졌다.

ㄷ. 첨성대는 신라 선덕여왕 때 세워졌다.

<table><tr><td>**024**</td><td>**발해의 문화**</td><td>61쪽</td></tr></table>

적중 예상 문제　**37** ④　　　**38** ④

37 정혜공주는 발해 문왕의 둘째 딸이고, 상경은 발해의 수도였다. 정혜공주 묘에서 돌사자상이 발견되었다. 상경성 절터에 남아 있는 발해 석등은 그 크기가 상당히 크지만 안정감이 있고 균형미가 뛰어나다

 분석 ㄱ. 고구려 고분 벽화의 영향을 받은 일본
의 다카마스 고분 벽화이다.

ㄷ. 무령왕릉에서 출토된 금관 장식으로 백제의 금세공
기술을 알 수 있다.

38 (가)는 정혜공주 묘에서 발견된 돌사자상, (나)는 정효공
주 묘의 벽화이다.

정혜공주 묘는 굴식 돌방무덤으로 모줄임 천장 구조가
고구려 고분과 닮았다. 정효공주 묘에서는 묘지와 벽화
가 발굴되었다.

 분석 ④ 정효공주 묘는 당의 영향을 받은 벽돌
무덤 양식으로 만들어졌다.

025	고대의 문화 교류	63쪽

적중 예상 문제	**39** ②	**40** ⑤

39 삼국의 문화는 7세기 아스카 문화 형성에 영향을 끼쳤
고, 통일 신라의 문화는 하쿠호 문화의 형성에 기여하였
다.

고구려 수산리 고분 벽화는 다카마쓰 고분 벽화에 영향
을 주었다.

칠지도는 근초고왕 시기에 일본 왕에게 보낸 칼이다. 삼
국에서 만든 금동 미륵보살 반가상은 일본 고류사 목조
미륵보살 반가상에 영향을 주었다.

 분석 ㄴ. 서역인의 모습으로 신라와 서역 간의
교류가 있었음을 보여 준다.

ㄷ. 5세기 초 신라가 고구려의 간섭을 받았음을 보여 준
다.

40 (가)는 양직공도에 실린 백제 사신의 모습이다. 양직공
도는 양나라에 파견된 외국 사신을 그림으로 그리고 설
명을 덧붙인 것이다.

(나)는 공주 무령왕릉으로, 중국 남조와의 교류를 보여
주는 벽돌무덤이다. 남조의 귀족층 무덤에서 발견되는
형태와 유사하다. 무령왕릉은 1971년 도굴 당하지 않은
채로 발견되어 돌로 만든 동물상, 금제 관식, 금동 신발
등 많은 껴묻거리가 출토되었다.

 분석 ㄱ. 백제 사신의 모습을 그렸다.

ㄴ. 공주 송산리 고분군에서 발견되었다.

026 고려의 건국 67쪽

적중 예상 문제 **01** ①   **02** ④

01 스스로 황제라 칭하고 광덕, 준풍과 같은 독자적 연호를 사용한 왕은 고려 광종이다. 광종은 왕권 강화의 일환으로 노비를 조사하여 양민에서 억울하게 노비가 된 자의 신분을 되돌려주는 노비안검법을 시행하였다. 이외에도 광종은 후주인 쌍기의 건의를 받아들여 과거제를 처음으로 실시하여 신진 관리를 등용하였고, 관리의 위계 질서 확립을 위해 공복을 제정하였다.

오답 분석 ② 성종, ③ 성종, ④ 태조, ⑤ 태조

02 시무 28조는 성종 때 최승로가 건의한 정치 개혁안이다. 성종은 최승로의 건의를 받아들여 유교 정치 사상을 통치의 근본 이념으로 삼고 여러 제도를 정비하였다.

오답 분석 ④ 태조의 업적에 해당한다.

027 고려의 통치 체제 69쪽

적중 예상 문제 **03** ③   **04** ⑤

03 고려의 중앙 정치 기구는 당의 3성 6부제를 받아들였지만, 고려의 실정에 맞게 중서성과 문하성을 합친 중서문하성과 상서성의 2성으로 운영하였다.

오답 분석 ③ 중추원은 왕명을 전달하고 군사 기밀을 담당하였다.

04 고려 시대에는 문관을 뽑는 과거 시험으로 제술과와 명경과가 있었다. 또 기술관을 뽑는 잡과와 승직자를 뽑기 위한 승과도 있었다. 과거는 쌍기의 건의로 처음 실시되었으며 원칙적으로 3년마다 실시되었다. 무관은 무예나 신체 조건이 뛰어난 사람을 따로 뽑아 무반으로 충원하였다.

오답 분석 ⑤ 국가에 공을 세운 사람이나 고위 관료의 자제는 음서 제도를 통해 관직에 진출할 수 있었다.

028 문벌 귀족 사회 71쪽

적중 예상 문제 **05** ②   **06** ③

05 이자연의 손자이고, 딸들을 예종과 인종에게 혼인을 시키면서 권력을 키운 인물은 이자겸이다.
이자겸은 대표적인 문벌 귀족 출신으로 금나라의 사대 요구를 수용할 것을 주장하였고, 난을 일으켜 왕위에 오르려 하였다. 문벌 귀족은 과거, 음서를 통해 고위 관직을 독점하였다.

오답 분석 ㄴ. 권문세족, ㄹ. 신진 사대부

06 서경 길지설을 근거로 서경 천도를 주장했던 (가) 인물은 묘청이다. 그는 풍수 사상을 내세워 서경으로 천도할 것을 주장하였으나 개경 세력에 의해 좌절되었고, 1135년 국호를 대위국, 연호를 천개라고 선포하고 반란을 일으켰다. 묘청 등의 서경파는 '칭제 건원', '금국 정벌' 등 자주적 의식을 보여 주었으나 김부식 등에 의해 진압되었다.

오답 분석 ㄱ. 일연, ㄹ. 김부식 등의 개경파

029 무신 정권 73쪽

적중 예상 문제 **07** ③   **08** ①

07 지도에 표시된 만적의 난, 망이·망소이의 난, 그리고 김사미와 효심의 난 등은 고려 무신 집권기에 일어난 봉기들이다.

08 자료는 고려 무신 정권기 만적의 난을 다룬 사료이다. 만적의 주인인 최충헌은 이의민을 제거하고 60년의 최씨 무신 정권 시대를 열었다. 그는 봉사 10조를 제시하고, 최고 집정부인 교정도감을 설치해 권력을 독점하였다.

 ② 고려 말의 모습이다.

③ 고려 중기의 모습이다.

④ 현종 때 천리장성 축조를 시작하였다.

⑤ 고려 말 공민왕이 쌍성총관부를 무력으로 수복하였다.

---

030 고려의 대외 관계 75쪽

적중 예상 문제 **09** ④ **10** ④

09 신라는 당군을 몰아내고 대동강에서 원산만에 이르는 선까지 차지하였다.

고려 태조는 북진 정책을 통해 청천강에서 영흥에 이르는 국경선을 확보할 수 있었다.

고려는 거란의 1차 침입 때 강동 6주 지역을 획득하고, 압록강 어귀에서 도련포에 이르는 천리장성을 쌓았다.

조선 초 세종은 4군과 6진을 개척하여 오늘날의 국경선을 확정하였다.

 ④ 공민왕이 쌍성총관부를 공격하여 철령 이북의 땅을 수복하였다.

10 최우는 몽골과의 항쟁을 위해 (가) 강화도로 천도하였다. (나) 용인 처인성 전투에서 김윤후가 살리타를 사살하였다. 1253년(고종 40) 김윤후는 (다) 충주성의 노비들을 독려하여 몽골군을 막아 내었다. 1255년에는 충주성 서쪽 다인철소의 주민들이 힘을 합쳐 몽골 군대의 침입을 물리쳤는데, 그 공으로 다인철소는 익안현으로 승격되기도 하였다. 몽골의 침략으로 (마) 경주 황룡사 9층 목탑이 소실되었다.

 ④ 삼별초의 최후 항쟁지는 제주도이다. 대구 부인사에 보관 중이던 초조대장경이 소실되었다.

---

031 고려 후기의 정치 변동 77쪽

적중 예상 문제 **11** ① **12** ①

11 자료의 '왕'은 몽골풍(변발과 호복)을 없애는 등 반원 자주 정책을 추진한 공민왕이다.

공민왕은 원의 간섭에서 벗어나기 위해 반원 개혁을 추진하였다. 몽골식 생활 풍습을 금지하고 원의 간섭으로 바뀐 관제를 복구하였으며 친원파를 숙청하였다. 또 정동행성 이문소를 없애고, 쌍성총관부를 공격하여 철령 이북의 영토를 회복하였다. 그리고 정방을 폐지하여 왕권을 강화하였다. 공민왕은 신돈을 등용하고 전민변정도감을 설치하여 불법적인 농장을 없애고 토지를 원래의 주인에게 돌려주었으며, 농장의 노비들을 양인으로 해방시켰다.

 ① 충선왕

12 (가)는 정도전, 조준 등 급진파 신진 사대부, (나)는 정몽주, 이색 등의 온건파 신진 사대부이다.

고려 왕조를 부정하는 역성 혁명을 주장한 급진파 신진 사대부는 신흥 무인 세력인 이성계와 결탁하여 새로운 왕조를 세울 것을 계획했다. 온건파 신진 사대부는 고려 왕조 체제 안에서 점진적인 개혁을 주장하였다.

 ㄷ. 급진파 신진 사대부와 온건파 신진 사대부 모두 성리학을 사상적 기반으로 삼았다.

ㄹ. 위화도 회군 이후 정권을 장악한 것은 급진파 신진 사대부이다.

---

032 고려의 경제 79쪽

적중 예상 문제 **13** ① **14** ③

13 활구, 삼한통보, 해동통보는 대각국사 의천의 화폐 주조 건의에 따라 고려 숙종 때 발행된 화폐들이다. 고려 시대에는 밭에서 2년 동안 조, 보리, 콩을 번갈아 재배하

는 윤작법이 확대되고 논농사는 직접 씨앗을 뿌려 재배하는 직파법이 일반적이었다.

오답 분석 ㄷ. 담배는 임진왜란 이후 전래되어 조선 후기에 널리 재배되었다.

ㄹ. 농사직설은 조선 세종 때 간행된 농업 서적이다.

14 (가)는 남북국 시대의 통일 신라의 무역로, (나)는 고려 시대의 무역로이다. 통일 신라는 당항성과 울산항을 통해 주변국과 교역을 하였으며, 고려 시대에는 벽란도가 국제 무역항으로 번성하였다.

오답 분석 ③ 통일 신라 시대에는 울산항이, 고려 시대에는 벽란도가 국제 무역항으로 번성하였다.

<table>
<tr><td>**033**</td><td>**고려의 신분 제도와 가족 제도**</td><td>81쪽</td></tr>
</table>

적중 예상 문제　　**15** ⑤　　　　**16** ③

15 (가)는 고려 초기의 지배층인 호족, (나)는 고려 중기의 지배층인 문벌 귀족, (다)는 원 간섭기의 권문세족, (라)는 고려 말의 신진 사대부이다.

오답 분석 ㄱ. 도병마사는 고려 후기에 도평의사사로 명칭이 바뀌었다.

ㄴ. 성리학은 원 간섭기에 전래되었고, 신진 사대부들이 수용하였다.

16 동국이상국집을 남긴 이규보는 고려 무신 집권기에 활동한 문인이다. 고려 시대에는 이규보처럼 혼인을 한 남자가 처가살이를 하는 경우가 많았다.

고려 시대에는 자녀가 돌아가며 부모의 제사를 지냈으며(윤회 봉사), 재산 역시 남녀 구분하지 않고 균분 상속되었다. 또한, 태어난 차례대로 호적에 기재하여 남녀 차별을 하지 않았다.

오답 분석 ③ 고려 시대에는 여성의 재혼이 비교적 자유로웠고, 그 자식도 사회적으로 차별받지 않았다.

<table>
<tr><td>**034**</td><td>**고려의 사회 제도**</td><td>83쪽</td></tr>
</table>

적중 예상 문제　　**17** ④　　　　**18** ②

17 (가)는 불교의 신앙 조직이었던 향도이다. 향도는 매향 활동을 하면서 대규모 인력이 동원되는 불상, 석탑을 만들거나 절을 지을 때에도 주도적인 역할을 하였다. 고려 후기에 이르러 마을 노역, 혼례와 상·장례, 민속 신앙과 관련된 마을 제사 등 공동체 생활을 주도하는 농민 조직으로 발전해 갔다.

오답 분석 ㄱ. 화랑도, ㄷ. 향약

18 의창은 고려 시대 태조가 구휼 기관으로 설치한 흑창이 성종 대에 개편, 확대된 것이다. 의창은 평상시에는 곡물을 비치하였다가 흉년에 빈민을 구제하였다. 제위보는 기금을 마련한 뒤 그 이자로 빈민을 돕는 기관이었다. 고려는 농민 생활의 안정을 위해 의창, 제위보와 같은 진휼 기관을 설치하여 운영하였다.

오답 분석 ① 제위보, ③ 상평창, ④ 구제도감, 구급도감, ⑤ 의창과 제위보는 국가에서 운영하였다.

<table>
<tr><td>**035**</td><td>**고려 후기의 사회 변화**</td><td>85쪽</td></tr>
</table>

적중 예상 문제　　**19** ⑤　　　　**20** ②

19 자료의 '세력가'는 친원 세력으로 대농장을 소유한 권문세족이다

오답 분석 ㄱ. 신돈, ㄴ. 신진 사대부

20 고려에 몽골의 풍습이 유행하고 역으로 몽골에서는 고려의 문화가 유행했던 것은 고려 말 원 간섭기의 모습이다. 원 제국에 항복함으로써 고려는 원의 부마국이 되어 고려 왕은 원나라 공주와 혼인 관계를 맺어야 했고, 기존에 조나 종이였던 왕의 칭호가 충○왕으로 격하되었다. 이외에도 일본 원정을 명목으로 설치한 정동행성은 실제적으로는 고려의 내정 간섭 기구가 되었다. 원 간섭

기에 고려인은 변발과 호복을 갖추어야 했고, 친원 세력이 득세하여 정국을 주도하였다.

🔍오답 분석 ② 교정도감은 최씨 무신 집권기에 최충헌이 설치했던 국정 운영 기구였다.

<table><tr><td>**036**</td><td>**유학의 발달과 역사서 편찬**</td><td>87쪽</td></tr></table>

적중 예상 문제　　**21** ④　　　　**22** ⑤

21 묘청 등이 서경에서 일으킨 봉기를 진압한 인물은 김부식이다. 김부식은 묘청의 난을 진압한 후 분열된 민심을 수습하고 국왕 중심의 중앙 집권 체제를 강화하려는 목적으로 삼국사기를 편찬하였다.

🔍오답 분석 ① 동명왕편, 제왕운기에 대한 설명이다.
② 삼국사기는 기전체로 서술되었다.
③ 이규보의 동명왕편에 대한 설명이다.
⑤ 일연의 삼국유사에 대한 설명이다.

22 사학 12도가 융성하자 정부는 관학 진흥을 위한 여러 시책을 추진하였다. 예종 때에는 국자감을 재정비하여 전문 강좌를 설치하고, 장학 재단을 두어 관학의 경제 기반을 강화하였다.

🔍오답 분석 ㄱ. 9재 학당은 최충이 세운 사학이다.
ㄴ. 통일 신라 시대의 사실이다.

<table><tr><td>**037**</td><td>**불교 사상과 신앙**</td><td>89쪽</td></tr></table>

적중 예상 문제　　**23** ④　　　　**24** ③

23 자료는 지눌이 불교의 세속적인 모습을 비판하고 신앙 결사 운동을 주장하는 글이다.

🔍오답 분석 ① 혜심, ② 의천, ③ 요세, ⑤ 의천

24 (가)는 팔관회이다. 태조 왕건은 훈요 10조에서 팔관회를 언급하였을 정도로 중요시 하였다. 팔관회는 왕실에서 주관하였던 불교 행사로, 도교와 토착 신앙의 모습도 담고 있었다. 개경과 서경에서 행사가 열렸으며 외국 상인들이 방문하였을 정도로 행사의 규모는 상당하였다.

🔍오답 분석 ③ 농민 공동체 조직인 향도의 활동이다.

<table><tr><td>**038**</td><td>**귀족 문화의 발달**</td><td>91쪽</td></tr></table>

적중 예상 문제　　**25** ④　　　　**26** ①

25 세계 최초의 금속 활자본으로 추정되는 인쇄물은 상정고금예문이다. 상정고금예문은 현재 전해지지 않으며 현존하는 최고(最古)의 금속 활자본은 프랑스 국립 도서관에서 소장하고 있는 직지심체요절이다.

🔍오답 분석 ① 교장(속장경)은 의천이 교장도감을 설치하고 송과 요의 대장경에 대한 주석서를 모아서 편찬하였다.
② 초조대장경은 현종 때, 거란의 침입을 부처의 힘으로 물리치고자 간행하였다. 대구 부인사에 보관하였으나 몽골 침입 때 소실되었다.
③ 현재 전하는 가장 오래된 금속 활자본이다.
⑤ 현재 전하는 가장 오래된 목판 인쇄본이다. 불국사 3층 석탑에서 발견되었다.

26 자료는 이규보의 동명왕편 서문이다. 동명왕편은 무신 집권기에 고구려 동명왕에 관한 전설을 오언시체로 쓴 장편 서사시이다. 고려의 독창적인 상감청자는 12세기 중엽에 개발되어 13세기 중엽까지 유행하였다.

🔍오답 분석 ② 분청사기는 14세기 후반부터 16세기 중엽까지 제작되었다.
③ 순백자는 16세기부터 생산되었다.
④ 천산대렵도는 공민왕의 작품으로 전해진다.
⑤ 경천사지 석탑은 원 간섭기에 세워졌다.

적중 예상 문제　**27** ④　**28** ③

27 고려 초기에는 지역적 특색이 강한 거대 불상이 많이 조성되었는데, 파주 용미리 마애 이불 입상과 관촉사 석조 미륵보살 입상이 대표적이다.

오답 분석 ㄱ. 부석사 소조 여래좌상은 신라 시대 양식을 계승한 불상이다.
ㄷ. 고려 초기에 조성된 철불이다.

28 (가)는 오대산 월정사 8각 9층 석탑, (나)는 경천사지 10층 석탑이다. 월정사 8각 9층탑은 고려 전기에 세워졌다. 경천사지 10층 석탑은 원의 영향을 받아 대리석으로 제작되었는데, 조선의 원각사지 10층 석탑에 영향을 주었다. 일제 강점기에 일본으로 무단 반출되었던 것을 되돌려 받아, 1960년에 경복궁에 복원하여 세웠다가 현재 국립 중앙 박물관에 옮겨 놓았다.

오답 분석 ㄴ. 경천사지 10층 석탑에 대한 설명이다.
ㄷ. 현재 국립 중앙 박물관에 남아 있다.

IV 한국 근세사

적중 예상 문제　**01** ③　**02** ①

01 '상왕이 어려서', '김종서' 등의 단서를 통해 세조임을 알 수 있다. 세조가 실시한 정책은 6조 직계제로, 6조 직계제는 의정부 재상의 권한을 약화시키고 6조의 권한을 강화하였으며, 태종과 세조가 왕권 강화를 목적으로 시행하였다.

오답 분석 ① 태종, ② 성종, ④ 성종, ⑤ 태종

02 훈민정음(한글)을 창제한 왕은 세종이다. 집현전 설치, 측우기 제작, 농사직설 편찬, 칠정산 제작은 모두 세종 시기의 사실이다.

오답 분석 ① 태조

적중 예상 문제　**03** ②　**04** ④

03 도표는 조선 전기에 사림이 크게 화를 입은 사화를 기준으로 시기를 구분한 것이다.
연산군 시기에 무오사화와 갑자사화가 일어났으며, 중종 재위기에 기묘사화가 발생하였다.
명종 때에는 소윤 세력이 대윤 세력을 제거한 을사사화가 일어났다.
선조(1567~1608)가 재위했던 시기에는 사림 세력이 동인과 서인으로 갈라졌다.

오답 분석 ② 갑자사화 이후 1506년에 중종반정이 일어났다.

04 '경상도 선배 무리'는 사림 세력을 가리킨다.
사림은 도덕과 의리를 숭상하면서 지방에서 학문 연구와 제자 양성에 주력하였다. 사림은 성종 때부터 중앙

정계에 진출하여 훈구 세력과 대립하게 되었다.

 ㄱ, ㄷ. 훈구 세력에 대한 설명이다.

리 및 상민의 자제가, 그리고 잡과에는 중인이 많이 응시하였다.

 ④ 문음이나 천거로 관직에 등용될 수도 있었다.

042 조선의 중앙 정치 기구 101쪽

적중 예상 문제 **05** ① **06** ③

05 관리 감찰과 언론 역할, 풍속 교정의 업무와 관련된 기구는 사헌부이다. 그리고 대사헌은 사헌부의 최고 관직이다. 사헌부와 사간원의 관원은 대간으로서 간쟁, 봉박, 서경의 권한을 가졌다.

 ② 실록청(춘추관), ③ 성균관, ④ 6조 중 예조, ⑤ 집현전

06 (가)는 사헌부, (나)는 사간원, (다)는 홍문관이다. 사헌부와 사간원은 양사로 불렸으며 간쟁, 봉박, 서경의 권한을 가졌다. 홍문관은 사헌부, 사간원과 함께 삼사로 불렸다.

044 조선과 일본의 관계 105쪽

적중 예상 문제 **09** ① **10** ③

09 징비록은 유성룡이 임진전쟁 때의 상황을 기록한 책이고, 자료는 선조가 한양을 떠나 의주로 피난하는 상황이다. 임진전쟁 당시 선조는 의주로 피난하여 명에 지원을 요청하였다. 임진전쟁 때 전국 곳곳에서 의병이 조직되어 일본군에 타격을 주었는데, 고경명, 곽재우 등이 의병장으로 활약하였다.

전쟁 중에 수많은 사람들이 일본에 포로로 잡혀갔으며, 불국사, 사고 등이 불에 타 버렸고, 활자, 서적, 도자기, 그림 등 많은 문화재를 일본에 약탈당하였다. 한편, 조선에 원군을 보낸 명은 국력이 쇠약해져 결국 만주의 여진족에게 중국의 지배권을 내주게 되었다

 ① 병자호란(1636)에 대한 설명이다.

10 임진전쟁 후 일본은 조선에 사신을 보내어 통교할 것을 여러 차례 요청해 왔다. 이에 조선은 일본과 국교를 맺고 통신사를 파견하였다. 통신사는 일본의 요청을 받고 일본에 건너가 극진한 대우를 받았으며, 일본의 문화 발전에 공헌하였다.

 ㄱ. 통신사는 비정기적으로 파견하였다. ㄹ. 안용복의 활동이다.

043 지방 통치와 관리 등용 제도 103쪽

적중 예상 문제 **07** ③ **08** ④

07 자료의 내용은 조선 시대 수령의 일곱 가지 임무인 수령칠사(守領七事)이다. 수령은 조선의 지방관으로, 5년의 임기를 가지고 있었으며, 연고지에는 발령받지 못하는 상피제가 적용되었다.

 ㄱ. 향리, ㄹ. 유향소의 임원인 좌수, 별감

08 무과, 대과, 소과 등의 용어를 통해 조선 시대가 배경임을 알 수 있다. 조선 시대 관리 등용을 위한 과거 시험은 문과, 무과, 잡과로 나누어 치렀는데, 3년마다 시행하는 정기 시험과 수시로 시행하는 특별 시험이 있었다. 문과에는 양반의 자제가 주로 응시하고, 무과에는 양반, 향

045 조선과 여진(청)의 관계 107쪽

적중 예상 문제 **11** ③ **12** ④

11 (가)는 만주 동부에 살던 여진족이다. 여진족은 발해 멸망 이후 그 터에 거주하면서 우리 민족과 관계를 맺었다.

오답 분석 ㄱ. 일본, ㄹ. 명

12 자료의 '왕'은 인조반정으로 폐위된 광해군이다. 광해군은 새로운 강국으로 등장한 후금과 적대 관계를 가지는 것이 현명하지 못하다고 판단하여 명과 후금 사이에서 신중한 중립 외교 정책을 추진하였다. 이에 명의 구원 요청에 강홍립으로 하여금 출병하게 한 후 정세에 따라 슬기롭게 대처하도록 하였다. 그러나 의리와 명분을 중시하는 사림은 이를 명에 대한 배신 행위로 간주하였다.

오답 분석 ① 계해약조는 세종 때 일본과 맺은 조약이다.
② 효종 때 청의 요구로 러시아 정벌을 위한 조총 부대를 파견하였다.
③ 효종 때 송시열, 이완 등이 중심이 되어 북벌 운동을 전개하였다.
⑤ 숙종 때 백두산 정계비를 세웠다.

<table><tr><td>046</td><td>조선 전기의 경제 정책</td><td>109쪽</td></tr></table>

적중 예상 문제   **13** ②   **14** ④

13 현직 관리에게만 토지 수조권을 지급하며, 그로 인해 과다 수취 문제가 발생하는 것을 통해 직전법이 실시되던 상황임을 알 수 있다. 관료의 수조권 남용을 시정하고자 조선 성종 때 관수관급제를 시행하였다.

오답 분석 ㄴ. 과전법, ㄹ. 직전법 폐지

14 지도의 조창, 잉류 지역 등을 통해 조선의 조운 제도임을 파악할 수 있다. 세곡을 서울로 운반하는 것을 조운이라고 하는데, 강가에는 강창을 짓고, 해안에는 해창을 마련하여 지방에서 거두어들인 세곡을 일시 보관하였다가 선박을 이용해 서울의 경창까지 수송하였다. 그러나 평안도와 함경도 지방의 세곡은 서울로 운송하지 않고, 현지에서 국방비와 사신 접대비로 사용하였다.

오답 분석 ① 조운 제도는 고려 시대부터 실시되었다.
② 국가 재정을 담당한 호조에서 전담하였다.
③ 역은 육상 교통로를 정비한 제도이다.
⑤ 봉수 제도에 대한 설명이다.

<table><tr><td>047</td><td>조선 전기의 경제 활동</td><td>111쪽</td></tr></table>

적중 예상 문제   **15** ⑤   **16** ①

15 봇짐이나 등짐을 지고 이동하며 장사를 했던 '이 상인'은 보부상이다. 지방 장시를 무대로 생산자와 소비자를 이어주는 역할을 하였다. 조선 초기부터 보부상단이 조직되었고, 대한 제국기에는 황국협회를 조직하였다.

오답 분석 ① 송상, ② 공인, ③ 객주와 여각, ④ 시전 상인

16 농사직설은 세종, 금양잡록은 성종 때 편찬된 농서이다. 조선 전기에는 농사직설, 금양잡록 같은 농서를 간행하여 농사짓는 기술을 널리 보급하였다. 이에 따라 농촌 여러 곳에서 목화를 재배하여 의생활이 개선되었고, 과수나 약초도 재배하였다. 특히, 모판에서 모종을 길러 이를 논에 옮겨 심는 모내기법이 남부 지방 일부에서 실시되었다.

오답 분석 ㄷ. 담배는 임진전쟁 이후 전래되었으며, 상품 작물 재배는 조선 후기에 늘어났다.
ㄹ. 감자, 고구마는 조선 후기에 조선에 전래되었다.

<table><tr><td>048</td><td>수취 제도의 변화</td><td>113쪽</td></tr></table>

적중 예상 문제   **17** ③   **18** ③

17 '풍흉에 관계없이 1결당 4두씩만 전세를 걷도록' 한 법은 영정법이다. 인조 때 실시된 영정법은 농민의 부담을

줄일 목적이었지만 각종 명목의 부가세 및 수수료로 인해 농민들의 실질적인 부담은 증가하였다.

오답 분석 ① 영정법은 인조 때 시행되었다.
② 별공, 진상은 공납의 한 종류로 대동법 실시 이후에도 사라지지 않았다.
④, ⑤ 대동법에 대한 설명이다.

18 자료는 조선 영조 때 균역법을 실시하면서 재정을 보완할 방법을 강구하라고 명한 것이다. 조선 후기에 들어 역의 부담을 이기지 못하여 유망하는 농민이 많아졌다. 군역의 폐단을 시정하기 위해 영조는 균역법을 시행하여 군포를 1년에 1필로 감하였다. 균역법 실시로 줄어든 국방 재정을 보충하기 위해 결작을 부과하고, 선무군관포를 거두었으며, 어염세 · 선박세 등 왕실의 잡세 수입을 균역청에서 관할하게 하였다.

오답 분석 ㄴ. 대동법, ㄷ. 호포법

049	조선의 신분 제도	115쪽

적중 예상 문제   **19** ④   **20** ②

19 6방으로 나누어 수령을 보좌한 '이들' 은 향리이다.
오답 분석 ① 지방 양반(사족), ② 신량 역천, ③ 수령, ⑤ 역관

20 자료는 조선의 양천제와 반상제를 도식화한 것으로 (가)는 상민이다. 상민은 대다수를 차지한 농민을 비롯하여, 상인, 장인 등을 가리킨다.
오답 분석 ㄴ. 천민인 노비에 대한 설명이다.
ㄹ. 고려 시대 향, 소, 부곡 거주민에 대한 설명이다.

050	조선의 향촌 사회와 사회 제도	117쪽

적중 예상 문제   **21** ④   **22** ③

21 (가)는 조선 시대 지방 사족(양반)들이 구성한 유향소이다. 좌수와 별감은 유향소의 벼슬이다. 양반들은 각종 법률과 제도로 신분적 특권을 제도화하여 국역을 면제받는 등의 기득권을 누리며 살았다.

오답 분석 ① 향리는 중인에 해당하는 신분이며 직역을 세습하였다.
② 탐관오리의 아들, 재가한 여자의 아들과 손자, 서얼 등이 문과 응시에 제한을 받았다.
③ 중인 중 기술관에 대한 설명이다.
⑤ 노비에 대한 설명이다.

22 자료는 조선 시대 향촌 사회의 풍속 교화와 치안 담당, 질서 유지를 담당했던 향약의 4대 덕목이다. 향약은 조광조의 건의로 보급되기 시작하였으며, 이황과 이이의 노력으로 확산되었다.

오답 분석 ㄱ. 경재소, ㄹ. 두레

051	조선 전기의 편찬 사업	119쪽

적중 예상 문제   **23** ④   **24** ②

23 세조 때 편찬을 시작해 성종 때 완성된 법전은 경국대전이다.

오답 분석 ① 정조의 화성 건설 시 동원된 인력, 자원 등을 상세하게 기록하였다.
② 성종 때 악기, 음악의 원리 등을 정리한 음악서이다.
③ 세종 때 한성을 기준으로 천체 운동을 계산한 역법서이다.
⑤ 모범이 될 만한 충신, 효자, 열녀 등의 행적을 그림과 함께 설명한 윤리서이다.

24 자료는 성종 때 편찬한 동문선의 서문이다. 왕명에 의해 서거정 등이 신라 시대부터 당시까지의 글을 모아 편찬했다.

오답 분석 ㄴ. 동국통감
ㄹ. 동국여지승람

적중 예상 문제   **25** ③   **26** ⑤

25 (가)는 퇴계 이황, (나)는 율곡 이이다.

이황은 기대승과 사단 칠정 논쟁을 벌여 성리학에 대한 이해를 높였다. 임진전쟁 이후 그의 사상은 일본에 전파되어 일본 성리학에 큰 영향을 주었다.

이이는 공납의 폐단에 대한 대책으로 수미법을 제안하였으며, 성학집요를 저술하여 현명한 신하가 군주의 수양을 도와주어야 한다고 주장하면서 신하의 역할을 중시하였다.

오답 분석 ㄱ. 성학집요, 격몽요결은 이이의 저술이다. ㄹ. 백운동 서원은 주세붕이 세웠다.

26 (가)는 사림들이 지방에 세운 서원이다. 서원은 덕망이 높은 유학자를 기리면서 지방 양반의 자제들을 교육하였다. 처음으로 세운 서원은 주세붕이 안향을 추모하면서 영주에 세운 백운동 서원이다. 뒷날 국가는 이황의 건의에 따라 백운동 서원에 '소수 서원'이라는 현판을 하사하고 토지, 노비, 서적 등을 지급하였다.

오답 분석 ① 향교, ② 고려 시대 국자감, ③ 향교, ④ 성균관

적중 예상 문제   **27** ⑤   **28** ③

27 자료의 그는 세종 때 활약한 장영실이다. 장영실은 물시계인 자격루, 해시계인 앙부일구, 천체 관측 기구인 간의와 혼천의 등을 만들었으며, 세계 최초의 우량계인 측우기와 수표를 발명하였다.

오답 분석 ⑤ 정조 때 정약용이 만든 거중기이다.

28 자료에서 설명하는 칠정산은 조선 세종 때 수시력 등을 참고해 제작한 역법서이다. 조선 전기에는 부국강병을

위해 과학 기술의 발전을 중요시 하였다. 이에 따라 세계 최초로 측우기가 제작되었으며, 물시계와 해시계 등도 만들어졌다.

또한 활발한 편찬 사업으로 계미자, 갑인자 등의 금속 활자가 주조되고 식자판 조립법을 창안하여 인쇄 능률을 높일 수 있었다.

오답 분석 ③ 임진왜란 이후 광해군 때 허준이 동의보감을 편찬하였다.

적중 예상 문제   **29** ⑤   **30** ②

29 근정전과 경회루는 경복궁 내에 있는 건물들이다. 경복궁은 불타기 전까지 조선의 법궁(정궁)이었으며, 정도전에 의해 처음 지어졌다. 임진왜란 때 소실되어 흥선 대원군이 다시 중건하였다. 조선은 이밖에도 창덕궁, 창경궁, 경운궁(덕수궁), 경희궁 등의 궁궐을 건축하였다.

오답 분석 ㄱ, ㄴ. 모두 창덕궁에 대한 설명이다.

30 (가) 순백자, (나) 분청사기이다.

조선 전기 궁중이나 관청에서는 백자나 분청사기를 널리 사용하였다.

고려 말에 나타난 분청사기는 청자에 백토의 분을 칠한 것으로, 안정된 그릇 모양과 소박하고 천진스러운 무늬가 어우러져 있다.

16세기부터 세련된 백자가 본격적으로 생산되면서 분청사기는 점차 그 생산이 줄어들었다. 백자는 순백의 고상함을 풍겨 선비의 취향과 어울렸기 때문에 널리 이용되었다. 이런 그릇들은 전국의 자기소와 도기소에서 만들어졌다.

오답 분석 ㄴ. 고려 시대 상감청자에 대한 설명이다. ㄹ. 조선 후기에 유행한 백자에 대한 설명이다.

 # Ⅴ 근대 태동기

적중 예상 문제　　**01** ②　　　　**02** ③

01 '이 기구'는 조선 시대 군국 기무를 관장한 비변사이다. 비변사는 중종 때 삼포왜란을 계기로 임시 기구로 설치되었으며, 명종 때 을묘왜변을 계기로 상설 기구가 되었다. 임진왜란을 겪으면서 기능과 구성원이 확대되었고 조선 후기에는 국가 최고 합의 기구가 되었다. 세도 정치 기간에는 왕실 외척이 이 기구를 장악하여 권력을 행사하였다.

오답 분석 ② 비변사의 기능이 확대되면서 6조의 기능이 유명무실화되었다.

02 자료는 광해군과 북인 정권의 중립 외교에 비판적이었던 사림의 대외 의식이다. 서인과 남인을 중심으로 이러한 인식이 확산되어 마침내 인조반정이 일어나 광해군이 폐위되었다. 인조반정을 일으킨 세력은 친명 배금 정책을 내세워 후금(청)과 대립하였다. 그 결과 호란이 일어났고, 조선은 청과 군신 관계를 맺었다.

오답 분석 ① 광해군, ② 고종, ④ 고려 예종, ⑤ 조선 후기 북학파

적중 예상 문제　　**03** ③　　　　**04** ⑤

03 '오랑캐에 당한 치욕을 씻고', '송준길, 이완 등을 등용' 등의 구절을 통해 효종(1649~1659)이 시행한 북벌 운동에 대한 가상 대화임을 알 수 있다.

두 차례의 호란으로 큰 피해를 입은 조선에서는 청을 쳐서 원수를 갚아야 한다는 북벌론이 일어났다. 특히, 청에 인질로 잡혀 있었던 효종은 송시열, 이완 등과 함께 남한산성 및 북한산성을 수축하고 군대의 양성에 힘을 기울여 북벌을 추진하였으나, 실천에 옮기지는 못하였다. 오히려 청의 요청으로 두 차례에 걸쳐 조총 부대를 출병시켜 나선 정벌에 나서야만 했다.

04 자료의 삽화는 효종 사후 현종 때 일어난 예송 논쟁(기해예송)을 표현한 것이고, (가)는 남인, (나)는 서인의 주장이다.

오답 분석 ㄱ. 남인은 이황의 학통을 계승하였다.

ㄴ. 송시열은 서인의 영수였다.

적중 예상 문제　　**05** ③　　　　**06** ②

05 성균관에 탕평비를 세워 탕평 정치의 뜻을 내외에 널리 알린 왕은 영조이다.

영조는 속대전, 동국문헌비고 등을 편찬하였다. 또한 가혹한 형벌을 폐지하고 사형수에 대한 삼심제를 엄격하게 시행하였으며 신문고를 부활하였다.

오답 분석 ㄱ. 흥선 대원군, ㄹ. 정조

06 자료에서 소개하는 요리는 탕평채이다. 영조가 탕평책을 논하는 자리에서 선보였다고 전해진다.

영조는 탕평파를 중심으로 정국을 운영하였고, 붕당을 약화시키기 위해 붕당의 본거지인 서원을 정리하고 산림의 존재를 부정하였다. 또한 이조전랑의 권한을 약화시키기 위해 후임자 천거권과 3사 관리 선발권을 폐지하였다. 그리고 영조는 민생 안정을 위해 군포의 부담을 줄인 균역법을 시행하였다.

오답 분석 ㄴ. 순조, ㄹ. 정조

적중 예상 문제　**07** ④　　　**08** ②

07 《여유당전서》는 정약용의 문집이고, '세력을 휘두르는 대여섯 집안'은 세도 정치기에 권력을 행사한 세도가를 가리킨다.

🔍 **오답 분석** ① 고려 무신 집권기
② 고려 말 원 간섭기
③ 고려 중기
⑤ 조선 중기

08 죽은 아버지와 갓 태어난 아이가 군적에 올라 군포를 부담하였다는 내용을 통해 조선 후기 삼정이 문란했던 상황을 추론할 수 있다. 홍경래의 난은 1811년에 평안도 지역에서 일어났다.

🔍 **오답 분석** ① 1차 갑오개혁(1894)
③ 고구려 고국천왕
④ 고려~조선 초기
⑤ 고려

적중 예상 문제　**09** ③　　　**10** ④

09 조선 후기에는 노동력을 절감할 수 있는 모내기(이앙법)가 확산되었다. 모내기법의 확산에 따라 이모작이 가능해지고, 넓은 면적을 경작하는 광작이 가능해져 지주로 성장하는 농민이 있는가 하면 농지를 잃고 몰락하는 농민이 증가하여 농민층이 분화되었다. 한편 안정적으로 농업용수를 공급하기 위해 저수지가 증가하였다.

🔍 **오답 분석** ③ 휴경법은 시비법의 발달을 통해 극복할 수 있었다.

10 자료는 조선 후기 채소, 담배, 약초 등 상품 작물 재배가 성행했던 것을 보여 준다.

🔍 **오답 분석** ④ 2년 3작의 윤작법은 고려 시대에 시작되었다.

적중 예상 문제　**11** ③　　　**12** ③

11 육의전을 제외한 시전상인의 금난전권을 폐지한 것은 정조의 신해통공(1791)에서 취해진 조치이다. 정조는 자유로운 상업 활동을 위해 시전 상인의 금난전권을 제한하여 사상들의 활동을 자유롭게 하였다.

🔍 **오답 분석** ① 15세기 말에 장시가 등장하였다.
② 조선 초기에 유교적 경제관에 근거해 상공업을 통제하였다.
④ 시전 상인의 특권이 약화되었다.
⑤ 고려 말 과전법 실시의 결과이다.

12 자료의 그림들은 조선 후기 화가인 김홍도가 그린 풍속화이다. 조선 후기의 경제 상황이 아닌 것을 고르면 된다.

🔍 **오답 분석** ③ 저화, 조선통보는 조선 전기에 발행된 화폐이다. 조선 후기에는 상평통보가 발행되었다.

적중 예상 문제　**13** ④　　　**14** ⑤

13 김홍도의 〈자리짜기〉는 몰락한 양반이 상민과 다름없는 생활을 하는 것을 보여 준다. 공명첩은 국가에서 궁핍한 재정을 메우기 위하여 납속책을 시행하고 발급한 것으로 양반 수가 늘어나는 결과를 가져왔다. 양반층의 계층 분화가 심화되어 몰락하는 양반이 증가하고, 상민이 부를 쌓아 신분을 상승시킬 수 있었기 때문에 조선 후기에는 양반 중심의 성리학적 신분 질서가 동요하였다.

 ㄱ. 신분 질서가 동요하여 양반과 상민 간의 경계가 허물어지기 시작했다.

ㄷ. 신분 제도는 1894년 갑오개혁 때 폐지되었다.

14 자료는 조선 후기 신분 구성의 변화를 보여 준다. 양반의 수가 급격히 증가하고, 상민은 다소 증가하다 줄어들었으며, 노비는 꾸준히 줄어드는 상황을 알 수 있다.

 ⑤ 조선 후기에는 일천즉천법 대신 노비 종모법이 시행되었다.

15 모든 사람이 평등하다는 시천주와 인내천을 중심 사상으로 한 종교는 동학이다. 동학은 경주의 몰락 양반 최제우가 천주교(서학)에 대응하여 창시한 민족 종교이다. 동학은 천주교의 사상을 일부 수용하면서, 유·불·선을 비롯한 우리 민족의 민간 신앙을 아우르는 성격을 가졌다. 충청, 경상, 전라 지방을 중심으로 동학의 교세가 확장되자, 정부는 교주 최제우를 '혹세무민'의 죄로 처형하여 동학을 탄압하였다.

동학은 교리를 정리한 동경대전을 경전으로 사용하였다. 동학의 2대 교주 최시형은 교리를 정리하여 용담유사를 쓰고 교단 조직을 정비하였다. 용담유사는 한글로 작성된 가사집이어서 일반 백성들도 쉽게 읽을 수 있었다.

 ② 조상에 대한 유교식 제사를 거부한 것은 천주교이다.

16 (가)는 홍경래의 난(1811), (나)는 임술 농민 봉기(1862)이다.

홍경래의 난은 홍경래의 지휘 하에 농민, 중소 상인, 광산 노동자 등이 합세하여 봉기하였다. 이들은 한때 청천강 이북 지역을 거의 장악하였으나, 5개월 만에 평정되었다.

진주에서 유계춘을 중심으로 일어난 농민 봉기는 곧 인근 지역으로 퍼져, 북쪽의 함흥으로부터 남쪽의 제주에 이르기까지 전국적으로 확산되었다.

 ㄱ. 홍경래의 난은 청천강 이북 지역에서 일어났다.

ㄹ. 임술 농민 봉기는 동학이 삼남 지방에 확산되기 이전에 일어났다.

17 (가)는 인물성 이론, (나)는 인물성 동론의 입장을 보여 준다. 18세기에 벌어진 호락 논쟁에서 충청도 지역의 노론은 사람과 사물의 본성이 다르다고 주장하였고, 서울과 경기 지역의 노론은 사람과 사물의 본성이 같다고 보았다.

낙론의 인물성 동론은 북학 사상과 통상 개화론으로 연결되었다.

 ② (나)의 영향을 받아 통상 개화론이 형성되었다.

18 자료에서 '강화학파', '정제두' 등을 통해 (가)는 양명학임을 알 수 있다. 양명학은 '심즉리', '지행합일'을 통해 실천성을 강조하였다.

 ㄱ. 양명학은 조선 중기에 전래되었다.

ㄹ. 신진 사대부의 이념적 기반이 된 학문은 성리학이다.

19 기예를 익힐 것을 강조하고, 농지의 공동 소유와 공동 경작 및 수확물의 공동 분배를 주장한 인물은 조선 후기

실학을 집대성한 정약용이다.

정약용은 토지 개혁론으로 여전론과 정전론을 제시하였으며, 《목민심서》, 《경세유표》 등 막대한 양의 저술을 남겼다. 그는 과학 기술이나 상공업 발달에도 관심을 가져 《기기도설》을 참고해 거중기를 제작하였으며, 정조의 수원 행차를 위해 배다리를 설계하였다. 거중기는 수원 화성 건설에 사용되어 노동력과 비용을 크게 절감시켰다.

오답 분석 ② 홍대용이 제작한 혼천의이다.

20 자료는 생산과 소비와의 관계를 우물물에 비유하면서 절약보다 소비를 권장한 박제가의 주장이다.

박제가는 서자 출신으로 정조 때 규장각 검서관으로 임명되었고, 《북학의》를 저술하여 청의 문물을 적극적으로 수용할 것을 제창하였다. 그는 상공업의 발달, 청과의 통상 강화, 수레와 선박의 이용 등을 역설하였다.

오답 분석 ① 홍대용, ② 유수원, ④ 이익, ⑤ 정약용

<table>
<tr><td>**065**</td><td>**국학 연구와 과학 기술**</td><td>149쪽</td></tr>
</table>

적중 예상 문제　　**21** ④　　　　**22** ②

21 실학의 발달과 함께 우리의 역사, 지리, 언어, 풍속 등에 대한 관심이 고조되어 국학 연구가 활발해졌다.

안정복은 《동사강목》을 지어 고조선부터 고려 말까지의 우리 역사를 체계적으로 정리하였으며, 유득공은 《발해고》에서 발해의 역사를 우리의 역사로 다루어 남북국사로 정리하였다.

이중환은 우리나라의 지리적인 환경과 함께 각 지역의 경제생활과 풍속을 자세히 조사하여 《택리지》를 썼다.

국어에 대한 연구도 활발하여 음운 연구서인 신경준의 《훈민정음운해》와 유희의 《언문지》가 나왔다.

오답 분석 ④ 서거정의 《동국통감》은 조선 전기 성종 때 간행되었다.

22 지전설과 혼천의는 홍대용과 관련된 자료이다. 과학 연

구에도 힘썼던 홍대용은 지구가 우주의 중심이 아니라는 '무한우주론'을 주장하고, 김석문과 함께 지전설을 주장하여 성리학적 세계관을 비판하였다.

오답 분석 ① 김육이 시헌력 도입을 주장하였다. ③ 이제마는 사람의 체질에 따라 처방을 달리하여야 한다는 사상의설을 주장하였다. ④ 김석문이 최초로 지전설을 주장하였다. ⑤ 정약용이 《마과회통》을 저술하였다.

<table>
<tr><td>**066**</td><td>**조선 후기의 문화 예술**</td><td>151쪽</td></tr>
</table>

적중 예상 문제　　**23** ①　　　　**24** ③

23 (가) 봉정사 극락전은 고려 말에 세워진 목조 건물이다. 고려 말에 세워진 주심포 양식의 건물로는 봉정사 극락전, 부석사 무량수전, 수덕사 대웅전이 남아 있다.

(나) 법주사 팔상전은 17세기에 만들어진 5층 목탑이다. 조선 후기에 불교가 신앙의 자리를 어느 정도 차지하고 정치·경제적인 변화가 나타나면서 건축에도 새로운 변화가 나타났다. 양반과 새롭게 부상하고 있던 부농, 상공업 계층의 지원 아래 법주사 팔상전, 화엄사 각황전 같은 건물이 세워졌다.

오답 분석 ① 고려 시대에 유행한 주심포 양식으로 지어졌다.

24 (가) 신사임당의 초충도, (나) 김홍도의 서당, (다) 정선의 인왕제색도, (라) 민화이다.

18세기에 활약한 정선은 진경 산수화를 개척하여 우리의 자연을 사실적으로 그려 회화의 토착화를 이룩하였으며, 김홍도, 신윤복은 풍속화를 통해 당시 사람들의 생활 정경과 일상적인 모습을 생동감 있게 나타내어 회화의 폭을 확대하였다.

오답 분석 ㄱ. 신사임당은 16세기의 인물이고, 풍속화는 조선 후기에 유행하였다. ㄹ. 정선은 진경 산수화를 개척하였고, 민화는 민중의 미적 감각을 바탕으로 무명 화가들이 그렸다.

067 흥선 대원군의 개혁 정책 155쪽

적중 예상 문제 01 ② 02 ③

01 흥선 대원군은 왕권의 강화를 위해 세도 정치의 권력 기반 기구인 비변사의 기능을 축소하고, 그 기능을 의정부와 삼군부에 돌려주었다. 그리고 《대전회통》을 편찬하여 통치 체제를 재정비하였다.

🔍 **오답 분석** ㄴ. 혜상공국은 흥선 대원군이 물러난 후인 1883년에 설치되었다.

ㄹ. 양전 사업과 지계 발급은 광무개혁(1897~1904) 때의 일이다.

02 당백전은 흥선 대원군 때 발행된 화폐이다. 흥선 대원군은 실추된 왕실의 권위를 회복하여 왕권을 강화하기 위해 임진전쟁 이래로 폐허로 남아 있던 경복궁을 중건하였다. 흥선 대원군은 경복궁 중건에 들어가는 공사비를 마련하려고 '당백전' 이라는 고액 화폐를 발행하였는데, 이로 인하여 물가가 폭등하기도 하였다.

🔍 **오답 분석** ③ 흥선 대원군은 서원을 철폐하고 양반들도 군포를 부담하는 호포제를 실시하여 양반들의 반발을 샀다.

068 통상 수교 거부 정책 157쪽

적중 예상 문제 03 ⑤ 04 ⑤

03 자료는 병인양요 당시 양헌수의 승전 보고이다. 프랑스는 흥선 대원군이 천주교 선교사를 처형한 '병인박해'를 명분으로 삼아 7척의 군함을 파견하여 조선을 공격하였다(병인양요, 1866).

양헌수 장군은 강화도 남쪽의 정족산성에서 치열한 격전을 벌여 프랑스군을 물리쳤다. 프랑스군은 철군하면

서 강화도 일대를 방화하고 외규장각에 보관 중이던 왕실 의궤 등의 서적을 약탈하였다.

🔍 **오답 분석** ㄱ, ㄴ. 신미양요(1871)에 대한 설명이다.

04 자료는 '제너럴 셔먼호 사건'(1866)에 대한 보고서이다.

1866년 미국 상선 제너럴 셔먼호가 대동강을 거슬러 올라와 통상을 요구하면서 민가를 약탈하는 등 횡포를 부렸다. 이에 분노한 평양 군민들은 제너럴 셔먼호를 불태워 침몰시켰다. 1871년 미국은 제너럴 셔먼호 사건을 구실로 강화도를 침략하였다(신미양요).

🔍 **오답 분석** ① 1866년 프랑스가 병인박해를 구실로 강화도를 침략하였다.

② 미국이 1871년 강화도를 침략하였다.

③ 1875년 일본이 강화도에서 무력 시위를 하고 강화도 조약 체결을 요구하였다.

④ 1868년 독일인 오페르트가 흥선 대원군의 아버지인 남연군의 무덤을 도굴하려 시도하였다.

069 개항과 불평등 조약 체제 159쪽

적중 예상 문제 05 ① 06 ②

05 조선을 자주국으로 명시하고, 3곳의 항구를 개방하고, 치외법권이 적용되었던 조약은 강화도 조약(조·일 수호조규, 1876)이다.

일본은 운요호 사건을 빌미로 1876년 개항을 요구했고, 조선 정부는 이를 수용하여 최초의 근대적 조약인 조·일 수호조규(강화도 조약)를 맺었다. 제1관에 조선을 자주국으로 간주한 이유는 청의 종주권을 부인하기 위해서였다. 치외법권과 해안 측량권 허용은 이 조약의 불평등성을 보여 주는 사례이다.

🔍 **오답 분석** ① 개정된 조·일 통상장정(1883)을 계기로 최혜국 대우가 인정되었다.

06 자료는 조·미 수호통상조약(1882)의 일부이다. 조·미

수호통상조약에서는 최혜국 대우(제14조), 치외법권(영사 재판권), 협정 관세(제5조), 거중 조정 등을 규정하였다. 청나라는 일본을 견제하고 조선에 대한 종주권을 견지하고자 조선과 미국의 통상 조약을 알선하였다.

🔍**오답** 분석 ㄴ. 조선과 프랑스가 체결한 조약의 내용이다.

ㄹ. 조선이 맺은 최초의 근대적 조약은 강화도 조약이다.

---

070 개화 정책의 추진 161쪽

적중 예상 문제 **07** ③ **08** ③

07 조선 정부가 개항 이후 개화 정책의 추진을 위해 설치한 '이 기구'는 통리기무아문이다. 이후 정부는 별기군을 창설하고 기기창, 전환국, 박문국 등의 기관을 설치하여 근대 문물을 받아들이는 정책을 추진하였다.

🔍**오답** 분석 ㄱ. 1895년 을미개혁에서 결정된 내용이다.

ㄹ. 원수부는 대한 제국 시기에 설치되었다.

08 (가)는 김옥균 (나)는 김홍집이다. 김옥균은 '문명 개화론'의 영향을 받은 급진 개화파로 갑신정변을 주도하였으나 실패하여 일본으로 망명하였다. 김홍집은 '동도서기론'에 입각하여 온건한 개화를 주장하였고 2차 수신사로 파견되어 《조선책략》을 국내에 들여왔다.

🔍**오답** 분석 ㄱ. 유길준, ㄹ. 박영효

---

071 위정척사 운동 163쪽

적중 예상 문제 **09** ④ **10** ③

09 (가)는 청의 외교관 황쭌셴이 짓고 김홍집이 들여온 《조선책략》이다. 《조선책략》은 러시아를 견제하기 위한 방책으로 '친중', '결일', '연미'를 주장하였다. 고종이 이를 배포한 후 위정척사 유생들의 강한 반발이 일어났는데, (나)와 같이 이만손이 주도한 영남 만인소가 대표적이다. 고종은 《조선책략》에서 언급한대로 조·미 수호통상조약(1882)을 체결하였다.

🔍**오답** 분석 ㄱ. 《조선책략》은 2차 수신사인 김홍집이 일본에서 들여왔다.

ㄷ. 척화비는 신미양요 이후 전국 각지에 세워졌다.

10 (가)는 미국이고, (나)는 러시아이다.
황쭌셴의 《조선책략》은 조선이 미국, 일본, 청과 수교하여 러시아를 견제해야 한다고 주장하였다. 조선은 청의 알선으로 미국과 수호 조약을 체결하였다. 조·미 수호통상조약은 최혜국 대우를 최초로 규정하고 치외법권을 규정한 불평등 조약이었다. 러시아는 아관파천(1896) 이후 조선에서 영향력을 행사해 절영도 조차를 요구하였다.

🔍**오답** 분석 ㄱ. 영국, ㄹ. 미국

---

072 임오군란 165쪽

적중 예상 문제 **11** ⑤ **12** ⑤

11 자료는 구식 군대에 대한 차별 대우와 개화 정책에 대한 반발로 발생한 임오군란(1882)을 다루고 있다. 임오군란을 진압한 청은 독일인 묄렌도르프를 고문으로 파견하여 조선에 대한 내정 간섭을 강화하였고, 일본은 조선에 배상금 지불을 요구하며 제물포 조약 체결을 강요하였다.

🔍**오답** 분석 ㄱ. 갑신정변 이후 체결된 톈진 조약의 내용이다.

ㄴ. 임오군란이 발생하기 전에 미국과 조약을 체결하였다.

12 자료는 조선 정부가 일본 정부에 배상금을 지불하고 경비병 주둔을 허가한 '제물포 조약(1882)'이다. 일본은 임오군란(1882) 때 구식 군인과 민중들이 일본 공사관을 공격한 것을 문제 삼아 배상금을 요구하고 경비병 주둔을 요구하였다.

구식 군인들이 선혜청과 궁궐을 습격하고 민씨 고관을 살해하자 왕비는 장호원으로 피신해 청에 원군을 요청하였다. 일시 집권한 흥선 대원군은 개화 정책을 중단하고 군란을 수습했지만 청군에 의해 청나라로 압송되었다. 사태를 수습한 청은 고문을 파견하고 조·청 상민수륙무역장정을 체결하는 등 조선에 대한 내정 간섭을 강화하였다.

🔍 **오답 분석** ⑤ 갑신정변(1884)에 대한 설명이다.

<table>
<tr><td>**073**</td><td>**갑신정변**</td><td>167쪽</td></tr>
</table>

적중 예상 문제　**13** ⑤　　**14** ③

13 자료는 갑신정변의 주도 세력이 발표한 개혁 정강의 내용이다.

갑신정변을 주도한 급진 개화파는 청에 대한 사대 관계 청산, 문벌 폐지와 인민 평등권 확립, 능력에 따른 관리 등용, 지조법 개혁 등의 내용을 담은 개혁안을 발표하였다. 그러나 민중의 외면과 청군의 개입으로 인해 정변은 거사 3일만에 실패로 돌아가고 주도 세력들은 죽거나 일본으로 망명하였다 .이후 청의 내정 간섭은 더 심화되었으며, 조선과 일본은 한성 조약을, 청과 일본은 톈진 조약을 맺었다.

🔍 **오답 분석** ⑤ 임오군란(1882) 때 흥선 대원군이 일시적으로 집권하였다. 흥선 대원군은 임오군란 진압 이후 청으로 압송되어 1885년 조선으로 돌아왔다.

14 갑신정변 이후 청과 일본의 대립이 심화되고 서구 열강들도 한반도 문제에 관심을 기울였다. 특히 러시아가 남

하 정책을 기조로 하여 조선에 접근하자 영국은 거문도 사건을 일으켜 러시아를 견제하였다(1885). 이와 같은 국제 정세를 배경으로 조선 주재 독일 부영사 부들러와 미국에서 돌아온 유길준이 한반도의 중립화론을 주장하였다.

<table>
<tr><td>**074**</td><td>**동학 농민 운동**</td><td>169쪽</td></tr>
</table>

적중 예상 문제　**15** ②　　**16** ⑤

15 백산 봉기(1894. 3)와 전주 화약(1894.6) 사이에 황토현 전투, 장성 황룡촌 전투, 농민군의 전주성 함락이 벌어졌다.

백산에서 봉기한 동학 농민군은 황토현과 황룡촌 전투에서 관군을 물리치고 전주성을 점령하였다. 청나라와 일본이 군대를 파견하자 동학 농민군은 정부와 전주 화약을 맺고 해산하였다. 일본이 경복궁을 점령하고 조선에 개혁을 강요하자, 동학 농민군이 다시 봉기하였으나 공주 우금치에서 일본군과 관군에 패하였다.

🔍 **오답 분석** ① 농민군은 전주 화약 이후 집강소를 설치하였다.

③ 우금치 전투는 2차 봉기 후 1894년 11월에 벌어졌다.

④ 동학의 보은집회는 1893년에 열렸다.

⑤ 우금치 전투 이후 전봉준이 체포되었다.

16 자료는 동학농민군이 백산에서 봉기하면서 발표한 격문이고, '우리'는 동학 농민군을 가리킨다.

🔍 **오답 분석** ⑤ 독립협회의 주장이다.

<table>
<tr><td>**075**</td><td>**갑오개혁과 을미개혁**</td><td>171쪽</td></tr>
</table>

적중 예상 문제　**17** ⑤　　**18** ③

17 자료는 갑오개혁 때 반포된 홍범14조이다.

갑오개혁에서는 연좌제와 고문, 조혼 등의 봉건적인 악습을 폐지하였다. 또한 동학 농민군의 요구를 받아들여 과부의 재가를 허용하고 신분제를 폐지하였다. 그리고 과거제를 폐지하고 새로운 관리 임용 제도를 마련하였다.

오답 분석 ⑤ 지계 발급은 광무개혁의 내용이다.

18 (가) 1894년 6월 정부는 동학 농민군과 전주 화약을 체결한 뒤 교정청을 설치하였다.

(나) 1895년 8월 을미사변 직후 실시된 을미개혁에서 단발령을 실시하였다.

오답 분석 ③ 1896년 2월 고종이 러시아 공사관으로 피신하였다.

적중 예상 문제   **19** ①   **20** ④

19 자료는 고종이 대한 제국을 선포하고 황제 즉위식을 거행했던 환구단과 대한 제국에서 근대적 토지소유권 확립을 위해 발급했던 지계이다.

오답 분석 ① 건양은 을미개혁에서 제정한 연호이다. 대한 제국은 광무를 연호로 사용하였다.

20 대한국 국제(1899)는 대한 제국이 수립된 이후 반포되었다. 대한 제국 정부는 서양식 측량 방식을 도입하여 양전을 실시하였다. 또한 소유권 관련 분쟁을 조정하고, 조세 수입원을 정확히 파악하기 위해 토지 소유 증명서인 지계를 발급하였다.

양전 사업과 지계 발급은 실제 경작지를 파악하여 조세 수입을 늘리는 데 이바지하였다. 또 개항장 이외에서는 외국인의 토지 소유를 금지하여 외국인의 토지 침탈을 막는 성과도 거두었다.

오답 분석 ①, ②, ③, ⑤ 모두 갑오개혁과 을미개혁에서 실시된 정책이다.

적중 예상 문제   **21** ⑤   **22** ②

21 자료는 제1차 한·일 협정(1904)의 내용이다. 이 조약 체결 이후 재정 고문으로 메가타가, 외교 고문으로 스티븐스가 파견되었다. 메가타는 대한 제국의 재정을 장악하고 화폐 정리 사업을 실시하였다.

오답 분석 ①, ④ 을사조약의 결과이다.
② 기유각서(1909)의 결과이다.
③ 한·일 신협약(1907)의 결과이다.

22 자료의 이준, 이상설, 이위종은 고종이 을사조약(을사늑약)의 부당함을 국제 사회에 알리고자 헤이그 만국 평화 회의(1907)에 파견한 밀사이다.

적중 예상 문제   **23** ④   **24** ③

23 (가)는 '국모의 원수', '임금께서 머리를 깎으시는 지경'을 통해 을미의병임을 알 수 있다. 명성황후가 일본 낭인에 의해 살해당했던 을미사변과 단발령 실시에 반발하여 양반 유생들이 의병을 일으켰다. 하지만 고종의 해산 권고 조칙에 따라 대부분 해산하고, 일부는 활빈당을 조직하여 활동하였다.

(나)는 '10월의 소행', '강제로 도장을 찍게 하여' 등을 통해 을사의병임을 알 수 있다. 을사조약을 계기로 조선의 외교권이 박탈되었으며, 통감 정치가 시작되었다. 을사의병은 신돌석과 같은 평민 의병장이 등장하여 활약하였다. 《면암집》은 순창과 태인에서 의병을 일으킨 최익현의 문집이다.

오답 분석 ④ 을미의병에 대한 설명이다.

24 자료는 해산 군인들이 의병으로 가담한 정미의병(1907)이다. 고종의 강제 퇴위와 군대 해산을 계기로 발발한

정미의병은 '13도 연합 의병'을 결성해 서울 진공 작전을 꾀하였으나 실패하였다. 13도 연합 의병은 외국 공사관에 서한을 보내 국제법상 교전 단체로 인정해 줄 것을 요청하였다.

🔍 **오답 분석** ③ 을미의병은 고종이 회유 조칙을 내려 해산을 권유하자, 왕명을 좇아 자진 해산하였다.

25 (가)는 헌정 연구회를 계승한 대한 자강회이다. 대한 자강회는 고종의 강제 퇴위 반대 운동을 전개하다가 해산되었다.

🔍 **오답 분석** ① 국채 보상 기성회, ② 헌정 연구회, ④ 보안회, ⑤ 독립협회

26 105인 사건(1911)으로 해체된 단체는 신민회이다. 안창호, 양기탁이 중심이 되어 비밀 결사로 설립한 신민회는 실력 양성을 통한 국권 회복과 공화정 체제의 근대 국민 국가 수립을 목표로 하였다. 이에 대성학교와 오산학교를 설립해 근대 교육을 실시하고, 민족 산업 육성을 위해 평양에 자기 회사를 설립하고 대구에서 태극 서관을 운영하였다. 신민회의 회원들은 또한 만주에 삼원보, 한흥동 등의 독립운동 기지를 건설하고 신흥 무관 학교를 설립하였다.

🔍 **오답 분석** ③ 일제 강점기에 조직된 신간회의 활동이다.

27 양화진에 점포 개설권을 허가한 조약은 임오군란 이후 청과 체결한 조·청 상민수륙무역장정이다.

조선은 조·청 상민수륙무역장정을 체결함으로써, 청에게 치외법권은 말할 것도 없고, 최초로 한성과 양화진에서 점포를 개설할 수 있는 권리와 여행권을 소지한 경우 개항장 밖에서도 통상할 수 있는 권리 및 조선 연안에서 자유롭게 무역할 수 있는 권리를 넘겨주었다.

이후 일본과 청은 조선의 상권을 독점하기 위해 치열한 경쟁을 하였고 이런 상황은 청·일 전쟁에서 일본이 승리할 때까지 계속되었다.

🔍 **오답 분석** ㄷ. 1876년 체결된 강화도 조약에 따라 일본 상품이 무관세로 조선에 수입되었다.

ㄹ. 황국 중앙 총상회는 1898년에 설립되었다.

28 자료는 1905년 일본인 재정고문 메가타가 주도한 화폐 정리 사업을 표현한 것이다.

일제의 화폐 정리 사업에 의해 구 백동화를 새 화폐로 교환하는 작업이 진행되었다. 구 백동화는 품질에 따라 갑·을·병종으로 분류하여 다른 비율로 교환되었다. 한국 상인은 소유한 백동화의 상당수가 을종이나 병종으로 판정받아 막대한 경제적 손실을 입게 되었으나, 이러한 정보를 미리 알고 있던 일본 상인들은 부당 이익을 챙기는 경우도 적지 않았다.

🔍 **오답 분석** ② 은본위 제도는 갑오개혁 때 채택하였다.

29 자료는 금연, 금주 등 절약을 통해 국가 부채(차관) 1,300만 원을 갚자는 국채 보상 운동에 대한 것이다.

국채 보상 운동은 1907년 대구에서 서상돈, 김광제 등의 발의로 시작되어 전국으로 확대되었다. 양기탁의 대

한매일신보를 비롯하여, 제국신문, 만세보 등이 운동을
후원하였고, 대한 부인회 등 단체들도 운동에 참여하였
다. 그러나 국채 보상 운동의 전국적 확산에 위기를 느
낀 일제 통감부가 탄압에 나서면서 1908년 이후 운동이
흐지부지 되고 말았다.

오답 분석 ㄱ. 보안회는 황무지 개척권 요구 반대 투
쟁을 주도하였다.

ㄹ. 독립협회는 1898년 말에 해체되었으므로 이 운동과
는 관련이 없다.

30 자료는 1880년대 중반부터 청과 일본 상인의 상권 경쟁
이 치열했음을 보여 준다. 이런 상황은 1894년 청·일
전쟁이 일어날 때까지 지속되었다.

1890년 서울의 시전 상인들이 외국 상인의 상권 침탈에
대응하여 철시 투쟁을 벌였고, 1889~1890년 황해도,
함경도 등 일부 지방의 지방관들이 곡물 유출을 금지하
는 방곡령을 실시하였다.

오답 분석 ㄷ. 보안회는 1904년에 조직되었다.

ㄹ. 신민회는 1907년에 조직되었다.

---

082 근대 문물의 수용 185쪽

적중 예상 문제 **31** ③ **32** ②

31 자료에서 설명하는 르네상스 양식의 석조 건물은 덕수
궁 석조전으로, 1910년 완공되었다.

대한 제국을 선포한 고종 황제는 경운궁(덕수궁)을 정궁
으로 삼고 정전인 중화전을 비롯하여 중명전(황실 도서
관), 석조전 등의 서양식 건축물들을 건립하였다.

오답 분석 ① 고종이 대한 제국을 선포하고 황제 즉
위식을 거행한 원구단이다.

② 조선 총독부 건물로 사용되었으며, 1995년에 철거되
었다.

④ 1898년 완공된 명동 성당이다.

⑤ 1890년 완공된 러시아 공사관이다.

---

32 기사 내용은 인천 제물포와 영등포 노량진을 연결하는
경인선 개통에 관한 것이다. 경인선은 1899년에 일본에
의해 완공되었다.

이화학당은 1886년 개교하였고, 전차는 1899년 개통되
었다.

오답 분석 ㄴ. 고종은 1897년 경운궁(덕수궁)으로 환
궁하였다.

ㄹ. 노비제는 1894년 갑오개혁 때 폐지되었다.

---

083 근대 언론과 교육 187쪽

적중 예상 문제 **33** ⑤ **34** ③

33 최초의 민간 신문은 독립신문이다. 독립신문은 서재필
이 정부로부터 자금을 지원받아 1896년 창간하였고,
1899년 폐간되었다.

오답 분석 ① 한성순보

② 대한매일신보

③ 황성신문

④ 독립신문은 1899년 폐간되었다.

34 '이 학교'는 민영익의 건의에 따라 세운 육영공원이다.
육영공원은 '영재를 기르는 공립 학교'라는 뜻으로,
1886년 개교한 최초의 근대식 공립 학교이다. 육영공원
은 헐버트 등 외국인 교사를 초빙하여 양반 자제와 현직
관료를 대상으로 영어 등 근대적 학문을 가르쳤다.

헐버트는 육영공원의 교과서인 《사민필지》를 저술하였
고, 《대한제국멸망사》, 《한국평론》을 통해 조선을 널리
알리려 하였다. 1905년 을사조약이 체결되었을 때는 고
종의 밀서를 들고 미국에 방문하였으며, 1907년 만국
평화회의에 참석해 조선의 입장을 대변하려 하였으나
실패하고 말았다.

오답 분석 ㄴ. 관립 소학교, 사범학교에 대한 설명이
다.

ㄷ. 원산학사에 대한 설명이다.

적중 예상 문제	35 ③	36 ①

35 나철, 오기호 등이 창시한 대종교는 단군을 숭배한 민족 종교이다. 대종교의 신도들은 중광단이라는 무장 단체를 결성하고 항일 무장 투쟁을 벌였다.

🔍 **오답** 분석 ㄱ. 천주교, ㄹ. 원불교

36 1898년 이종일이 창간한 제국신문은 1907년에 제정된 신문지법에 의해 경영난이 가중되어 1910년에 폐간되었다.

1907년 이인직이 신소설 《혈의 누》를 발표하였다. 이 해에 국문 연구소가 설립되고 대구에서 국채 보상 운동이 시작되었다. 원각사는 1908년 설립된 최초의 서양식 극장이다.

🔍 **오답** 분석 ① 나운규가 제작한 영화 〈아리랑〉은 1926년 개봉되었다.

Ⅶ 독립운동사

적중 예상 문제	01 ②	02 ④

01 자료는 일제 무단 통치기(1910년대)에 실시된 조선 태형령(1912)의 조항이다.

무단 통치기에 일제는 헌병 경찰 제도를 실시하고, 헌병에게 즉결 처분권을 부여하는 등 공포 정치를 자행하였다. 또한 토지 조사 사업을 실시하여 토지를 수탈하고 회사령을 실시하여 민족 산업의 성장을 억제하였다. 그리고 조선 교육령을 통해 식민 지배에 순응하는 교육을 실시하였다.

🔍 **오답** 분석 ② 남면 북양 정책은 1930년대에 추진되었다.

02 (가)는 토지 조사 사업, (나)는 회사령이다.

토지 조사 사업은 신고주의를 적용하여 지정된 기일 내에 신고된 토지의 소유권만을 인정하였다. 이 과정에서 소작농이 가지고 있던 관습상의 경작권은 아무 보상 없이 부정되었다. 그리고 황실 소유지, 미신고 토지 및 소유 관계가 불분명한 토지 등은 조선 총독부 소유가 되었다. 이 사업의 결과 총독부의 지세 수입이 증가하고 일본인의 토지 소유가 증가하였다.

회사령은 회사 설립 시 총독부의 허가를 받도록 하여 민족 자본의 성장을 억제하였다.

🔍 **오답** 분석 ④ 회사령은 조선 총독부에서 추진하였다. 동양 척식 주식회사는 대한 제국의 토지를 수탈하기 위해 설립되었다.

적중 예상 문제	03 ③	04 ④

03 자료는 3·1 운동 이후 새로 부임한 사이토 총독이 무단 통치를 이른바 문화 통치로 전환하면서 발표한 글이다. 일제가 내세운 문화 통치는 우리 민족을 분열시키고 일본의 가혹한 식민 통치를 감추기 위한 위장술에 불과하였다. 헌병 경찰제를 보통 경찰제로 바꾸었지만, 경찰 수와 장비 등 경찰력은 오히려 강화하였다. 조선일보와 동아일보가 창간되었으나 언론 검열로 인하여 수시로 기사가 삭제되거나 발행이 금지되었다. 문관 총독은 단 한 명도 임명되지 않았다. 또, 치안유지법을 제정하여 일제에 저항하는 독립운동가들은 철저히 탄압하였다. 경제 분야에서는 일본의 식량 문제를 해결하기 위해 산미 증식 계획을 실시하고 일본 자본의 조선 진출을 돕기 위해 회사령을 철폐하였다.

🔍 **오답** 분석 ③ 헌병 경찰제는 1910년대에 실시되었다.

04 자료는 1920년대에 일제가 실시한 산미 증식 계획에 관한 것이다. 이 사업의 결과로 쌀 생산량은 일정 수준 늘어났으나, 일본으로의 유출량이 크게 증가해 조선 농민의 1인당 쌀 소비량은 감소하였다. 이 때문에 만주로부터 잡곡 수입이 증가하였고, 증식 계획을 위한 각종 수수료 및 이용료를 농민이 부담했기 때문에 농가 부채가 늘어났다.

🔍 **오답** 분석 ④ 식량 배급제는 1940년대에 실시되었다.

<table><tr><td>**087**</td><td>**민족 말살 통치**</td><td>197쪽</td></tr></table>

적중 예상 문제　**05** ③　　　**06** ①

05 신사 참배 강요와 금속류 공출은 일제 말기의 모습이다. 일제는 중·일 전쟁(1937)을 일으킨 이후 징병제, 지원병제, 정신 근로령 등을 통해 인적 자원을 수탈하고 우리 민족의 정체성을 말살시키기 위해 내선일체를 강조하고 창씨 개명, 황국 신민 서사 암송, 신사 참배, 궁성 요배 등을 강요하였다. 1940년대에 들어와서는 조선일

보, 동아일보 등이 폐간되었으며 전시 물자 확보를 위해 미곡 공출제와 식량 배급제를 실시하였다.

🔍 **오답** 분석 ③ 동양 척식 주식회사는 1908년 설립되었다.

06 제시된 자료에 나타난 징용령 제정의 근거가 된 '이 법'은 국가 총동원법(1938)이다. 이 시기에 일제는 황국 신민 서사 암송, 신사 참배, 궁성 요배, 창씨 개명, 공출 등을 강요하였다. 또한 학도 지원병을 통해 반강제적으로 학생들을 전쟁터로 내몰았고 노동자 역시 강제 징용하여 혹독한 환경 속에서 일하도록 하였다. 일제는 옷감을 절약하고 노동력을 쉽게 동원하기 위하여 1942년 몸뻬를 전시 표준 여성복으로 제정하여 착용을 강요하였다.

🔍 **오답** 분석 ① 통감부는 을사조약에 따라 1906년 설치되어 1910년 조선 총독부로 바뀌었다.

<table><tr><td>**088**</td><td>**1910년대의 독립운동과 3·1 운동**</td><td>199쪽</td></tr></table>

적중 예상 문제　**07** ③　　　**08** ④

07 자료는 3·1 운동 당시 만세 시위가 일어난 지역을 표시한 지도와 한용운이 독립 선언서에 첨가한 공약 3장이다. 3·1 운동은 고종의 장례를 기해 일어났다. 동경 유학생들이 발표한 2·8 독립 선언서는 3·1 운동에 영향을 미쳤다. 또 만세 시위에 참가한 유관순은 서대문 감옥에서 18살의 나이로 순국하였다.

🔍 **오답** 분석 ③ 조선 혁명 선언은 1923년 신채호가 작성하였다.

08 자료는 3·1 운동 때 발표된 기미 독립 선언서와 공약 3장이다. 1919년에 일어난 3·1 운동은 고종의 인산일(장례일)을 기하여 전국 각지에서 동시에 일어났으며, 해외에까지 확산되었다. 이 운동은 대한민국 임시 정부 수립과 해외

무장 독립 투쟁의 계기가 되었으며, 중국과 인도 등의 민족 해방 운동에도 영향을 주었다.

🔍 **오답 분석** ④ 순종의 인산일을 기해 일어난 민족 운동은 6·10 만세 운동(1926)이다.

---

089 대한민국 임시 정부 · 201쪽

적중 예상 문제 · **09** ⑤ · **10** ⑤

09 자료는 대한민국 임시 정부의 지도 체제 변화 과정을 정리한 것이다.

임시 정부는 국내와의 연계를 위해 연통제를 실시하였다. 군자금을 조달하기 위해 애국 공채를 발행하였으며, 미국에 구미 위원부를 설치하여 외교 활동을 펼쳤다. 그리고 정부 기관지로 독립신문을 발행하고, 한·일 관계 사료집을 편찬하였다.

🔍 **오답 분석** ⑤ 동북 항일 연군은 1936년 만주에서 만들어진 항일 투쟁 조직으로, 중국인과 한국인 등의 민족 통일 전선 성격을 띠었다.

10 1940년 충칭에서 창설된 대한민국 임시 정부의 부대는 한국 광복군이다. 한국 광복군은 인도, 미얀마 등지의 전선에서 영국군과 함께 작전을 수행하고, 미국 전략 정보국(OSS)과 함께 국내 진공 작전을 준비하였다.

🔍 **오답 분석** ㄱ. 신흥 무관 학교 설립은 신민회와 경학사의 활동이다.
ㄴ. 북만주의 한국 독립군이 1930년대 초에 전개한 활동이다.

---

090 의거 활동 · 203쪽

적중 예상 문제 · **11** ① · **12** ⑤

11 신채호의 조선 혁명 선언은 의열단의 행동 지침이었다. 의열단은 1919년 김원봉, 윤세주 등이 조직하였으며 일제 요인 암살이나 식민 통치 기구 파괴 활동을 하였다. 김익상의 조선 총독부 폭탄 투척, 김상옥의 종로 경찰서 폭탄 투척 등이 의열단의 대표적인 의거 활동에 해당한다. 1926년부터는 대원들을 황포 군관 학교에 입학시켜 군사 교육을 받도록 하였다.

🔍 **오답 분석** ㄷ. 장인환이 스티븐스를 사살한 것은 의열단 결성 이전이다.
ㄹ. 김구가 결성한 한인 애국단에 대한 설명이다.

12 사진과 제시된 자료는 윤봉길의 홍커우 공원 의거에 관한 것이다. 윤봉길은 김구가 조직한 한인 애국단(1931)의 단원이었다. 윤봉길 의사는 일본이 상하이 사변(1932)의 승전을 축하하는 행사장에 폭탄을 던져 주요 요인을 살상하였다.

이 의거는 독립운동에 새로운 활력을 불어 넣어 국내외 동포 사회가 대한민국 임시 정부에 다시 관심을 갖게 되었다. 중국의 장제스도 이 의거를 높이 평가하고 임시 정부의 독립운동을 적극 지원하게 되었다.

🔍 **오답 분석** ① 국민 대표 회의(1923)
② 의열단 결성(1919)
③ 간도 참변(1920)
④ 삼부 통합 운동(1920년대 후반)

---

091 1920년대 무장 독립 전쟁 · 205쪽

적중 예상 문제 · **13** ④ · **14** ①

13 자료의 인물은 1920년에 대한 독립군을 이끌었던 홍범도이다. 그는 대한 독립군의 총사령관이 되어 봉오동 전투에서 승리하였다. 이후 대한 독립군단이 결성되자 연해주로 이동하였으나 자유시 참변을 겪었다. 이 사건을 겪고 나서는 이르크츠크로 이동해 한인들의 민족의식을 고취시키기 위한 노력을 하였다. 1937년 중앙아시아로

강제 이주하였고 타향에서 외로이 죽음을 맞이하였다.

오답 분석 ① 서일, ② 김좌진, ③ 양세봉, ⑤ 김좌진

14 1920년 일제가 간도 참변을 일으키자, 만주 지방의 독립군 부대들은 밀산에서 대한 독립군단을 결성하고 소련령 자유시(스보보드니)로 이동하였다. 자유시에서 독립군 부대는 소련군에 의해 무장 해제를 당하였다. 자유시 참변(1921) 이후에 만주로 돌아온 독립군은 참의부, 정의부, 신민부를 결성하였다.

오답 분석 ㄷ. 1920년대 중반에 결성된 참의부, 정의부, 신민부에 대한 설명이다.

ㄹ. 조선 의용군은 1942년 옌안에서 조직된 부대이다.

---

092 **1930년대 이후의 무장 독립 전쟁** 207쪽

적중 예상 문제 **15** ① **16** ④

15 자료의 독립군 부대는 조선 의용대이다. 김원봉의 조선 민족 혁명당은 중국 국민당의 도움을 받아 조선 의용대를 1938년에 창설하였다. 조선 의용대 대원 일부는 화북으로 이동하여 조선 의용군에 합류하고, 일부는 1942년 한국 광복군에 합류하였다.

오답 분석 ㄷ. 양세봉의 조선 혁명군

ㄹ. 홍범도의 대한 독립군

16 (가) 한국 독립군은 지청천의 지휘 아래 북만주 일대에서 중국 호로군과 연합해 일본군을 격퇴하였다.

(나) 정의부는 참의부, 신민부와 함께 민정과 군정을 겸한 자치 정부였다.

(다) 김좌진이 이끈 북로 군정서군은 대한 독립군과 연합해 청산리 전투에서 승리를 거두었다.

(마) 한국 광복군은 1940년에 임시정부가 충칭에 정착하면서 조직되었다. 미국 OSS와 연합해 국내 진입 작전을 준비하였다.

오답 분석 ④ 신흥 무관 학교는 신민회 인사들이 설립

한 독립군 양성 기관이었다. 의열단은 황포 군관 학교에 입학하여 훈련을 받고, 나중에는 조선 혁명 간부 학교를 세워 군관을 양성하였다.

---

093 **국외 이주민의 활동** 209쪽

적중 예상 문제 **17** ② **18** ④

17 용정, 대성 중학교 등의 단서를 통해 만주 지역을 답사한 보고서임을 알 수 있다.

18 자료의 사진 결혼과 대조선 국민군단 결성, 독립운동 단체에 대한 재정 지원은 미주 지역 한인들의 활동이다. 1902년 하와이 사탕수수 농장 이주를 시작으로 미주 지역으로 이주하는 노동자와 유학생이 지속적으로 증가하였다. 이를 바탕으로 박용만이 1914년 대조선 국민군단을 조직하였다.

오답 분석 ① 간도, ② 러시아, ③ 상하이, ⑤ 일본

---

094 **사회적 민족 운동** 211쪽

적중 예상 문제 **19** ④ **20** ⑤

19 '공평'을 강조하고, '백정'들의 지위 개선을 주장하는 것은 '형평 운동'이다. 도축과 육류 판매에 종사하던 백정들은 사회적 차별을 극복하기 위해 1923년 진주에서 '조선 형평사'를 조직하고 신분 차별 철폐 운동을 전개하였다.

오답 분석 ① 소년 운동(천도교 소년회)

② 여성 운동

③ 조선어 연구회와 조선어 학회

⑤ 문자 보급 운동

20 잡지 '근우'와 행동 강령을 통해 이 단체는 근우회임을 알 수 있다. 1920년대에는 여성의 사회적 지위 개선과 여성 해방을 위한 사회 운동들이 전개되어 1927년 신간회의 자매 단체로 근우회가 조직되었다.

오답 분석 ① 방정환이 이끌던 천도교 소년회는 잡지 〈어린이〉를 발간하고 '어린이날'을 제정하였다.
② 민립 대학 기성회의 활동이다.
③ 6·10 만세 운동은 1926년에 일어났고 근우회는 1927년에 결성되었다.
④ 우리말 큰사전 편찬 사업은 조선어 연구회(1921~1931)와 조선어학회(1931~1942)에서 추진하였다.

---

095 민족 유일당 운동 213쪽

적중 예상 문제 **21** ⑤ **22** ②

21 '기미 운동'이란 1919년(기미년)에 일어난 '3·1 운동'을 가리키며, 2차 만세 운동은 6·10 만세 운동(1926)을 가리킨다. 6·10 만세 운동은 처음 민족주의 계열의 천도교 세력과 사회주의 계열이 함께 추진하였다.

오답 분석 ㄱ. 광주 학생 항일 운동(1929)에 대한 설명이다.
ㄴ. 헌병 경찰 통치는 1910년대의 통치 방식이고 6·10 만세 운동은 1926년에 일어났다.

22 자료의 강령을 내세웠던 단체는 신간회이다. 신간회는 정우회 선언을 계기로 비타협적 민족주의 세력과 사회주의 계열이 합작하여 1927년에 조직하였다. 전국 각 군과 해외까지 지회 조직을 설치하고, 순회 강연회를 개최하면서 원산 노동자 총파업 등 각종 사회 운동을 지원하였다. 광주 학생 항일 운동에는 진상 조사단을 파견하고 민중 대회를 개최하려 하였다.

오답 분석 ② 암태도 소작 쟁의는 1923년에 일어났다. 신간회는 1927년 결성되어 1931년까지 활동하였다.

---

096 실력 양성 운동 215쪽

적중 예상 문제 **23** ④ **24** ⑤

23 심훈의 소설 《상록수》는 1930년대 전반에 전개되었던 농촌 계몽 운동을 소재로 한 작품이다. 동아일보는 1931년부터 브나로드 운동이란 이름을 내세워 농촌 계몽 운동을 전개하여, 여름 방학을 맞이한 학생들을 모아 야학을 개설하고 계몽 활동을 펼쳤다.

오답 분석 ① 소년 운동
② 물산 장려 운동
③ 여성 운동
⑤ 형평 운동

24 고등 교육의 필요성을 제기하며 전개된 민족운동은 민립 대학 설립 운동이다. 이 운동은 이상재, 이승훈 등이 민립 대학 기성회(1922)를 조직하고 '한민족 1천만이 한 사람 1원씩'이란 구호를 내세우며 성금 모금 운동을 벌였다. 그러나 가뭄과 수해 등으로 모금이 부진하였고, 일제가 1924년 경성 제국 대학을 설립하면서 민립 대학 설립 운동은 흐지부지되었다.

오답 분석 ① 조선어 연구회
② 물산 장려 운동
③ 브나로드 운동
④ 형평 운동

---

097 노동 운동과 농민 운동 217쪽

적중 예상 문제 **25** ② **26** ⑤

25 1917년 러시아에서 사회주의 혁명이 성공하고 레닌이 식민지의 독립운동 지원 의사를 밝히자, 한반도에도 사회주의가 급속히 유입되었다. 사회주의의 영향으로 1920년대에 노동 쟁의가 급격히 증가하였다. 원산 총파업은 1929년에 일어났다.

 ㄴ. 농촌 진흥 운동은 1932년부터 추진되었다.

ㄹ. 비합법적인 노동 조합은 1930년대에 결성되었다.

26 자료는 암태도 소작쟁의(1923)에 대한 설명이다.

 ① 미곡 공출제는 1940년대에 실시되었다.

② 토지 조사 사업은 1910년대에 실시되었다.

③ 농촌 진흥 운동은 1930년대에 실시되었다.

④ 혁명적 농민 조합이 결성된 것은 1930년대의 모습이다.

30 저항 시 '님의 침묵'은 승려 출신의 독립운동가 한용운의 작품이다. 한용운은 3·1 운동에서 민족 대표 33인 중 한 사람이었으며, 기미 독립 선언서 뒷부분에 추가된 공약 3장을 기초하였다.

사찰령으로 탄압받던 조선의 불교를 지키기 위해 조선 불교 유신론을 저술하고, 1921년에는 조선 불교 유신회를 조직하여 불교를 통한 청년 운동 강화에 노력하였다.

 ㄱ. 박은식, ㄷ. 장지연

---

098 민족 문화 수호 운동	219쪽
적중 예상 문제 **27** ④	**28** ①

27 자료는 신채호의 일대기에 대한 서술이다. 일제 강점기 민족 사학자로 활동한 신채호는 고대사를 연구하여 《조선상고사》와 《조선사연구초》 등의 저술을 남겼다.

28 '국혼'을 강조하고, 《한국통사》, 《한국독립운동지혈사》를 저술한 민족주의 사학자는 박은식이다.

 ② 한용운, ③ 백남운, ④ 장지연, ⑤ 신채호

---

099 일제 강점기의 문학과 예술 활동	221쪽
적중 예상 문제 **29** ④	**30** ④

29 북간도 명동촌에서 출생하여 일제 말기에 활동하다 옥중에서 순국한 이는 윤동주이다. 윤동주는 서시, 별헤는 밤, 또 다른 고향 등의 작품을 남겼다.

 ① 이육사, ② 심훈, ③ 김소월, ⑤ 이상화

100 광복과 좌우 대립의 심화 225쪽

적중 예상 문제 **01** ② **02** ③

01 자료는 광복 직후 좌우익의 연합 형태로 조직된 조선 건국 준비 위원회의 강령이다. 조선 건국 준비 위원회는 치안대를 창설하고 전국에 지부를 설치하여 사회 질서를 유지하는 한편, 식량을 비롯한 생활필수품 확보에 주력하였다.

오답 분석 ㄴ. 미 군정청은 조선 건국 준비 위원회를 인정하지 않았다.
ㄹ. 모스크바 3국 외상회의는 1945년 12월에 열렸다.

02 자료는 좌우 합작 7원칙의 내용이다. 좌익과 우익의 대립이 심화되는 가운데 1946년 3월에 개최된 제1차 미·소 공동 위원회가 결렬되고, 이승만은 남한만의 단독 정부 수립을 주장하였다. 이에 김규식, 여운형 등 중도 세력은 좌우 합작 위원회를 결성하고 좌우 합작 7원칙을 제시하였다. 그러나 좌익(조선 공산당)과 우익(한국 민주당)은 토지 개혁과 친일파 처단 등에 입장 차이를 보여 좌우 합작 운동은 성과를 거두지 못하였다.

오답 분석 ㄱ. 남북 협상은 1948년에 추진되었다. 좌우 합작 운동은 1947년 말에 종료되었다.
ㄹ. 이승만의 주장이다.

101 대한민국의 수립 227쪽

적중 예상 문제 **03** ⑤ **04** ⑤

03 자료는 유엔 소총회에서 남한만의 단독 선거가 결정되자 김구가 남북 협상을 추진하면서 발표한 〈삼천만 동포에게 읍고함〉의 일부이다. 1947년 11월 한국 문제가 유엔으로 이관되고, 1948년 2월에 유엔 소총회에서 5·10 단독 선거가 결정되었다.

04 자료는 제헌 국회에서 제정한 '반민족 행위 처벌법'이다. 이 법률에 따라 반민족 행위자를 처벌하기 위해 국회에 반민족 행위 특별 조사위원회(반민 특위)를 설치하였다.
반민 특위는 1949년 1월부터 활동하여 박흥식, 최린, 이광수, 최남선 등에게 실형을 선고하였으나, 이후 형집행 정지 등으로 전원 석방되었다.

오답 분석 ㄱ. 친일파 청산에 소극적인 이승만은 반민 특위의 활동 기한을 축소하였다.
ㄴ. 이승만 정부와 친일파는 반민 특위의 활동을 방해하였다.

102 6·25 전쟁 229쪽

적중 예상 문제 **05** ② **06** ④

05 (나)는 6·25 전쟁 초기 국군이 낙동강을 따라 방어선을 구축한 상황이다.
(가)는 1950년 10월에 국군과 유엔군이 압록강 변까지 진출한 상황이다.
낙동강 저지선까지 후퇴한 국군과 유엔군은 인천 상륙 작전을 계기로 전황을 역전시켜 압록강 일대까지 북진하였다. 그러나 중국군의 개입으로 1·4 후퇴를 하여 서울이 다시 함락되었다. 이후 전황은 현재의 휴전선 부근에서 교착 상태에 빠졌다.

오답 분석 ① 전쟁 직후 정부는 부산으로 피난하면서 한강대교를 폭파하였다.
③, ④, ⑤는 모두 (가) 전선까지 진출한 이후의 상황이다.

06 자료는 이승만 정부가 추진한 '농지 개혁'(1949)에 대한 내용이다. 농지 개혁은 3정보를 농지 소유의 상한으로 정하고, 그 이상의 농지를 국가가 유상으로 매입하여 농민들에게 유상 분배하였다. 농지 개혁으로 인해 자작

농이 크게 늘어나고, 전통적인 지주제가 소멸되었다.

오답 분석 ④ 농지 개혁은 3정보 이상의 농지를 유상 매입하였다.

<table>
<tr><td>103</td><td>이승만 정부</td><td>231쪽</td></tr>
<tr><td>적중 예상 문제</td><td>07 ⑤</td><td>08 ⑤</td></tr>
</table>

07 자료의 발췌 개헌안은 1952년 부산에서 통과되었다.

1950년 2대 국회의원 선거에서 이승만 지지 세력이 대거 탈락하자 이승만은 대통령 직선제 개헌을 시도하였다. 이승만 지지파로 구성된 자유당은 1952년 개헌에 반대하는 야당 의원들을 감금하고 발췌 개헌안을 통과시켰다. 발췌 개헌안은 정부의 대통령 직선제 및 양원제 안과 국회의 내각 책임제 안을 절충하여 만들었다. 그러나 3대 국회는 민의원만 구성하고 참의원 구성은 미루어졌다.

오답 분석 ㄱ. 사사오입 개헌(1954)에 대한 설명이다.

ㄴ. 발췌 개헌안은 양원제를 규정하였다.

08 이승만 정부가 사사오입 논리를 내세워 국회에서 통과시킨 헌법 개정안은 초대 대통령에 한해 중임 제한 규정을 적용하지 않는다는 내용을 담고 있다(1954, 2차 개헌).

오답 분석 ① 제3차 개헌(허정 과도정부), ② 현행 헌법(1987, 9차 개헌), ③ 제5공화국(1980), ④ 유신 헌법(1972)

<table>
<tr><td>104</td><td>4 · 19 혁명과 장면 정부</td><td>233쪽</td></tr>
<tr><td>적중 예상 문제</td><td>09 ①</td><td>10 ④</td></tr>
</table>

09 학생과 교수의 시위, 이승만 대통령의 망명과 관련된 민주화 운동은 4 · 19 혁명(1960)이다. 4 · 19 혁명은 3 · 15 부정 선거가 계기가 되었고 김주열 학생의 죽음이 도화선이 되었다.

오답 분석 ① 6 · 10 민주 항쟁(1987)

10 국회가 민의원과 참의원의 양원제로 구성된 것을 통해 4 · 19 혁명 이후임을 알 수 있다.

4 · 19 혁명 이후 양원제와 내각 책임제 개헌안이 통과되었다. 이에 따라 민의원과 참의원의 양원제로 국회를 구성하고, 의회 다수당이 행정부의 내각을 구성하게 되었다. 총선에서 압승한 민주당의 장면이 국무총리로 선출되어 내각을 구성하였다. 장면 정부는 경제 개발 계획을 수립하였으나 5 · 16 쿠데타로 무산되었다.

오답 분석 ④ 한 · 일 국교 정상화는 박정희 정부 시기의 사실이다.

<table>
<tr><td>105</td><td>박정희 정부</td><td>235쪽</td></tr>
<tr><td>적중 예상 문제</td><td>11 ②</td><td>12 ③</td></tr>
</table>

11 자료는 박정희 정부의 굴욕적인 한 · 일 협정 추진을 반대하는 구호들이다.

박정희 정부는 경제 건설에 필요한 재원 조달을 위해 한 · 일 국교 정상화와 베트남 파병에 최우선을 두었다. 일제 강점에 대한 사죄와 보상을 제대로 받지 못한 굴욕적인 한 · 일 회담에 대하여 학생과 국민은 거세게 반대하였다.

12 자료는 1972년에 박정희 정부가 제정한 유신 헌법의 내용이다. 유신 헌법은 박정희가 10 · 26 사건으로 사망하고 전두환이 8차 개헌을 할 때까지 유지되었다.

오답 분석 ① 진보당 사건(1958)은 이승만 정부에서 일어났다.

② 노태우 정부가 북방 정책을 통해 사회주의 국가와 수교하였다.

④ 김영삼 정부 시기의 사실이다.

⑤ 노태우 정부 초기에 여소야대 정국이 형성되었다.

106 민주주의의 발전   237쪽

적중 예상 문제   **13** ④   **14** ②

13 관련 기록물이 유네스코 세계 기록유산으로 등재된 '이 운동'은 5·18 광주 민주화 운동(1980)이다. 1980년 5월 17일 신군부의 계엄 확대 조치에 반발하여, 5월 18일 신군부 세력의 퇴진을 요구하면서 광주 민주화 운동이 시작되었다.

오답 분석 ① 3선 개헌 반대 투쟁(1969)

② 4월 혁명(1960)

③ 6·3 항쟁(1964)

⑤ 6월 민주 항쟁(1987)

14 박종철 고문 사망 사건, 전두환의 4·13 호헌를 계기로 일어난 민주화 운동은 6월 민주 항쟁(1987)이다. 정부 여당은 6·29 선언을 통해 대통령 직선제 개헌을 수용하겠다고 발표하였다.

오답 분석 ① 부마 항쟁(1979)에 대한 설명이다.

③ 긴급 조치권은 유신 헌법에 포함된 대통령의 권한이다.

④ YH 사건과 김영삼 제명 사건, 부마 항쟁이 유신 체제 종식의 계기가 되었다.

⑤ 4·19 혁명에 대한 설명이다.

107 경제 성장   239쪽

적중 예상 문제   **15** ④   **16** ②

15 자료는 1960년대 박정희 정부의 경제 상황이다. 당시에 추진된 1차 경제 개발 5개년 계획은 경공업 위주의 수출 주도형 경제 정책이었다.

오답 분석 ① 1970년대 말

② 전두환 정부

③ 김영삼 정부

⑤ 1950년대

16 (가)는 외환 위기를 맞아 IMF의 관리를 받던 시기였다. 이 시기에는 금융, 재벌, 공공, 노동 부분에 대한 구조 조정이 단행되어 대규모 해고 사태가 벌어졌다. 국민들은 자발적으로 금 모으기 운동을 전개하여 외환 위기를 극복하려 노력하였다.

오답 분석 ① 새마을 운동은 1970년 시작되었다.

③ 중공업 중심 경제 정책은 1970년대에 실시되었다.

④ 김영삼 정부 때 OECD에 가입하였다.

⑤ 제2차 석유 파동은 1970년대 말에 일어났다.

108 해방 이후 사회와 문화   241쪽

적중 예상 문제   **17** ③   **18** ⑤

17 (가) YH 무역 사건은 1979년에 YH 무역 노조원들이 신민당사에서 농성하다 경찰에 의해 강제 해산된 사건이다.

(나) 전태일은 1970년 근로 기준법 준수를 요구하며 분신을 하였다.

(다) 1988년 서울에서 올림픽이 개최되었다.

(라) 1997년 외환 위기를 맞아 국민들이 금 모으기 운동을 전개하였다.

18 (가) 시기는 노태우 정부이다. 이 시기에는 냉전 완화로 인해 북방 외교가 시작되었고, 북한과의 관계 또한 이전에 비해 완화되어 남북 고위급 회담 이후 남북 기본 합의서가 채택되었다.

오답 분석 ①, ②, ③ 전두환 정부

④ 박정희 정부

적중 예상 문제 **19** ⑤ **20** ②

19 남·북 간에 최초로 자주·평화·민족 대단결의 통일 원칙에 합의한 것은 7·4 남북 공동 성명(1972)이다. 이후 남과 북은 남북 조절 위원회를 구성하였다.

오답 분석 ①, ② 6·15 남북 공동 선언(2000)이다. ③, ④ 남북 기본 합의서(1991)이다.

20 자료는 김대중 대통령과 김정일 국방위원장이 합의한 6·15 남북 공동 선언(2000)의 내용이다. 최초의 남북 정상 회담을 통해 경의선 복구 사업, 개성 공단 조성, 남북 면회소 설치, 이산가족 서신 교환 등에 합의하였다.

오답 분석 ① 7·4 남북 공동 선언(1972) 이후 구성되었다.
③ 남북한은 1991년 UN에 동시 가입하였다.
④ 1985년 최초로 이산가족이 상봉하였다.
⑤ 1995년 북한의 핵문제를 해결하기 위해 구성하였다.

| 110 | 지역의 역사 | 245쪽 |

적중 예상 문제 **21** ④ **22** ①

21 장수왕의 남하 정책으로 천도한 곳, 묘청이 천도 운동을 일으킨 곳, 그리고 제너럴 셔먼호 사건이 발생한 장소는 모두 평양이다.

오답 분석 ㄱ. 망이·망소이는 공주 명학소에서 난을 일으켰다.
ㄷ. 병인양요는 강화도에서 일어났다.

22 자료에서 설명하는 지역은 강화도이다. 조선 후기 양명학자들이 강화학파를 형성하고, 최초의 근대적 조약인 강화도 조약이 이곳에서 체결되었다.
강화도는 고려 시대 몽골과의 항전을 위해 천도한 곳이며, 조선 시대 호란을 피해 왕실이 피난한 곳이기도 하다. 근대에는 병인양요, 신미양요, 그리고 운요호 사건과 강화도 조약 등을 겪었다.

| 111 | 독도와 간도 | 247쪽 |

적중 예상 문제 **23** ③ **24** ③

23 우산과 무릉 '두 섬'은 울릉도와 독도이다.
안용복은 조선 숙종 때 일본에 건너가 울릉도와 독도가 조선 영토임을 일본 막부로부터 인정받고 돌아왔다. 1877년 일본 최고 기관인 태정관은 울릉도와 독도가 일본과 관계없다는 지령을 내렸다. 대한 제국 정부는 칙령 41호를 통해 울릉도를 군으로 승격시키고 독도를 관할 지역으로 하였다.
한편 일본은 1905년 독도를 시마네 현에 강제로 편입하였다. 그러나 1946년 연합군 최고 사령부는 훈령 677호를 통해 울릉도, 독도가 일본 영역에서 제외된다고 밝혔다.

오답 분석 ③ 일제는 간도 협약(1909)을 체결하고 중국으로부터 남만주 철도 부설권을 획득하였다.

24 '서쪽을 압록강으로 하고, 동쪽을 토문강으로 한다.'는 백두산 정계비의 내용이다. 백두산 정계비는 숙종 때 청과 국경선을 정한 비석이다. 고종 때 정계비의 토문강의 해석을 두고 간도 귀속 문제가 발생하였다.

| 112 | 민속놀이와 세시 풍속 | 249쪽 |

적중 예상 문제 **25** ③ **26** ⑤

25 자료는 삼국사기 유리왕 9년 기사로 한가위(추석)의 기원에 관하여 서술하고 있는 자료이다.

26 부럼 깨기, 달집 태우기, 연날리기, 쥐불놀이 등은 정월 대보름의 풍습이다.

정월 대보름(음력 1월 15일)에는 논밭 두렁에 불을 놓아 쥐와 해충을 쫓는 쥐불놀이, 이른 아침에 밤, 호두, 은행, 잣 등 견과류를 어금니로 깨무는 부럼 깨기, 찹쌀, 조, 팥, 수수, 콩 등을 섞어 5가지 곡식으로 지은 오곡밥 먹기, 달이 떠오를 때 생솔가지 등을 쌓아올린 무더기에 불을 질러 태우며 노는 달집 태우기 등의 풍속이 있었다.

27 조선 왕조의 역대 제왕과 왕후의 신주를 모신 곳은 종묘이다.

28 '이 책'은 《동의보감》이다. 《동의보감》은 허준이 중국과 우리나라의 의서를 집대성해 완성하였으며, 2009년에 유네스코 세계 기록 유산으로 등재되었다.

🔍**오답** 분석 ② 《마과회통》에서 정약용은 마진(홍역)의 치료법을 다루었다.

③ 《의방유취》는 세종 때 편찬한 의학 백과사전이다.

④ 《향약집성방》은 우리나라의 약재와 치료 방법을 정리한 의서이다.

⑤ 《동의수세보원》을 통해 이제마는 사상 의학을 확립하였다.

29 한인 애국단을 조직하였고, 임시 정부의 주석을 맡았던 독립운동가는 김구이다. 김구는 광복 이후 귀국하여 신탁 통치 반대 운동을 주도하였으며, 남한만의 단독 선거를 반대하면서 북한의 김두봉, 김일성 등과 함께 남북 협상(1948)을 추진하였다.

🔍**오답** 분석 ㄱ. 여운형이 1944년에 조선 건국 동맹을 결성하였다.

ㄷ. 여운형에 대한 설명이다. 김구는 1949년 안두희에게 피살당하였으나, 좌우 합작 운동을 주도하지는 않았다.

30 신민회를 조직하고 1913년 미국 샌프란시스코에서 흥사단을 설립한 인물인 안창호이다. 안창호는 대한민국 임시 정부에도 참여하여 민족 독립운동에 힘썼다.